KB058678

피터 드러커
경영수업

피터 드러커 경영수업

문정엽 지음

THE ESSENTIAL DRUCKER LECTURES ON MANAGEMENT

PETER
DRUCKER

21세기북스

이 책을 쓰면서 많은 분들에게 아낌없는 도움을 받았다. 한 줄의 문장이라고 해도 오롯이 혼자만의 생각으로 완성될 수 없고 세상은 혼자가 아니라는 삶의 진실을 다시 깨닫는다. 드러커 경영사상을 알리고 해석하는 데 일생을 헌신했던 고故이재규 박사께 깊은 존경과 감사를 드린다. 드러커를 알게 해주었고 필자의 대선배이면서도 격의 없이 지혜와 시간을 나눠준 이재규 박사께는 많은 빚을 졌다. 우리나라에서 드러커 사상을 전파하는 데 앞장서고 있는 피터 드러커 소사이어티 코리아 운영진과 회원들께 감사드린다. 드러커를 주제로 하는 많은 대화와 교류의 기회를 통해 드러커 사상을 풍요롭게 경험하고 배울 수 있었다. 그리고 지난 6년 동안 매주 드러커 사상을 함께 공부하고 경영에 대한 고민을 나누었던 드러커리안 모임의 모든 회원들께도 감사드린다. 함께 배우고 경험하면서 성장하는 소중함을 나눌 수 있었다. 필자의 첫 책을 드러커에 관한 책으로 시작할 수 있도록 격려를 아끼지 않고 기회를 열어준 (주)북이십일 김영곤 대표와 빡빡한 일정 속에서도 기획에서 편집까지 수고를 아끼지 않고 마음 편히 집필할 수 있도록 조언해준 이남경 팀장, 꼼꼼한 검토와 전문가의 솜씨로 필자의 부족한 원고를 편집해준 담당 편집자에게 고마움을 표하고 싶다.

마지막으로 함께 있으면서도 잘 돌봐주지 못하고 소홀했던 가족들에게 마음을 전하고 싶다. 지혜롭고 든든한 반려자 경희, 새로운 도전과 입시로 힘들지만 꿋꿋하게 자신의 꿈을 펼쳐나가는 지은과 소은, 그리고 언제나 한결같은 사랑을 주시는 어머니께 미안함과 고마움을 전한다.

일산 정발산에서

2016년 10월

문정엽

경영은 지식, 자기인식, 지혜 그리고 리더십의 원리를 다룬다는 점에서

'Liberal(자유로운 사고)'이며

이 원리를 실천하고 적용한다는 점에서

'Art(과학이 아니라 기예)'이다.

경영자는 심리학, 철학, 경제학, 역사학, 물리학은 물론

윤리학에 이르기까지

인문과학과 사회과학에 대한 지식과 통찰력을 갖추어야 한다.

그리고 이를 효과적으로 활용해 성과를 거두어야 한다.

다시 말해 지식과 통찰력을 바탕으로

아픈 환자를 치료하고, 학생을 가르치고, 다리를 건설하고,

'사용자 친화적인' 소프트웨어 프로그램을 설계하고 판매해야 한다.

-피터 드러커

지금 경영에 필요한 것

지난해 5월 이탈리아 밀라노를 방문했다. 생애 처음으로 경험한 밀라노는 오래된 건축물, 책에서만 보던 성화가 있는 성당, 한바탕 쏟아지는 남유럽의 햇빛으로 기억된다. 특히 레오나르도 다 빈치가 그린 〈최후의 만찬The Last Supper〉이 가장 기억에 남는다. 〈최후의 만찬〉은 곧 죽음을 맞을 예수가 열두 명의 제자와 했던 마지막 저녁식사를 그린 작품이다. 나는 제자들이 앉은 자리 하나하나가 의미가 있고 그들의 동작과 표정이 제각각 다르다는 점에 놀랐다. 제자들이 취한 저마다의 자세와 표정은 그들의 인격과 감정을 그대로 담고 있었다. 유다는 배반의 두려움에 떨고, 요한은 곧 다가올 예수의 죽음에 상심하고 있다. 직접 보기 전까지 왜 명화라는 평가를 받는지 몰랐지만, 이때 깨달았다. 삶과 죽음의 경계에서도 감출 수 없는 인간의 인격과 원대한 목적을 추구하는 인간의 운명과 그 허망함이 이 한 장의 그림에 들어 있기에 명화가 된 것임을. 위대한 예술 세계를 경험했다.

▌경영은 열정을 바칠 만한 대상인가?

필자가 몸담고 있는 경영의 세계는 예술과는 다르다. 예술이 대변하는 열정과는 달리 냉정함이 어울리는 세계다. 기업에서 자주 쓰는 말, 그것을 제대로 이해하지 못하면 조직에서 버틸 수 없는 용어가 있다. 경쟁, 매출, 이윤, 이윤극대화, 생산성……. 이 단어에서 열정을 느낄 수 있는가? 대부분 아니라고 할 것이다. 그래서 마음 한구석이 허전하다. 경영도 사실 열정을 갖고 하는 것이 아닐까? 경영도 예술과 마찬가지로 사람이 하는 일이기 때문이다. 〈최후의 만찬〉을 처음 보고 느꼈던 강렬함은 1년이 지나 서문을 쓰고 있는 이 순간에 경영도 열정이라는 말을 떠올리게 했다. 경영자로서 경영은 인간이 열정을 바칠 만한 대상인가? 만일 당신이 경영을 하고 있다면, 혹은 경영에 대해 관심을 가지고 있다면 어떤 대답을 할 수 있겠는가? 뜨겁게 사랑하고 땀과 눈물을 바칠 대상인가? 나는 그렇다고 생각한다.

"경영은 사람에 관한 것이다."
이 말은 피터 드러커가 한 말이다. 경영학을 학문으로 정립하겠다는 결심을 하고 그가 처음으로 저술한 『경영의 실제The Practice of Management(1954)』에서 이렇게 말했다. 나는 이런 그의 말이 당연하다고 생각한다. 경영은 경영자가 하는 것이고 조직은 사람들로 이루어져 있기 때문이다. 경영을 잘하면 많은 사람이 행복해질 것이다. 바꿔 말하면 사람을 행복하게 하는 일을 경영이 도울 수 있을 것이다.

▌경영의 두 얼굴

지금 사회는 기업과 경영의 전성기를 맞고 있다. 200여 년 만에 기업은 현대사회의 핵심기관이 되었고 사람들의 삶은 다양한 기업이 제공하는 혜택에 의존하는 사회가 되었다. 그런데 기업은 과연 인간의 행복을 위한 일을 하고 있는가? 혹은 앞으로 그렇게 할 것이라고 든든한 믿음을 보내도 될까?

점점 더 많은 사람이 성공한 기업가에게 존경의 마음보다는 냉소와 비난을 보내며 기업은 자신의 이익만을 추구하는 조직이라고 생각한다. 2008년의 글로벌 금융위기는 기업을 비판하던 그런 사람에게 그 질문에 대한 의심을 확신으로 바꿨고 중립적이던 사람도 기업의 행태에 불안을 느끼게 만들었다. 이들은 다음과 같이 생각한다. 기업은 고객을 위한다고 말하지만 진실은 고객에게 버림받지 않으려는 책략에 불과하다. 사회적 책임에 대한 기업의 다짐은 마케팅 책략일 뿐이다. 경영자는 탐욕스러운 인간이다. 탈법과 위법을 교묘하게 넘나들면서 자신만을 위한 부를 증식시키는 사람이다.

필자는 국내기업과 외국기업에서 일했고 짧은 시간이나마 사업을 했다. 그리고 비영리조직에서도 일했다. 단 한 번도 경영에 대한 확신과 경영자의 삶에 대해서 후회해본 적은 없다. 조직이라면 성과를 내야 하고 그 성과를 통해 사회에 공헌하며, 경영은 성과를 효과적으로 내는 핵심이라는 신념을 버린 적이 없었다. 하지만 오늘날 기업윤리에 대한 사람들의 불신과 경영자를 탐욕스럽게 보는 비판적인 시각과 냉담함이 커지는 현실을 보면 안타깝기 그지없고 오늘날의 경영은 위기에 빠졌다는 생각으로 가득하다. 또한 대학이나 병원, 공공기관 같은 중요한 사회기관의 경영자에 대한 신뢰도 절대 단단하지 않다. 대중에게 이들은 사회적 목적을 위해 헌신하는 지도자이기도 하고, 한편으로는 책임을 방기하고 자기 조직의 이익만을 추구하고 자기 영역에서 군림하는 장사꾼이기도 하다. 동시에 경영자들도 위기 속에 놓여 있다. 많은 경영자들은 자신의 가치와 조직의 가치가 양립할 수 없는 상황에서 갈등하고 내면의 분열을 느낀다. 좌절하기도 하고 어쩔 수 없는 현실이라고 타협하면서 일을 한다. 그래서 이 상황을 지나가는 풍경을 감상하듯 할 수가 없다. 사회는 올바른 경영 없이는 정상적으로 기능할 수 없기 때문이다. 수많은 조직의 성과에 의존하는 현대사회에서 경영에 대한 불신은 조직의 기능에 문제가 있음을 뜻하며 사회의 미래에 대해 어두운 그림자를 던진다. 이것이 경영이 제자리를 찾아야만 하는 이유다.

경영의 위기 속에 감추어진 것

경영의 결과는 결국 경영자가 만든다. 경영자의 경영관과 이에 따른 경영행위가 결과를 만들기 때문이다. 오늘날의 경영위기는 경영자의 편협한 경영관에 그 본질이 있다.

이윤 극대화만을 기업의 유일한 목표라고 생각하는 것, 오직 주주의 이익만이 중요하다는 극단적인 주주가치주의, 경영의 사회적 책임에 대한 소극적이고 수동적인 관점, 직원을 도구로 바라보는 입장, 장기적 성장보다는 단기적 성공에만 집중하는 현실, 공급업체는 필요할 때 이용하는 수단이며 경쟁기업은 짓밟고 부숴야 하는 대상으로 보는 것, 공기나 물 등의 공유자원은 공짜로 쓸 수 있는 자원이고 주변 환경을 오직 자신의 조직에만 유리하게 쓰면 된다는 생각, 법과 제도 같은 사회적 장치는 자신에게 유리해야 한다는 생각 등등. 이 모두가 편협한 사고다. 이런 생각들은 주주, 종업원, 투자자, 고객, 사회 등 경영활동에 관여하거나 또는 경영의 결과에 영향을 받는 모든 주체들을 포괄한 전체상이 없이 특정한 관점에서 일부 대상만을 고려한다. 또한 조직이 기반으로 삼는 환경 – 자연환경, 사회환경 – 을 무시한다. 아울러 경영의 시간대가 기껏해야 수십 년에 머물러 있다. 그 어떤 조직이라도 이해관계자가 있고, 당연히 경영은 모든 이해관계자들에게 영향을 미친다. 모든 이해관계자와 환경을 포괄하지 않는 경영관은 절대 올바른 경영이 무엇인가에 대해서는 제대로 설명할 수 없다. 이 같은 경영관은 편협한 경영행동을 낳고 기업을 둘러싼 사회와 환경에 해를 끼친다. 이런 경영관은 경영목표, 바람직한 경영의 결과, 결과를 만들기 위한 과정, 조직이 사회와 맺는 바람직한 관계를 이해하지 못하기 때문에 생기는 것이다. 따라서 이런 편협함에 빠진 경영자는 문제를 만들고 위기를 만든다. 위기는 먼저 조직 바깥에서 발생하지만 결국은 조직에 부메랑이 되어 돌아온다. 예를 들어 조직의 환경에 대한 무관심은 지금의 글로벌 생태위기를 초래했다. 자기 조직만의 탐욕을 좇는 행태와 지나친 경쟁은 거품을 만들면서 반복적인 경제위기로 나타났다. 이런 위기는 결국 조직의 위기로 닥칠 것이다. 병든 환경, 건강하지 못한 사회에서 좋은 기업을 만들기는 불가능하다. 따라서 경영의 전체상을 자각하고 이해하는 것은 현재의 위기를 극복하고 경영이 본래의 모습을 회복하기 위해서 수행해야 하는 가장 중요한 과제다.

이를 위해 경영의 전체를 봐야 한다. 경영의 전체를 본다는 것은 나무가 아니라 숲을, 별이 아니라 은하계를 제대로 보는 것이다. 함께 사는 사회 속의 조직이라는 맥락에서 사람, 조직, 정책과 프로세스, 기술 등의 경영을 구성하는 각각의 요소가 아니라 모든 요소들이 모여서 만드는 전체로서 경영이란 무엇이고 각 요소가 어떤 위치를 차지하는지 이해해야 한다. 경영을 전체로 바라볼 때 은하계가 경이로운 아름다움을 드러내는 것처럼 경영이 인간의 삶을 위해서 어떤 혜택을 창조하는지 알 수 있다. 전체로부터 경영을 바라보자! 이것이 이 책의 주제다. 동시에 이는 경영에 대한 근시안을 극복함을 뜻한다. 경영학의 아버지라고 불리는 피터 드러커의 경영사상을 통해 우리는 더 넓고 명확하고 투명하게 경영을 바라볼 수 있다.

▌진짜 경영을 발견하는 기쁨

드러커를 배우는 것은 올바른 경영이 어떤 것인가에 관한 그의 통찰을 배운다는 뜻이다. 왜 드러커인가? 드러커는 경영을 설명할 수 있고 배울 수 있는 학문이자 실천할 수 있는 실무로 변화시킨 사람이기 때문이다. 그는 경영학이라는 학문이 태동하지도 않은 시기에 경영의 사상적 체계를 수립하고 이를 조직의 운영이라는 실무에 적용할 수 있게 발전시켰다. 드러커는 경영에 관한 거의 모든 것을 탐구하고 방대한 저작과 함께 수많은 조직에 대한 컨설팅, 다양한 매체를 통한 기고를 통해 그의 통찰을 남겼다. 경영에 대해 드러커는 그 누구도 근접할 수 없는 가장 풍요로운 유산을 후세에 남겨주었다. 그렇지만 드러커를 배워야 하는 이유는 '많은 것'에 있지 않다. 진정으로 드러커를 배워야 하는 이유는 '경영의 진정성에 대한 그의 생각'에 있다.

드러커를 읽게 되면 특정 조직의 목표를 달성하는 수단이나 경영자가 수행하는 행위라는 틀에 갇힌 경영관에서 벗어나 인간, 조직, 사회로 연결된 인문예술로서의 경영이라는 깨달음을 얻게 된다. 드러커는 경영을 인간이 조직이라는 공동체 속에서 협력을 통해 사회에 유용한 가치를 창출해나가는 인문예술이라는 것을 밝게 드러내준다. 드러커의 통찰을 통해 경영에 관한 편견과 몰이해를 극복할 수 있는 지혜를 발견할 수 있다. 물론 이 과정은 현재 자신의 경영에 대한 관념과 믿음을 깨트리는 도전으로 다가올 것이다. 경영정신, 혹은 경영마인드에 대한 리셋을 당신에게 요구할 것이다. 이 도전을 즐기라고 권하고 싶다. 드러커 사상에는 해방하는 능력이 있기 때문이다. 드러커는 이윤을 창출하는 상업적 기술, 경영자의 통치행위라는 정치적 기술, 사람을 지휘하고 움직이게 하는 심리적 기술이라는 정확하지도 않고 적절하지도 않은 근시안으로부터 경영자를 해방시킨다.

필자는 누구든지 드러커를 통해 진짜 경영을 배울 수 있다고 믿는다. 탁월한 업적과 명성을 자랑하는 많은 리더들이 이런 말을 했다. "드러커 사상을 만나면 기쁨을 느낀다." 평범했던 것을 새롭게 보게 되는 쾌감, 드러나지 않던 본질을 발견했다는 감동 때문이다. 경영자가 발휘하는 실무적 기술로만 이해했던 경영이 사회발전을 위한 중추라는 가치가 있다는 것, 사람들이 모여 저마다의 강점으로 협력하며 새로운 창조를 하는 행위가 경영이라는 것, 경영자는 많은 사람의 삶과 생활에 공헌할 책임이 있는 사람이라는 깨달음의 기쁨이 있다. 많은 사람들에게 이와 같은 기쁨을 전하고 싶은 마음이 이 책을 쓰게 된 또 다른 동기이기도 하다.

현대사회는 조직의 시대다. 조직이 차지하는 위치와 역할이 그 어떤 시대보다도 크고 중요해졌다. 그래서 경영의 진실과 본질을 회복하기 위한 경영수업이 필요하다. 경영의 위기는 경영자의 위기다. 경영자의 생각과 결정이 경영의 방식과 결과를 만든다. 보다 많은 사람들이 경영이 무엇인지, 경영자가 어떤 사람인지, 어떤 결과가 경영을 통해 성취돼야 하는지를 드러커를 통해 배우기를 진심으로 소망한다. 또 경영을 꿈꾸는 사람이나 예비 기업가들이 그를 통해 처음부터 경영의 올바름과 경영자의 정신이 갖는 아름다움을 발견하기를 기대한다. 이 책을 통해 경영자가 자신이 하는 일에 대한 자부심과 기쁨을 발견하고 이를 통해 경영에 대한 신뢰를 회복하는 데 조금이나마 도움이 된다면 매우 기쁘겠다. 무릇 자기가 하는 일에 대한 신뢰야말로 윤리와 탁월함을 만들어내는 필수요소라고 믿는다.

여러분을 피터 드러커 경영수업에 초대한다.

| 차례 |

Orientation

Lesson 1

경영의 본질 – 경영은 사람에 관한 것이다

01

피터 드러커를 읽는 다섯 가지 렌즈

드러커의 사상은 방대하고 깊다. 그래서 드러커의 경영사상을 쉬우면서도 명확하게 설명하기가 쉽지 않고 복잡하지는 않지만 제대로 이해하기 위해서는 깊은 사색을 해야 한다. 이를 위해서는 우선 튼튼한 기초를 쌓아야 한다. 필자는 다섯 개의 렌즈로 드러커의 사상에 접근하고자 한다. 이 렌즈는 독자들이 드러커 사상이라는 숲에서 길을 헤매지 않고 나무와 풀, 공기와 새소리 등 숲 속의 아름답고 다채로운 풍경을 발견하기 위한 도구로써 의미가 있다. 다섯 가지 렌즈는 드러커가 경영을 연구하면서 핵심범주로 삼은 것과 필자가 경영자로 일했던 실무경험 그리고 많은 전문가와 교류를 통해 얻은 아이디어를 결합해서 개발한 드러커를 이해하는 프레임이다. 독자들은 다섯 개의 렌즈를 통해 어떤 조직이든 경영이 반드시 다뤄야만 하는 핵심영역과 드러커의 통찰에 관한 핵심을 파악할 수 있다. 그리고 각각의 렌즈가 보여주는 영역의 핵심과제와 이를 올바로 실천하기 위한 원리와 접근방법을 알 수 있다. 다섯 개의 렌즈는 다음과 같다.

첫 번째 렌즈: 경영 자체

- 경영의 본질과 의미는 무엇인가?
- 첫 번째 렌즈는 경영에 대한 올바른 관점, 곧 경영관을 본다. 경영자의 경영관은 특정한 행동으로 이어지고, 결국 조직이 산출할 결과에 영향을 미치기 때문에 경영에 있어서는 가장 중요하다.
- 어떠한 경영관이 올바른 것인가는 경영자의 판단에 달려 있지만 경영의 의의와 가치를 폭넓게 담고 있으면서 경영자에게 튼튼한 신념을 제시해야 한다.
- 경영자는 왜 경영을 하며 무엇을 이루려고 하는가?

두 번째 렌즈: 경영하는 사람

- 경영자의 역할과 책임은 무엇인가?
- 두 번째 렌즈는 경영과 불가분으로 연결된 경영자를 본다. 이는 곧 경영자의 역할과 책임에 관한 것이다. 오늘날 경영자에게 비춰지는 대중의 선망, 지위, 보상을 떠올리는 사람들에게 책임이라는 말은 지루할 수도 있겠다. 그러나 이 책 전체를 통해서 지루하지만 계속 강조되는 주장은 사실 경영자가 누구인가에 대한 것이다. 조직이 경영자를 고용한 이유에 대한 대답이기도 하다.
- 경영자는 누구인가? 조직이 경영자에게 요구하는 일은 어떤 것인가? 경영자는 무엇을 하는가?

세 번째 렌즈: 경영자의 행동

- 효과적인 경영자는 어떻게 일하는가?

- 세 번째 렌즈는 경영자의 효과성에 초점을 맞춘다. 경영자는 어떻게 해서 성과를 창출하는지, 왜 탁월한 경영자와 평범한 경영자가 구분되는지에 대한 답을 찾으려는 것이다. 경영자가 역할을 효과적으로 수행하는 핵심요소는 목표달성 능력이다.

- 목표달성 능력은 가장 명확하고도 실질적으로 탁월함을 결정짓는 경영자의 총체적 능력이다.

네 번째 렌즈: 경영의 실행

- 효과적인 경영의 원리는 무엇인가?

- 네 번째 렌즈는 경영자가 따라야 할 효과적인 경영실천의 원칙과 원리를 본다. 경영자가 일하는 조직은 여러 사람들이 모여서 일하는 장이자 다양한 결정과 행동이 일어나는 동적인 공간이다. 특히 현대조직에서는 많은 경영자들이 함께 일하고 있다. 따라서 경영자들의 노력이 조직 전체에 공헌하도록 만드는 것은 조직에게는 근본적인 과제가 된다. 어떻게 하면 각각의 경영자가 수행하는 노력이 전체 조직의 목표달성에 이바지하도록 만들 수 있는가? 다양한 사람들의 공헌이 합쳐져서 조직 전체에 이바지하도록 만드는 경영이란 어떤 것인가? 각자의 공헌을 통해 전체의 성과로 이어지게 만드는 경영이란 무엇인지 이 렌즈를 통해 볼 수 있다.

- 드러커는 자율과 책임의 원리에 바탕을 둔 목표에 의한 관리를 제안한다. 목표관리는 자기관리를 동반함으로써 인간에 대한 깊은

이해에 기반을 둔 경영원리로서 기능한다.

다섯 번째 렌즈: 경영자에게 필요한 것

• 어떻게 사람들과 함께 일하는가?

• 다섯 번째 렌즈는 경영자가 함께 일하는 사람에게 미치는 영향력과 관계, 즉 리더십을 본다. 이 렌즈를 통해 리더십이 무엇인지를 제대로 이해할 수 있다. 조직이 경영자에게 부여하는 모든 역할과 책임은 함께 일하는 사람들이 성과를 달성하도록 올바른 영향을 미치는가와 사람들과 어떠한 관계를 맺는가에 달려 있다. 따라서 리더십은 경영자의 존재감과 유능함을 나타내는 일종의 미디어와도 같다. 바람직한 리더십이란 무엇을 말하는 것인가? 경영자는 어떻게 리더십을 창출해낼 수 있을까? 경영자는 이에 대한 올바른 이해를 바탕으로 리더십을 발휘하기 위해 노력해야 한다.

• 드러커는 일, 책임, 공헌으로 리더십을 바라보고 그 의미를 설명한다. 그리고 리더로 행동하라고 요구한다.

▌1. 경영을 무엇이라고 이해해야 하는가?(경영의 본질과 의미)

이 질문은 경영 그 자체에 대한 올바른 인식이 무엇인가를 찾으려는 직접적인 질문이다. 곧 "도대체 경영이 무엇이냐?"는 질문을 통해 가장 단순하면서도 명백한 경영의 정수를 발견하려는 것이다. 그 답은 두 가지 방식을 통해 얻어질 수 있다. 먼저 독서나 연구를 통해 지식을 축적하고 이를 통해 경영에 대한 인식을 얻는 방식이 있다. 다른 하나는 경영의 현장에서 겪는 경험을 통해 경영에 대한 이해를 획득하는 방식이다. 이 두 가지 방식 중에서 어떤 것이 보다 나은지를 주장하기는 어렵다. 두 가지 방식 모두가 나름의 진실을 가지고 있고 경영자의 입장에서 보면 경영에 관한 관점과 인식을 얻을 수 있기 때문이다.

경영학도 그리고 경영자

필자는 경영학을 공부했다. 대학생 때 별다른 호기심 없이 단지 전공으로만 봤던 학문이 대학원 시절에는 실무 활용을 위한 지식 습득을 위한 목적으로, 박사과정에서는 전문가로서의 깊이 있는 지식체계를 세우겠다는 목적으로 발전했다. 그리고 내가 배운 학문을 남을 위해 전달하겠다는 일념으로 공부했다. 그리고 필자는 26년이 넘는 기간 동안 기업과 비영리조직에서 일해왔다. 신입사원에서 중간관리자로, 그리고 임원, CEO로서 다양한 책임과 역할을 수행했다. 이 과정에서 현장의 경영을 체험하고 머릿속의 경영관을 세우고 바꾸고 또 검증했다. 초기에는 경영관을 단순히 기업을 운영하는 이론체계이자 기업의 목표달성을 위한 의사결정으로만 이해했다. 하지만 해를 거듭하며 경험할수록 경영과 사람, 조직, 사회를 연결시켜 바라보게 되었다. 이런 생각은 사실 드러커 사상의 핵심이자 이 책의 중심주제이기도 하다.

필자는 이론과 경험을 바탕으로 필자만의 경영관을 얻었다. 그런데 진정으로 중요한 것은 방식이 아니라 내용에 대한 검토에 있다. 즉 경영자가 자신의 마음속에 있는 경영관이 과연 올바른 것인가에 대해 질문하는 것이 훨씬 중요하다. 생각의 바탕에 있는 근거가 어떻게 형성되었는지, 그리고 지금도 유효한지에 대해 진지하게 따지는 것을 말한다. 만일 이런 의문과 성찰이 없거나 혹은 부족하다면, 잘못된 경영관을 가지게 될 위험이 커지게 된다. 편협한 지식에 의존하거나, 혹은 자신만의 특수한 경험을 과신하기 때문이다. 자연히 잘못된 결정과 행동을 할 위험이 높아진다. 경영자가 경영을 무엇이라고 이해하는가는 스스로 그것을 의식하든 의식하지 않든 경영자의 결정과 행동을 지배하기 때문이다. 편협한 지식이나 특수한 경험을 바탕에 둔 경영관으로 조직구성원, 고객, 투자자와 어떠한 관계를 맺을 것이며 조직의 목표와 사회의 요구 간의 균형을 어떻게 맞출 것이며 세상의 변화에 대해 어떤 대응을 할 수 있을 것인가?

경영이란 무엇인가? 경영자는 무엇을 위해 경영을 하는 것이며, 경영을 통해 무엇을 달성하고자 하는가? 경영자가 경영을 잘한다는 것은 무엇을 의미하는 것인가? 이 모든 질문들은 경영자의 성찰을 통한 확신을 요구한다. 그렇다면 이 질문에 드러커는 무엇이라고 답하는가? 드러커의 답은 수정처럼 명확하다.

"Management is about Human Beings. Its task is to make people capable of joint performance, to make their strengths effective and their weakness irrelevant."

경영이란 사람에 관한 것이다. 경영의 과제는 사람들이 협력을 통해 성과를 달성하는 것을 가능하게 하는 것이고, 사람들이 가진 강점을 효과적으로 만들되 약점을 무관하게 하는 것이다.
-피터 드러커

"경영은 사람에 관한 것이다."

드러커의 주장은 독자의 생각과 유사한가? 혹은 다른가? 또는 너무 단순한가? 드러커의 주장을 제대로 이해하려면 그가 왜 이런 생각에 이르렀는가를 살펴봐야 한다. 먼저 드러커가 경영사상의 체계를 세우겠다고 결심했을 때 경영이 수행하는 기능이나 기법이 아니라 "경영이란 무엇인가?"를 처음부터 질문했다는 점에 주목해야 한다. 드러커에 따르면 그가 경영에 관심을 갖게 된 것은 1940년대의 어떤 시기였는데 당시에도 경영에 관한 생각은 있었다. 당시의 전문가들 – 주로 경제학자, 정치학자, 심리학자 등의 학자들 – 이나 일부 경영자가 생각하는 경영이란 경제적 목적과 연관되어 경영자가 수행하는 행위, 혹은 특정한 성과를 목표로 하는 실무적 기술에 불과했다. 즉 경영을 단편적이고 부분적인 기술Skill 정도로 이해하는 것이었다. 드러커는 이런 생각의 한계에 실망했고 스스로 경영의 의미와 본질을 파악하고자 했다. 지금의 우리에게는 참으로 다행스러운 일이다.

"경영이란 본래 무엇인가?" 이 질문을 숙고한 끝에 드러커는 경영이란 인간과 조직, 사회라는 전체적 맥락에서 그 의미를 탐구해야 하는 대상이라는 것을 발견했다. 드러커의 질문을 들여다보자. 그는 눈앞에 보이는 경영의 모습들 – 경영자의 통치행위, 기업이라는 조직을 운영하는 과정 등 – 이 아니라 근본적이고 커다란 맥락 속에서 경영에 대해 묻는다.

- 사회 속에서 경영이란 어떤 것인가?
- 조직에서 경영이란 어떤 것인가?

• 사람들에게 경영이란 어떤 것인가?

이 질문들의 공통점은 생각의 위치에 있다. 즉 외부에서 경영을 바라본다는 점이다. 경영을 경영 바깥에서 바라보면서 질문을 제기했다는 점인데 이 점은 대단히 중요하다. 어떻게 해서 이런 식의 질문이 가능했을까? 경영을 경영자들이 수행하는 실무적 기술로서 이해했던 당시의 좁은 시야를 그는 어떻게 극복할 수 있었을까? 드러커가 넓은 맥락에서 경영의 본질과 의의를 제기할 수 있었던 것은 경영을 연구하려는 동기의 바탕에 인간과 사회에 대한 깊은 관심이 있었기 때문이다. 이 관심은 그의 삶과 결부된 것이었다. 그가 살아온 인생을 간략하게 짚어보자. 드러커의 생은 희망보다는 절망이 지배했던 시대에 시작된다. 인간성과 사회의 미래에 대한 절망이 지배했던 20세기 초에 그는 삶을 시작했다. 그가 태어난 1909년은 곧 다가올 제1차 세계대전(1914년)을 불과 몇 년 앞선 때였고 인류사에 유례가 없는 참혹한 불행을 안겨준 전쟁기에 드러커는 인생에서 가장 빛나야 할 청년기를 보냈다. 유럽과 미국, 아시아를 포함한 전 세계가 갈등과 전쟁, 불황, 공동체의 해체로 절망스러운 시대에서 드러커는 성장했다. 그러나 드러커는 미래에 대한 희망을 포기하지 않았다. 그는 정상적으로 기능하는 사회와 존중받는 인간의 삶에 대해 관심을 두게 되었고, 그 관심은 평생에 걸쳐 그가 추구하는 가치가 된다. 바로 그것이 그가 경영을 연구하게 한 것이다.

드러커는 현대사회는 다양한 규모의 조직들로 이루어진 조직사회라는 것과 사람들은 조직에서 삶을 보내면서 자신의 목표를 실현한다는 것을 발견했다. 그러므로 조직이 제대로 일하는 것, 곧 성과를 창출하는 것은 인간의 삶을 증진시킨다는 명확한 사회적 의의가 있다. 그렇다면 이 의의를 진정으로 가능하게 하는 것은 무엇인가? 드러커는 '경영'을 발견한다. 따라서 경영은 조직의 성과를 실현하는 핵심기관으로서 의의가 있으며 이런 인식은 드러커 경영사상의 확고한 바탕이 된다. 드러커는 경영이란 주제를 철저하게 사회와 인간 속에서 바라본다. 결국 경영의 본질을 사람의 관점에서 통찰하는 것이다. 이 점은 드러커가 발간한 최초의 경영학 연구서인 『경영의 실제』 서문에 명확하게 기술되어 있다.[1]

초기 경영학 연구서들은 – 실제로 현재에 발간된 연구서들도 그렇다 – 단지 (경영의) 한 측면만을 들여다본다. 실제로 대부분의 연구서들은 내부만을 바라본다. 조직, 정책, 조직 안의 인간관계, 조직 안의 권한 등등. 경영의 실제는 기업을 세 가지 차원에 있는 실체로 바라본다. 첫 번째로 조직 외부에 있는 시장과 고객에서 만들어지는 경제적 성과를 생산하는 기관으로서 존재하는 '사업'을, 두 번째로 사람을 고용하고 사람을 개발해야 하고 돈을 지불해야 하고 생산성이 있도록 사람을 조직해야 하고 그럼으로써 거버넌스Governance를 필요로 하고 가치를 포함하고 권력과 책임에 관한 관계를 형성해야 하는 것이 필요한 '인간과 사회 조직'을, 세 번째로 사회와 공동체 안에 존재하고 그럼으로써 공공의 이익에 영향을 받는 '사회적 기관'을 들여다본다.

경영은 인간, 조직, 사회를 이어주는 핵심기관

드러커는 경영을 현대기업의 핵심적인 기관 – 기능을 수행하는 구체적인 실체 – 이라고 주장했다. 현대사회의 대표적인 조직으로 등장한 기업은 오직 효과적인 경영을 통해서만 존재하고 성장하고 목적을 달성한다. 따라서 경영은 조직의 기관인 것이다. 드러커는 현대사회의 지배적인 조직으로 등장한 기업이 이전의 사회조직 – 전통적인 지역공동체, 영리를 목적으로 하지만 자본과 종업원의 개념이 없는 사회조직 – 과는 분명히 다르다는 것을 간파했고 기업이 자신의 목적을 달성하기 위해서는 반드시 체계적으로 수행해야 하는 기능이 경영이라는 것을 명확하게 이해했다. 그리고 그런 생각을 실증적 관찰과 연구로 구체화해나갔다. 드러커가 기업과 경영에 대한 그의 사상을 형성할 수 있었던 결정적 계기는 1940년대 미국의 제너럴 모터스(GM: General Motors, 당시에 이미 거대기업이었다)를 연구했던 경험이다.[2] 드러커는 이 연구로부터 사회와 경제를 구성하는 중심적 실체로 등장한 기업의 내부를 자세하게 관찰할 수 있었다. 즉 드러커는 기업이 어떻게 운영되고 있으며, 기업을 구성하는 구성원이 어떻게 일하는지, 기업이 그곳에서 일하는 사람들에게 어떤 영향을 미치는지, 특히 경영자가 어떤 일을 하는지를 자세하게 관찰했다. 그리고 기업이 성과를 내거나 혹은 성과를 제대로 내지 못하는 과정도 목격했다. 또한 기업과 사회가 맺고 있는 관계를 들여다봤다. 관찰하는 대상을 넓은 시각에서 바라보고, 관계와 의미를 파악하는 데 뛰어났던 드러커는 GM 연구를 통해 기업의 역할수행은 기업만이 아니라 사회를 위해서 중요하다는 것과 기업 존속의 핵심요인이 경영임을 깨달았다. 이것이 바로 경영의 실제다.

거대 산업부문은 우리를 대표하는 사회적 실체가 되었다. 그리고 이 나라에서(미국을 말함) 거대 산업부문의 사회적 조직인 대기업은 우리의 대표적 사회제도가 되었다. 다시 말해 대기업은 특정 국가가 채택해낸 사회조직 형태나 정치적 신념과 무관한, 현대 산업사회의 일반 조건이다. 따라서 대기업이 바람직한지 아닌지 질문하는 것은 감상적 향수에 불과하다. 모든 현대사회의 중심 문제는 우리가 과연 대기업을 바라는지가 아니다. 문제는 우리가 대기업에게 무엇을 바라는지, 그리고 대기업과 사회의 어떤 조직이 우리의 소망과 필요를 실현하기에 최적인지 하는 점이다.[3]

경영은 사람에 의한, 사람을 위한 조직의 기관

그렇다면 경영의 의의는 어떻게 실현되는가? 어떻게 가치를 달성하는 것인가? 경영이란 조직에서 이루어지는 것임을 상기하자. 조직은 사람들이 모인 곳이다. 사람들이 없다면 조직은 없다. 로빈슨 크루소는 무인도에서 모든 것을 할 수 있지만 조직을 만들지는 못한다. 따라서 조직이 목적을 달성하려면 반드시 조직 안에 있는 사람들의 능력을 제대로 발휘시키고 그 능력이 모여서 조직의 목적을 달성할 수 있는 가치를 창출하도록 해야 한다. 이것은 조직의 본질적 요구다. 그렇다면 조직은 어떻게 이 요구를 성취하는가? 조직이 이 요구, 곧 근본적인 과제를 성취하는 과정이 경영이 실행되는 과정이다. 드러커는 경영자, 전문가, 실무자가 모여 있는 장, 또 사람들이 다양한 임무를 수행하면서 최종적으로 조직의 목적을 달성하는 협력과 조화가 이루어지는 과정을 GM을 비롯한 많은 기업들을 통해 관찰하고 발견했다. 그럼으로써 사람, 조직, 경영이 맺고 있는 의미를 통찰했다.

경영은 조직에서 이루어지고 조직은 사람이 모인 곳이다. 그렇다면 조직의 성과는 곧 사람들의 성과다. 즉 조직은 사람들로 하여금 최선을 다해 공헌하도록 의미를 갖게 하고 사람들이 가진 각각의 능력이 협력을 통해 조직의 목적달성에 이바지하도록 하는 의사소통과 조화의 과정을 통해 이를 달성한다.

조직은 기업의 구성원들에게 최선을 다해 노력하도록 동기를 불어넣는 어떤 의미를 제공해야 한다. 이것은 구성원이 자신이 존중 받는 존재이며, 동시에 가치 있는 것을 위해 일한다는 의의를 자각할 수 있을 때 가능하다. 조직을 구성하는 모든 사람은 최선의 동기를 가져야 한다. 그렇지만 이것만으로는 부족하다. 조직은 그 어떤 경우든 조직을 구성하는 사람의 협력을 통해서만 성과를 만들 수 있다. 그런데 이 사실을 사람들은 종종 간과한다. 조직은 특정한 자원 - 공간, 시설, 자금, 사람 등 - 을 활용해서 성과를 만들어내는 존재임을 생각해보라. 사람을 제외한 자원은 그 어떤 것도 자동으로 성과를 만들지 않는다. 오직 사람이 하는 결정과 협력이 성과를 만든다. 따라서 조직은 구성원의 협력과 조화를 반드시 이루어야 한다.

경영은 조직의 기관으로서 바로 이 요구를 과제로 수행하는 것이다. 경영이 제대로 기능할 때 조직은 목적을 달성하게 되고 사회를 위한 가치를 제공할 수 있다. 결국 경영은 기업 자체, 기업에서 일을 하면서 삶을 살아가는 사람들, 기업을 통해 상품을 제공받는 사회 모두를 위한 것이 된다.

경영-조직-인간-사회를 하나의 전체로서 생각하는 것은 드러커 경영사상의 흔들리지 않는 토대다. 따라서 경영이 무엇인가라는 질문에 대한 가장 명확한 답변은 '경영이란 사람에 의한, 사람을 위한 조직의 기관'이라는 것이다.

▌ 2. 경영자는 무엇을 성취해야 하는가?(경영자의 존재의의와 역할)

경영이 조직의 기관이자 핵심적인 장치라고 한다면 이 기관을 운영하는 사람이 경영자다. 경영을 제대로 하려면 경영자가 자신의 역할을 올바르게 수행해야 한다. 드러커는 이와 관련한 세 가지 질문을 던졌다.

- 경영자가 다른 누구에게도 위임하지 않고 반드시 달성해야만 하는 역할은 무엇인가?
- 경영자가 속한 조직에서 경영자가 제대로 일을 하고 있다는 것은 어떤 의미인가?
- 경영자가 반드시 완수해야만 하고 특별히 탁월한 성과를 올려야 하는 일과 과제는 어떤 것인가?

이 질문에는 공통점이 있다. 모든 질문이 경영자의 희망과 기대를 묻고 있지 않다. 경영자의 역할, 책임, 과업을 묻고 있다. 여기서 우리는 중요한 점을 발견할 수 있다. 경영자가 누구인지 알려면 경영자 보다 그가 몸담고 있는 조직을 먼저 봐야 한다는 것이다. 즉 조직이 요구하는 경영자의 역할과 책임이 먼저라는 뜻이다. 이 역할과 책임을 제대로 수행하는 것이 경영자의 존재의의다. 경영자가 조직이 자신에게 부여하는 역할과 과제를 이해하는 것은 중요하다. 이는 경영자의 시간과 노력이 투입되는 방향과 정도를 결정하고 기업의 성과로 이어지기 때문이다. 드러커는 연구의 초기부터 경영자의 올바른 사고와 실천해야 할 과업을 핵심주제로 삼았다. 경영자야말로 기업 성과의 달성을 위한 핵심요인이라고 파악했기 때문이다. 그렇다면 여기서 이런 질문을 할 수 있다. "경영자의 일은 조직과 상황, 사람에 따라 다르지 않을까?" 만약 이 질문에 대한 답변이 "그렇다."라면 경영자의 역할과 과업을 배우기는 불가능하다. 보편적인 원리를 세운다는 것은 불가능하기 때문이다.

하지만 드러커의 생각은 달랐다. 그는 경영자만이 수행하는 역할과 과업이 있으며, 이는 모든 조직에 적용할 수 있는 보편적인 것으로 명확하고 실제적이기 때문에 누구나 배울 수 있다고 주장했다. 경영자의 역할에 대해 드러커가 가장 먼저 강조한 것은 경영자는 자신의 희망과 기대가 아닌 기업이 요구하는 공헌과 책임을 수행해야 한다는 것이다. 그래서 드러커는 기업의 목적을 먼저 분석하고 이를 달성할 경영자의 역할을 제시했다. 다시 한 번 강조한다. 경영자의 역할은 오직 그가 속한 조직과의 관련성에서만 발견할 수 있다. 조직의 목적은 사회가 수용할 만한 가치를 창출하는 것이며 이 목적을 달성하기 위해 경영자가 수행하는 역할과 과업은 모든 조직에게 보편적인 것이다. 경영자가 누구인가를 궁극적으로 정의하는 것은 경영자가 조직을 향해 가진 비전과 경영자가 받아들이는 책임감이다.

▌ 3. 경영자는 어떻게 성과를 달성하는가?(경영자의 성과창출원리)

경영의 본질과 의의, 경영자의 역할에 대해 분명한 입장을 가지게 되면, 이제 경영의 실천에 대해 따져봐야 된다. 성과를 산출하는 경영의 실무에 대해 생각하는 것이다. 곧 경영자의 결정과 행동을 말한다. 산업, 업종, 심지어 특정 기업이라는 범위에서도 경영자가 누구냐에 따라 다양한 성과가 나타나기 때문에 경영 실무에 대한 구체적인 분석은 매우 중요하다. 현실에는 다양한 경영자가 있다. 탁월한 경영자만 있는 것이 아니라 무능한 경영자, 혹은 평범한 경영자가 있다. 이들을 나누게 되는 갈림길은 어디에 있을까? 탁월함과 평범함을 구분하는 경영의 실무는 어떻게 다른 것인가? 어떤 경영자가 경영실무를 제대로 하는지를 알기 위해 좋은 경영자를 판단하는 기준을 정해야 한다. 드러커는 경영자에 대한 판단 기준은 그의 목표달성 능력이라고 했다. 영어로 'Effectiveness'인 이 말은[4] 경영자가 수행하는 일을 통해서 조직을 위한 바람직한 결과를 만들어내고 조직의 목표를 실현시키는 총체적인 능력이다. 드러커가 말한 이 개념으로 경영자를 파악하는 것은 획기적인 의미가 있다. 경영자가 성과를 창출하는 요인을 경영자의 리더십

스타일, 전문지식, 자원의 규모로 보지 않고 성과창출의 본질적 요인으로 목표달성 능력을 제시했기 때문이다. 드러커는 기업을 포함한 많은 사회조직을 관찰하면서 수많은 탁월한 경영자와 무능한 경영자를 만나면서 그들이 성과를 창출하는 맥락을 그만의 통찰력을 가지고 분석했다. 그가 보기에 탁월한 경영자는 목표달성 능력을 보유하고 발휘하는 사람이었다.

그렇다면 목표달성 능력이란 무엇을 의미하는가? 본문에서 자세하게 설명하겠지만 목표달성 능력은 다음과 같은 핵심요소를 갖고 있다.

- 자신의 일에 대한 경영자의 이해
- 일을 하는 궁극적 목표에 대한 판단
- 목표를 달성하기 위한 자원 – 특히 사람 – 의 활용

드러커는 경영자에게 가장 먼저 자신이 수행해야 할 일을 체계적으로 파악하라고 조언했다. 경영자가 성과를 창출하는 것은 방법과 기술이 아니라 그의 태도와 노력에 달렸다. 즉 경영자의 성공은 경영자의 임무, 곧 자신이 공헌해야 할 것에 대한 완전한 이해와 노력에 달렸다. 그래서 무엇에 집중하며 무엇을 포기할 것인지를 결정하고 조직을 위해 가장 크게 공헌할 수 있는 일에 자신의 한정된 시간을 쏟고 집중해야 한다. 바로 경영자는 자신의 일, 집중해야 할 우선순위, 자신이 공헌할 것에 대한 체계적인 성찰을 통해 목표달성을 위한 효과적인 노력을 하게 되는 것이며 이것이 드러커가 말한 경영자의 목표달성 능력이 담

고 있는 의미다. 따라서 어떤 경영자든지 목
표달성 능력의 향상을 통해 탁월한 경영자
가 될 수 있다. 드러커는 경영자들이 자신의
일과 책임과 공헌, 그리고 자신이 배워야 할
것에 대해 항상 성찰하고 자신을 돌아봄으
로써 목표달성 능력을 '끊임없이 향상시킬
것'을 조언했다.

> "유능한 경영자는 자신의 일이
> 신 또는 자연이 창조한 것이라
> 는 가정에서 출발하지 않았다.
> 그들은 자신의 일이, 실수하기
> 쉬운 불완전한 인간들이 설계
> 한 것임을 잘 알고 있다."
>
> —피터 드러커

▌ 4. 경영자의 노력을 통해 조직이 목표를 달성하는 경영원리 는 무엇인가?

기업은 조직으로서 목표를 달성해야 하고 이 목표달성에 공헌해야
하는 것이 경영자의 가장 기본적인 책임이다. 이 책임은 경영자에게
자신의 노력이 반드시 효과를 산출하는 것이 돼야만 한다는 책임과 더
불어 협력에 대한 책임을 부여한다. 즉 조직 안에는 다양한 사람들이
서로 다른 일을 수행하고 있는데 경영자의 노력이 상사나 동료, 부하
직원의 노력과 합쳐져서 특정한 성과를 창출해야만 하는 것이다. 그렇
다면 경영자의 노력이 자신의 책임을 달성하는 것이면서 동시에 조직
전체의 목표를 달성하는 것이 되도록 하는 것은 경영이 해결해야 하는
근본적인 과제이다. 동시에 기업이 자신의 목표를 달성하기 위해 근본
적으로 해결해야 하는 과제이다. 이 과제를 해결하려면 다음 질문에
대답해야 한다.

- 경영자가 자신을 위해서가 아니라 조직을 위해서 일하려면 어떻게 해야 하는가?
- 경영자가 자신의 책임을 완수하는 것이 조직의 전체목표에 기여하는 것이 되도록 하려면 어떻게 해야 하는가?
- 경영자들의 노력이 효과적으로 목표달성에 기여하게 하려면 무엇이 필요한 것인가?

그 어떤 조직도 자동적으로 사람들의 노력이 전체목표에 공헌하도록 할 수는 없다. 따라서 위의 질문에 대한 완벽한 해답은 없다. 다만 신중한 고려를 거친 관리 원칙과 방법론을 찾고 이들을 부단하게 실천할 수밖에 없는 것인데, 드러커는 '목표에 의한 관리'를 제안했다. 목표에 의한 관리란 경영자가 조직 전체를 위한 자신의 목표를 이해하고 목표에 대한 책임을 가짐으로써 목표달성을 위한 과업을 효과적으로 수행하도록 한다는 관리의 원칙이다. 목표에 의한 관리는 명확한 철학과 원칙을 바탕으로 하며 도구나 기술 이상의 것이다. 단순히 사용하면 되는 것이 아니라 원칙을 분명하게 구현하려는 꾸준한 실행노력을 바탕으로 해야 한다.

드러커는 이를 "목표에 의한 관리를 위해서는 엄청난 노력을 기울여야 하고 또 특별한 수단을 갖고 있어야 한다. 경영자의 노력이 저절로 공동의 목표를 향해 집중되는 일은 좀처럼 일어나지 않기 때문이다."라고 강조했다. 목표관리란 경영자의 목표와 기업의 목표가 조화롭게 달성되도록 한다는 경영원칙이자 경영방식이다. 여기에는 "경영이란 곧 사람들이 발휘하는 노력의 집합이다."라는 드러커의 철학이 바탕에 있다. 조직이 자신의 사명을 달성하기 위해서는 사람들의 노력을 한곳으로 집중시킬 수 있어야 하는데, 이는 사람들이 조직의 사명과 연계된 자신의 목표를 가질 때 가능하다고 본 것이다. 이런 판단은 타당하다. 조직에서 경영자들이 저절로 공동의 목표를 향해 일하지는 않기 때문이다. 경영자 각자가 전문분야를 담당하고 계층적 구조에서 일한다는 조직의 현실은 공동의 목표를 위한 협력보다는 경영자 간의 단절과 혼선으로 조직 전체의 목표가 쉽게 방향을 잃어버린다.

따라서 목표관리를 제대로 하려면 목표에 대한 올바른 이해와 책임의 소유를 명확하게 해야 한다. 이것들이 분명해질 때 사람들의 노력이 방향과 의미를 찾게 되고, 각자의 노력이 전체 목표달성에 기여하여 조직의 사명을 달성할 수 있다. 완전한 책임감을 갖는 목표만이 경영자의 노력에, 경영에 올바른 방향을 제시해준다. 또한 드러커가 말한 목표관리에는 인간에 관한 철학이 바탕에 있다. 자신이 공헌할 것을 스스로 찾고 능동적으로 노력하는 존재가 인간이라는 철학이다. 목표는 주체적으로 행동하는 사람이 선택하는 것이기 때문에 이 말은 올바르다. 이런 인간 이해와 앞서 설명한 목표의 조화가 드러커의 목표관리가 담고 있는 핵심사상이다.

드러커의 목표관리가 담고 있는 두 가지 의미는 다음과 같다.

첫째, 자율성에 의한 경영이다. 구시대 기업 경영의 지배원리였던 명령과 통제에 의한 경영은 더 이상 효과적이지 않다. 경영자는 자신의 지식과 기술을 사용해서 성과를 창출하는 사람이다. 따라서 기업의 목표를 달성하는 것은 자신이 공헌해야 할 것이 무엇인지를 경영자가 스

스로 선택하고 자발적인 노력을 집중할 때 가능하다. 목표관리는 이런 자율성에 기반을 둔 경영의 실현이다

둘째, 조화와 균형을 위한 장치다. 기업은 가장 중요한 자원인 사람의 노력을 한곳으로 집중시키면서 동시에 개인의 공헌이 전체의 목표 달성에 기여할 수 있도록 하는 장치가 반드시 필요하다. 또 기업은 여러 영역에서 성과를 창출해야 하는 조직으로서 − 시장이 원하는 제품의 기획, 우수한 품질을 가진 제품의 생산, 고객지향 마케팅, 능력을 가진 사람의 채용과 활용 등 − 기업의 목표는 단 하나가 될 수는 없다. 결국 여러 목표를 달성하려면 조화와 균형이 필수다. 목표관리는 다양한 목표의 조화와 균형을 확보하면서 궁극의 목표인 기업사명을 달성하기 위한 필수 장치다.

인간과 조직에 대한 이해, 조직의 특성에 대한 통찰, 성과를 창출하게 만드는 조화의 원리가 드러커가 말하는 목표관리의 세 가지 핵심요소다. 올바른 원리와 조직의 실제에 대한 합리적 분석이 바탕에 있기 때문에 목표관리는 경영의 도구가 아니라 경영의 원칙이 된다. 오늘날의 독자들은 그의 이런 생각이 낯설지 않을 것이다. 하지만 드러커가 경영사상의 체계를 최초로 공개한 1940년대로 보면 이것은 혁신적인 통찰이다. 또한 목표관리는 경영자가 경영자로서 일할 수 있게 만드는 원리이자 방법으로서 특별한 의미가 있다. 드러커는 "경영자란 자기가 하는 일을 통해서 전체의 목표에 기여할 책임을 지는 사람이다."라고 말했는데 목표관리야말로 이런 경영자의 책임을 실현하는 원리로 기능한다.

드러커의 목표관리에는 스스로 선택한 목표에 대한 책임, 달성해야 하는 성과에 대한 경영자의 책임이 있다. 따라서 목표관리는 자기통제 Self-Control에 의한 관리와 연결된다. 드러커는 목표관리와 자기통제를 절대 분리할 수 없는 개념이라고 하면서 자기통제에 의한 관리야말로 목표관리를 가능케 하는 바탕이라고 강조했다.[5] 과거의 명령에 의한 경영이 현대의 자기통제에 따른 관리에 의한 경영으로 바뀌면서 비로소 경영자에 의한 경영이 가능해졌다.

▎5. 경영자에게 필요한 것: 리더십

경영의 현장은 조직이다. 이때 경영을 수행하는 주체는 경영자인데 경영자는 다른 사람을 통해서 경영의 결과를 만들어낸다. 이때 사람들의 성과를 올리고 그들과의 관계 속에서 자신의 책임을 수행하기 위해서 필요한 것이 리더십이다. 경영자는 리더십을 통해서 일을 수행하고 결과를 만든다. 따라서 경영자의 리더십이 효과적이라면 탁월한 성과가 나올 것이다.

그렇다면 이 리더십의 정체는 무엇인가? 리더십을 발휘하려면 무엇을 어떻게 해야 하는가? 지속적인 변화와 도전 속에서 조직의 목표를 달성해나가기 위해 경영자들은 어떠한 리더십을 추구해야 하는가?

리더십이란 책임이라고 드러커는 말한다.[6] 리더십에 관한 그 어떤 주장과도 다르며 매우 명료하다. 그가 전달하고자 하는 뜻은 명확하다.

경영자는 리더십이라는 어떤 것을 가지고 있기 때문이 아니라 자신에게 부여된 책임을 달성하는 올바른 일을 함으로써 리더십이 생긴다는 뜻이다. 드러커는 이렇게 말했다. "리더십은 자질과는 거의 관계가 없으며 카리스마와는 더 관계가 없다. 리더십은 평범하다. 낭만적이지 않으며 오히려 매우 지루한 것일 수 있다. 리더십의 본질은 오직 달성한 성과에 있다." 즉 리더십이란 성격이나 자질도 아니며 복잡하게 설명할 그 무엇도 아니다. 다만 경영자가 달성하는 성과로만 설명할 수 있는 개념이라는 말이다.

따라서 리더십에 대한 올바른 질문은 "리더십이란 무엇인가?"가 아니라 "어떻게 하면 책임을 수행하는 경영자로서 자신을 훈련시키고 일을 수행할 것인가?"에 있다. 기존의 리더십에 관한 정의들은 대체로 다른 사람을 이끄는 것과 연관되어 있다. 이는 리더가 그를 추종하는 사람들에게 영향을 미쳐서 그들을 움직이게 만든다는 개념이다. 자연히 리더십의 결과보다는 어떤 리더인지에 주목하고 그의 매력, 카리스마, 권위를 리더십이 담고 있는 불변의 속성으로 생각하게 만든다. 뛰어난 리더 중에서 인간적인 매력이나 엄청난 영향력을 가진 사람들이 많다는 점을 고려한다면 이런 주장이 전혀 틀린 것은 아니다. 그러나 이런 생각은 리더십의 올바른 의미를 가리고 만다. 또 그런 속성이 없이 훌륭한 성과를 달성한 리더를 설명할 수 없다.

드러커는 다른 렌즈로 바라본다. 그가 바라보는 리더십은 조직의 성과를 제대로 만들어내는 것이다. 리더의 특성보다는 – 사실 리더의 특성이 무엇인가는 문제가 되지 않는다 – 리더십이 창출하는 결과로부터 리더십을 파악한다. 드러커는 리더십을 일, 책임, 공헌으로 정의했다. 리더십은 결과를 얻기 위한 올바른 일을 수행함으로써, 경영에 대한 경영자의 책임을 수행함으로써, 경영자로서 자신이 할 공헌을 다하려는 리더의 언행일치와 노력을 통해 만들어진다는 뜻이다. 따라서 리더십은 이론이기보다는 실천이며 천재 혹은 위인에게만 주어지는 것이 결코 아니다.[7] 리더는 다른 사람을 지배하고 지휘하는 게 아니라 그가 마땅히 해야 할 일을 효과적으로 하고, 사람들이 자발적으로 따라오게 함으로써 비로소 리더가 된다.

이런 리더십은 마땅한 행동을 한다. 드러커는 조직의 사명과 목표에 대해 책임지려는 행동, 타고난 자질이 아니라 성실한 실천을 통해 구성원들이 조직의 가치와 목표에 대해 신뢰하도록 만드는 행동, 구성원을 한 사람 한 사람의 인간으로서 이해하고 존중하는 행동을 매우 강조한다.

다섯 가지 렌즈를 기억하기 바란다. 이 렌즈를 도구로 드러커 사상의 풍부함과 다채로움, 깊이를 탐험해보자.

02

책의 구성

이 책은 드러커 경영사상을 경영현장의 경험을 매개로 설명하고 해석한 책이다. 먼저 오리엔테이션은 드러커 사상의 핵심주제를 5가지의 렌즈를 통해 요약했고 상세한 내용은 본문에서 7개의 레슨으로 서술했다. 오리엔테이션을 읽고 각 레슨에 참여하면 좋겠다. 또한 드러커의 생애와 업적을 간략하게 정리하여 Appendix에 추가했다. 드러커에 생소한 독자라면 이 부분을 먼저 읽고 레슨에 참여하면 도움이 될 것이다.

- 첫 번째 렌즈: 경영 자체(경영의 본질과 의미는 무엇인가?)는 레슨 1 '경영의 본질 – 경영은 사람에 관한 것이다'를 보라.
- 두 번째 렌즈: 경영하는 사람(경영자의 역할과 책임은 무엇인가?)은 레슨 2 '경영자 – 경영자는 목표를 달성하는 사람이다'를 보라.
- 세 번째 렌즈: 경영자의 행동(효과적인 경영자는 어떻게 일하는가?)은 레

슨 3 '경영자의 일 – 목표, 결과, 효과'를 보라.

- 네 번째 렌즈: 경영의 실행(효과적인 경영의 원리는 무엇인가?)은 레슨 4 '경영자의 성공원리 – 일관리: 목표에 의한 관리(MBO)'를 보라.

- 다섯 번째 렌즈: 경영자에게 필요한 것(어떻게 사람들과 함께 일하는가?) 은 레슨 5 '경영자의 성공원리 – 사람관리: 인사결정'과 레슨 6 '리더십 – 리더십 요소는 책임과 공헌'을 보라.

마지막 레슨 7은 결론으로 탁월한 경영자로 성장하기 위한 자기경영에 대한 드러커의 조언을 담았다.

레슨 7을 제외한, 각 장(레슨)은 '본문, Think & Act, Action Point, Business Case'로 구성했다. 본문은 주제에 대한 드러커의 통찰과 해석을 담았으며 Think & Act와 Action Point는 각 장을 요약하고 경영에 접목하기 위한 질문과 실천원칙을 제시했다. Business Case는 본문 내용에 관련된 경영자와 조직 사례를 담았다.

드러커와 편안하게 대화하는 기분으로 드러커 경영수업에 참여하기 바란다.

경영의 본질

경영은 사람에 관한 것이다

경영은 사람에 관한 것이다.
경영의 과제는 사람들이 협력을 통해 성과를 창출할 수 있도록 하는 것이고,
사람들이 가진 강점이 효과를 산출하도록 하는 것이자
사람들이 가진 약점을 무관하게 하는 것이다.

-피터 드러커

드러커는 왜 경영을 탐구했는가?

이 장에서는 '경영이란 무엇인가'를 생각해보려고 한다. 기업과 같은 영리조직이나 정부나 대학과 같은 비영리 조직의 수많은 경영자들이 하고 있는 경영. 이에 대한 올바른 생각을 이야기하고 싶은 것이다. 경영에 관한 수많은 정의와 이론들은 지금도 논의되고 있다. 다음과 같은 주장에 대한 당신의 생각은 무엇인가?

- 경영은 자원을 효과적으로 활용하는 관리기술이다.
- 경영은 경영자가 수행하는 모든 결정과 활동이다.
- 경영은 기업의 이윤을 극대화하기 위해 결정하고 실행하는 모든 과정이다.

아마도 여러분은 경영을 정의하는 이유가 궁금할지도 모르겠다. 우

선은 다음 사항을 기억하기 바란다. 경영에 대한 이해, 곧 경영관이야
말로 경영의 행태와 결과를 만드는 원천이며 경영자의 올바른 경영관
이 조직에는 가장 중요한 요소라는 점을 말이다. 올바른 개념을 잡지
못했을 때의 위험성은 소크라테스의 교훈을 통해 잘 알 수 있다.

　　자기 아버지를 불경죄로 고소한 에우테피론에게 소크라테스는 물
었다.
　　"경건함의 기준은 무엇인가?"
　　소크라테스와 에우테피론은 각자 재판을 앞두고 법정에 가는 도
중에 우연히 만나서 대화한다. 에우테피론은 아버지를 살인죄로 고
발한 사람이다. 그의 아버지가 부리던 머슴이 아버지의 낙소스 토지
에 속한 노예를 죽이자, 아버지가 그를 결박한 채 율법 해석자에게 처
결을 묻고자 기다리며 제대로 돌보지 않아 죽게 놔두었기 때문이었
다. 그는 아버지가 자신이 믿고 있는 경건함을 위반했다고 생각한 것
이다. 소크라테스는 그렇게 심각한 일로 자기 아버지를 법정에 세우
는 사람의 확신에 대해 놀라움을 표한다. 에우테피론은 아무렇지 않
아 하며 종교적, 윤리적 문제에 대한 자신의 판단을 확신한다. 몇 차
례 문답이 오가고 나서야 에우테피론은 자신이 '경건함'을 매우 피상
적으로 이해했고, 그로써 아버지를 단죄했음을 인정했다.

　　소크라테스의 질문을 통해 우리는 이것을 배워야 한다. 신념이나
인식은 대부분 확실한 근거와 철저한 사고를 거쳐서 형성되지는 않는
다. 내가 모르는 것이 있다는 사실 자체를 사람들은 모른다. 잘못된 믿

음과 인식은 잘못된 행동으로 이어지고 때로는 큰 문제나 위험을 낳는다.

경영의 본질을 탐구하는 작업이 절대 녹록지 않음을 알아야 한다. 그렇다면 경영을 설명할 때 반드시 포함돼야 할 내용은 무엇인가? 경영에 대한 이해가 올바른지를 가늠할 수 있는 기준이 있다면 그것은 무엇인가? 경영의 개념이나 실제가 명확하지 않았던 시기에 드러커는 '경영'이라는 주제에 대한 연구를 시작했다. 그가 어떻게 경영관을 정립했는지를 살펴보면 진정한 경영의 실체에 접근할 수 있다.

▌드러커의 경영연구

드러커가 경영연구를 시작한 것은 1940년 무렵이다. 불과 70여 년 전이지만 그때는 경영에 대한 통합적인 이론체계가 존재하지 않았다. 철강, 섬유, 화학 등 현대적인 산업이 이미 등장했고 기업들은 규모를 확장해가던 시대였지만 경영에 대한 체계적 설명이 부족했던 시대였다. 그의 경영연구에 대부분의 학자들이 냉소를 보냈다. 당시만 해도 법학, 철학, 경제학처럼 오랜 전통을 가진 학문을 학문의 제왕이라 여겼기 때문이었다. 아무리 먹고사는 문제, 경제적 성과나 이익이 중요하다고 해도 그것을 학문의 주제로 삼을 수는 없다는 관점이 지배적이었다. 드러커도 어느 유명한 경제학자로부터 "왜 쓸데없는 데 재능을 낭비하느냐?"라고 지적받았다고 한다.

지금 시점에서 보면 이것이 얼마나 오만한 지적인가. 하지만 당시에는 학자들은 물론 사업을 하는 사람들조차 체계적인 경영이론이나 지식의 필요성을 인지하지 못하고 경영에 대한 연구를 지지하지 않았던 것 같다. 드러커는 기업을 이끌었던 경영자들은 공장의 효율성을 높이는 문제나 대량생산관리와 같은 주제에만 관심을 가졌을 뿐 경영이론의 필요성에 대해서는 무지했거나 혹은 무시했다고 지적했다. 스스로가 이미 기업을 어떻게 운영해야 하는지 잘 알고 있다는 생각 때문이었다. 드러커는 당시의 학계와 산업계에 만연한 무지와 오만에 실망했다고 말했다. 하지만 기업이 산업경제의 주역으로 자리를 잡으면서 잘 짜인 경영이론의 필요성은 커지고 있었고 이에 따라 선구적인 이론들이 나오기 시작했다. 드러커는 시대적 필요성과 함께 선구자들의 주장을 독특한 통찰력으로 해석하면서 경영의 체계를 세우는 일에 투신했다.

드러커 이전 초기 경영이론들

앙리 페이욜 Henry Fayol(1841~1925)

조직은 합리적인 관리가 필요하다.

- 프랑스, 사업가, 엔지니어, 경영학자
- 모든 조직에 일반적인 경영관리의 보편성을 처음으로 제시
  - 경영활동: 기술활동, 상업활동, 재무활동, 보호활동, 회계활동, 관리활동
  - 경영관리는 예측, 계획, 조직, 명령, 조정, 통제의 과정이다
- 경영관리의 열네 가지 원칙을 제안함

- "경영관리란 미래를 예측하는 것이다."(산업 및 일반관리 중에서)
- 분업Division of Work, 권한과 책임Authority & Responsibility, 규율 Discipline, 명령의 일원화Unity of Command, 지휘의 일원화Unity of Direction, 전체의 이익을 위한 개인의 복종Subordination of Individual to General Interest, 보수Remuneration, 집권화Centralization, 계층의 연쇄 Scalar Chain, 질서Order, 공정성Equity, 직장의 안정성Stability of Yenure, 주도권Initiative, 단결심Esprit de Corps

프레데릭 테일러 Frederick Winslow Taylor(1856~1915)

과학적 관리를 통해 경영의 효율성을 향상시킬 수 있다.

- 미국, 엔지니어, 경영자, 경영이론가
  - 구조적이고 과학적인 관리를 통한 생산성 향상 주장
  - 주먹구구식 경영에 과학적 방법론 도입. 육체노동의 생산성에 초점 맞춤
- 과학적 관리를 위한 분석적, 체계적 방법 제시
  - 과학적으로 근로자를 선발하고 작업표준을 제정
  - 시간 및 동작 연구, 기능적 직장제도, 공구나 기구 등의 표준화, 기획과 실행분리, 예외원리, 작업지시서 활용
  - 근로자 교육과 작업표준을 결합시키고 과학적 관리로 최고의 생산 창조
- 생산성 향상을 위한 사상 표명
  - 과학적 관리와 공평한 이익 배분을 통해 생산성과 효율성을 올리는 것이 기업과 노동자 모두가 성장하는 길

- 지식을 최초로 경영에 적용(육체근로자의 생산성)한 경영이론으로 이후 「과학적 관리」라는 경영이론의 흐름을 만들게 됨.

체스터 어빙 바너드Chester Irving Barnard(1886~1961)

조직은 협력의 체계(인간적 측면)이고 경영자의 역할이 중요하다.

- 미국, 고위경영자(AT&T 뉴저지벨 CEO), 행정가, 경영학자
- 조직이론 정립. 경영자 역할에 대한 관심
  - 조직은 둘 이상의 사람이 의식적으로 협력하는 활동이자 효과적인 시스템
  - 조직은 효과성과 능률성으로 생존
  - 공식 조직의 세 가지 요소
    · 협력의지(자아 억제, 자신의 통제권에 대한 포기, 개인 행위의 비개인화)
    · 공동의 목표(조직 목표와 개인 목표의 불일치와 괴리 제거)
    · 커뮤니케이션(의사소통은 협력이 가능하게 만드는 핵심요소)
- 경영자의 역할은 조직의 협력 체계를 공고히 유지하는 것
  - 조직의 목적과 목표를 공식화(언어 및 행동으로도 설명돼야 함)
  - 조직구성원들로부터 노력과 협조를 끌어내는 것(구성원들이 다른 조직원들로부터 중요한 서비스를 확실히 받도록 하는 것)
  - 커뮤니케이션 시스템의 구축과 유지(하나의 공식적인 커뮤니케이션 시스템)
  - 경영을 맡을 인재 찾기(합당한 품성과 능력을 가진 사람, 능력을 발휘하는 여건 마련)
- 권위이론

- 경영자는 권력이 아니라 권위를 가져야 함
- 권위는 조직 속에 존재하는 질서. 경영자의 명령을 직원이 실행하는 것이 권위의 증거

헨리 포드Henry Ford(1863~1947)

대량생산과 판매를 통한 경영효율의 극대화는 가능하다.

- 미국, 포드Ford사 창업자
- 대규모 제조기업의 경영원리 계발 및 적용
  - 미래에 대한 공포와 과거에 대한 존경을 버릴 것, 경쟁 위주로 일하지 말 것, 봉사가 이윤에 선행할 것, 값싸게 제조하여 값싸게 팔 것
  - 경영합리화를 위한 시스템 경영: 제품 표준화, 부분품 단순화, 작업 전문화
- 대량생산의 효과를 입증: 자동차의 대중화 및 규모의 경제 실현
- 기업가에 의한 경영을 고집한 한계: 전문경영자에 대한 경시 및 경영조직에 대한 무시

엘톤 메이요Elton G. Mayo(1880~1949)

인간본성을 이해하고 이를 존중하는 경영을 하라.

- 인간관계에 중점을 두는 인간관계학파의 시조
  - 인간관계론: 사람은 경제적, 물질적 만족도 필요하지만 더욱 중요한 것은 사회적, 심리적 만족임
  - 인간의 사회적, 심리적 욕구를 만족시켜야 함(테일러의 과학적 관리에 담겨 있는 인간본성의 인식과는 상반됨): 동료와의 우정, 안정감, 귀속감,

인간존중 등

- 근로자의 노동생산성 결정 요인: 생산조건이나 임금은 두 번째, 근로자의 태도(근로의욕)가 첫 번째 요인
- 집단의 비공식조직은 기업의 거대한 잠재 역량이며 효능 있는 총체적인 조직시스템으로서 인정해야 함(경영문제 해결, 경영의 부담 경감)

• 호손 실험을 통해 이런 결론을 실증함(미국 웨스턴 일렉트릭사 시카고 호손 공장, 근로자의 작업 동기에 관한 실증적 조사, 1827~1832)

• 사회적, 심리적 만족의 수단

- 성공의 기쁨을 느끼는 것: 칭찬
- 자유 활동 허락, 사고 개방 고무
- 직원의 특징을 이해하고 그들의 가치관에 관심을 가져야 함
- 작업과 임무는 직원들의 개성을 발전시키고 성취감을 주며 자아실현의 만족감을 줘야 함
- 공동 참여의 관계형성

• 경영자에 대한 요구: 인간본성에 대한 이해, 근로자의 욕구 이해, 공식조직의 경제적 요구와 근로자의 사회적 요구 간의 균형

• 과학적 관리가 치중한 기계적 경영이론에 대한 대안으로 인정받음

메리 파커 폴렛 Mary Parker Follet(1868~1933)

기업이라는 조직이 운영되는 정치철학적 관점

• 기업 경영의 정치철학 응용: 조직과 인간 문제에 대한 견해

• 조직에는 갈등이 있으며 그것을 경영자가 효과적으로 해결하는 원리와 방법을 제시

- 갈등 해결의 세 가지 방법: 힘(압력), 타협, 이익의 결합(가장 적극적인 방법)
  - 예: 노사 간 교섭으로 문제를 찾기
- 이익 결합의 원리를 실현하려면 공동권한으로 통치권한을 대신하고 공동행동으로 통제를 대신해야 함
- 경영자의 주요한 임무: 조직의 목표를 정하는 것. 직원들의 공동목표가 되게 함
  - 경영자는 명령과 복종에 의지해서는 안 되며 협동과 목표를 확정하는 방법으로 관리해야 함
- 고객 포지셔닝: 중요한 경영의 초점으로 제시
  - 이윤을 획득할 수 있는 유일한 방법은 고객이 가치가 있다고 인정하고 그것의 대가를 지불하기를 원하는 물건을 제공하는 것
  - 고객이 본 것, 생각한 것, 필요로 하는 것, 신임한 것이 제품의 가치를 결정
  - 조직은 반드시 고객의 목소리에 귀 기울여야 함
  - 적극적으로 고객의 생활에 개입할 것을 제안
- 사회에 새로이 출현한 기업이라는 조직에 대해 비경제적 관점의 통찰

이처럼 경영에 대해 새로운 철학과 관점을 제시한 선각자들이 있었다. 분명 경영에 대한 새로운 인식이 등장하고 있던 것은 사실이지만 드러커 이전의 학자들은 경영의 전체상을 제시하지는 못했다. 드러커가 기업을 본격적으로 관찰하기 시작한 1940년대는 19세기 말에서

20세기 초에 이미 거대해진 기업들 - 유에스 철강U.S. Steel, 제너럴 모터스 General Motors, 아메리칸 토바코American Tobacco, 제너럴 일렉트릭General Electric, 미국 전신전화AT&T, 스탠더드 오일 트러스트Standard Oil Trust, 시어스 로벅Sears Roebuck 등 - 이 성장하고 있었고 이미 사회의 지배 조직으로서 영향력을 미치고 있었다. 이에 드러커는 체계적인 경영이론의 연구, 경영의 실제에 대한 통합적인 설명의 필요성을 절실히 인식했다. 그런데 그는 어떻게 해서 당시의 생각을 뛰어넘는 새로운 접근을 할 수 있었을까? 그가 경영에 대해 다른 사람들보다 많이 알았기 때문일까? 또는 경영 현장을 많이 경험했기 때문에? 둘 다 아니다. 진짜 이유는 경영을 연구하려는 드러커의 동기가 경영 바깥에 있었기 때문이다. 이는 경영을 통해 인간의 문제를 해결하려고 했다는 의미다. 그 동기를 찬찬히 들여다보자.

드러커의 내면에는 "어떤 사회가 인간에게 바람직한가?"라는 의문이 자리 잡고 있었다. 인간이 인간답게 살 수 있는 사회는 어떤 모습이고 어떻게 만들 수 있을까? 드러커에게 이것은 학문적 호기심을 넘어서는 중요한 문제였다. 현대를 사는 여러분은 그가 가진 의문에 큰 감흥을 느끼지 못할 수도 있겠다. 하지만 드러커와 동시대를 살았던 사람들에게는 이 주제가 삶의 뿌리와 정신에 연결된 것이었다. 그가 청년기에 경험했던 사회와 세계는 희망보다는 절망의 시대였다. 드러커가 태어난 20세기 초 유럽은 국가 간의 대립과 갈등, 경제불황에 따른 절망이 휩쓸던 시기였으며, 두 차례의 세계대전으로 인한 전쟁과 폭력이 이어지고, 유럽인의 정신적 신념이었던 기독교에 대한 신뢰가 무너지고 전체주의가 인간성을 파괴하는 세계였다. 드러커는 그 속에서 인간성의 몰락을 목격하고 고향을 떠난 이방인의 삶을 살았다. 오스트리아 비엔나(빈), 독일의 프랑크푸르트와 함부르크, 영국의 런던, 미국으로 그의 방랑은 이어졌다. 이런 고난을 겪은 사람으로서 "인간에게 바람직한 사회가 무엇인가?"라는 주제는 평생에 걸친 주제가 될 수밖에 없었다. 드러커의 첫 저서가 『경제인의 종말(1939)』이라는 것은 절대 우연이 아니다. 이 책에서 드러커는 왜 사람들이 전체주의에 빠졌는가를 신선하고 날카롭게 분석한다. 당시 자본주의가 약속한 경제성장을 통한 구원이 허상이라는 것, 이 허상이 깨졌을 때 사람들이 전체주의를 통해서라도 평등한 사회를 만들 수 있다는 거짓에 빠져드는 현상을 지적했다. 그러나 드러커는 희망을 포기하지 않았다. 그는 인간 실존에 대해 어떤 희망도 가지기 힘든 세상에서 바람직한 사회의 모습을 알고 싶었고 또 찾기를 열망했다. 그래서 인간성을 말살시키는 거짓 사상에 대한 분명한 반격을 했던 것이다.

▍정상적인 사회, 기능하는 사회

　인간의 실존에 어떤 희망도 가지기 힘든 상황에서 드러커는 어떤 대답을 찾았을까? 그는 그 답을 '정상적으로 기능하는 사회Functioning Society'에서 찾았다. 그런 사회 속에서 인간은 인간답게 살 수 있다는 뜻이다.

　그렇다면 어떤 사회가 정상적으로 기능하는 사회인가? 비정상적인 사회는 어떤 사회인가? 요즘 비정상이란 말을 유행어처럼 쓰고 있는데 그건 아마 우리나라가 정상이지 않다는 인식 때문일 것이다. 그런데 정상이 무엇을 의미하는지 우리는 제대로 알고 있는가? 드러커의 정의에 따르면 정상이라는 말은 매우 단호하고 분명한 말이다. 정상적으로 기능하는 사회는 인간에게 적절한 지위와 일(노동)을 제공하는 사회다. 지위는 인간의 가치와 의미를 알게 해주고 일은 자아실현과 성장을 위한 수단으로써 필수 불가결한 것이다. 드러커는 자신의 가치를 인식하고 자신이 할 수 있는 노동으로 사회에 기여할 기회가 주어지는 사회가 바람직하다고 생각했다. 그가 가진 생각의 흐름을 보면 철학자나 사회학자의 면모도 드러난다. 비록 그가 그린 사회상이 많은 철학자나 정치가들이 생각했던 것과 특별히 다른 부분이 있는 것은 아니지만 한 가지 확실한 차별점은 있다. 바로 사상을 현실에 접목한 부분이다. 드러커는 "이런 사회가 현실에서는 어떻게 구체적으로 드러나야 하는가?"를 생각하고 발전시켜 나갔다. 그리고 그가 이미 경험한 사회와 경험할 사회를 바라보려고 했다. 드러커가 경험한 사회는 전통적인 조직들이 사라져가는 전환기의 사회였다. 그는 냉철한 눈으로 전통 조직이 새 조직으로 대체되는 것과 이 전환이 사람들에게 미치는 의미를 찾고자 했다.

역사를 들여다보자. 18세기 말까지만 해도 대부분의 사람이 시간을 보냈던 현장은 오늘날 우리가 아는 현장이 아니었다. 그때까지만 해도 세계 대부분의 지역에서 가장 큰 직업군은 농부들과 귀족에게 봉사하는 집사를 포함한 하인들이었다. 대부분의 사람은 혈연과 지연에 따라 가정과 소규모 공동체 소속으로 일생을 보냈다. 그러나 중대한 전환이 일어났고 사람들은 가정과 지역 공동체를 떠나 다른 곳에서 삶을 보내기 시작했다. 그곳은 전에 없던 새로운 조직이었다. 드러커는 앞으로 기업, 대학, 병원, 공공기관 같은 조직이 사회의 핵심기관으로 성장하는 조직사회Society of Organizations를 예상했다.

이제 사람들은 조직에서 삶을 보낸다. 조직은 사람들이 아침에 일어나서 일하러 가고 또 그 다음날 일하러 가는 공간이자 서로 관계를 맺고 무언가를 만들어내면서 삶의 가치를 실현하는 장이다. 따라서 사람들에게 지위와 일을 제공해야 하는 주체는 국가나 교회, 또는 가정도 아니다. 바로 지금의 조직들이고 조직에게 부여되는 중대한 역할이자 기능이며 사회의 요구다. 현대의 조직은 그것에 속한 사람들에게 적절한 지위와 일을 제공할 역할과 책임을 가진 새로운 실체이다. 또한 현대사회의 조직이 이전의 조직과 본질적으로 다른 한 가지가 있다. 현대의 조직은 사람, 자본, 물질 자원을 활용해서 사회를 위해 자원이 가진 원래 가치보다 더 큰 가치를 제공해야 한다. 이것이 조직의 본질이다. 본질에 충실할 때 사회에 기여할 수 있고 더 나아가 제대로 기능하는 사회의 핵심장치가 될 수 있다. 이는 조직은 사람과 사회를 위해 반드시 정상적인 기능을 해야 한다는 뜻이기도 하다.

요약하자면 드러커가 말하는 정상적으로 기능하는 사회에 대한 요구와 현대사회가 조직사회라는 발견은 무엇을 뜻하는가? 조직이 제대로 기능하는 것은 인간을 위해 동시에 사회를 위해 반드시 실현돼야만 한다는 것이다. 바로 이것이 조직의 의의와 책임이다. 이런 조직의 의의는 경영의 의미를 밝혀준다. 동굴이 아니라 햇빛이 빛나는 대지로 나오게 된다. 현대조직이 자신의 사명을 제대로 수행하면서 구성원들에게 적절한 지위와 일을 통해 삶의 의미를 실현시키는 것이 바로 경영의 의미인 것이다. 드러커를 통해서 경영은 기능적 수단이 아니라 인간의 삶과 사회발전을 위한 분명한 가치를 가진 것이 된다.

02

경영에 대한 질문

필자는 경영학을 전공했다. 하지만 드러커가 그랬듯 "경영이란 무엇인가?"를 생각하며 공부하지는 않았다. 그때는 그런 질문이 왜 필요한지도 몰랐고 그저 교수님의 말씀만 따라갔다. 그게 잘못이라고 말하려는 것이 아니다. 모름지기 학문이란 오랜 시간 동안 학습과 성찰을 거친 후에야 비로소 그것이 무엇이라고 말할 수 있다고 본다. 하지만 필자는 처음부터 자신이 하려는 연구가 무엇인지, 의의는 어디에 있는지를 묻는 일이 중요함을 시간이 꽤 지나서야 깨달았다. 이 질문은 자신의 연구가 어디로 향할지를 선택하는 근거를 만들기 때문이다. 드러커의 연구 과정을 따라가 보면 이것이 왜 중요한지 명확히 알 수 있다.

드러커는 "경영이란 무엇인가?"라는 질문으로 시작했다. 여기에는 두 가지 이유가 있다.

첫 번째, 그는 '인간-사회-조직'의 맥락에서 경영의 의의와 경영이 구현해야 할 본질을 찾고자 했다. 그는 조직의 효과적인 경영으로 인간과 사회에 주어진 문제를 해결할 수 있다고 믿었다. 그래서 드러커는 경영이 이루어지고 있는 상황이나 경영의 단면을 연구하는 데는 큰 관심을 두지 않았다. 또 경영은 경영자의 통치행위라는 생각과 경영의 의미가 이익창출과 같은 경제적 목적 달성에 있다는 개념을 인정하지 않았다. 드러커는 인간, 사회, 조직과 연결된 핵심요소로서 경영의 본질과 전체상을 구명하는 것에 관심을 두었기 때문이다.

두 번째, 드러커가 본격적인 경영탐구를 시작했던 1940년대에는 정립된 경영이론이 없었다는 점이다. 물론 그때는 이미 기업의 전성시대가 시작되었고 기업을 법인으로서의 권리와 책임의 주체로 여기던 때였다. 기업은 세계대전의 어려움을 극복하며 성장해나갔고 거대 자본을 이용하며 대기업 위주의 경제 지배 체제를 굳혀갔던 시대였다. 하지만 당시의 경영자들은 체계적 원리나 이론의 뒷받침 없이 단순히 경영자로서의 실무만 수행하는 수준에 머물러 있었다. 어쨌든 조직을 운영하는 행위로써의 경영은 이루어지고 있었다는 뜻이다. 하지만 드러커의 생각은 달랐다. 그는 기업을 포함한 다양한 조직들이 사회적인 역할과 영향력을 확대해나가는 현상을 새롭게 파악하면서 통합성과 일관성을 갖춘 튼튼한 경영의 체계를 세우려 했다. 조직이 각자의 목표를 달성하고 사회에 공헌하기 위해서는 경영을 제대로 이해하는 체계적인 연구가 필요함을 누구보다 먼저 깨달았기 때문이다.

이제 "경영이란 무엇인가?"라는 질문의 의미를 말해보자. 사실 이 질문은 경영의 전제와 지향점을 묻는 질문이다. 답을 찾으려면 결국 우리는 왜 경영을 하고 경영은 왜 필요한지를 먼저 물어야 한다. 또한 이 질문들은 경영자가 가지고 있는 경영관에 대한 도전을 제기한다. 경영자에게 자신이 하는 일과 노력이 어떠한 것인지, 무엇을 추구하고 있는지를 묻기 때문이다. 이때 경영자가 하게 되는 고민은 중요한 의미가 있다. 경영자의 생각은 그의 결정과 행동, 노력의 방향과 목적을 규정하기 때문이고 나아가 조직의 성장과 존속을 결정하기 때문이다. 어떤 경영자는 경영이 무엇이냐는 질문에 "경영자가 하는 일이 경영이다."라고 했다는데 이런 대답은 '의사는 환자를 치료하는 사람'이라는 말처럼 아무 의미가 없다. 경영자는 자기 나름의 명확한 경영관을 가지고 있어야 한다. 따라서 진지하게 자신을 들여다보는 것은 경영자의 첫 번째 과제다. 과거에도 그랬고 현재도 그러하며 미래에도 그럴 것이다.

미국의 고위 공무원이었다가 경영자로 변신하고 경영자로서의 삶에 대해 진지한 성찰을 했던 데이비드 릴리엔솔이라는 사람이 있다.『경영의 모험』이라는 책의 "기업가의 본질은 무엇인가?"라는 부분에 데이비드 릴리엔솔에 관한 인상적인 이야기가 나온다. 그는 대공황 시대에 프랭클린 루스벨트 대통령을 도와 뉴딜정책을 추진했다. 정부 소유의 발전 회사였던 테네시 강 유역개발공사Tennessee Valley Authority에서 1933년부터 1946년까지 이사와 이사회 의장으로 일했고, 1946년에 미국 원자력 위원회의 초대 위원장이 되어 1950년에 물러났다. 이후 엔지니어링 컨설팅 회사, D&R의 경영을 맡아 기업을 발전시키며 경영자로서 명예와 부를 쥐었다. 그는 1953년에『대기업, 그 새로운 시대』

라는 책을 출판했는데 책의 주요 내용은 사회발전을 위한 대기업의 긍정적 역할에 대한 주장이었다. 경영자는 그의 능력을 '결과'로써 평가받는다. 공무원이었던 릴리엔솔이 성공적으로 경영자의 역할을 수행하고 목표를 달성할 수 있었던 이유야 많겠지만 무엇보다도 자신의 삶과 일에 대한 책임의식과 진지한 성찰이 있었기 때문에 가능했을 것이다. 『경영의 모험』에는 릴리엔솔이 쓴 일기의 일부가 소개되어 있는데 경영자의 삶과 일에 대해 진심으로 고민하는 모습과 새로운 현장에 대한 불안과 고민, 자신의 역할에 대한 의심, 그 속에서 경영자로서 보람과 의미를 찾아가는 모습들이 담겨 있다.

1951년 5월 31일

기업가의 삶을 시작하는 것은 오랫동안 앓은 뒤에 걷기를 배우는 것과 같다. (중략)

처음에는 생각을 해야 한다. 오른발을 내딛고 왼발을 내딛고 그런 식으로, 그러다가 어느 순간부터 생각하지 않고 걷게 되고 걷는 것은 무의식적으로 확실하게 할 수 있는 일로 변한다. 기업가로서의 삶에 관한 한, 이 후자의 상태까지는 아직 이르지 못했지만 오늘 그 첫 번째 느낌이 왔다.

1951년 8월 28일

아마도 내가 이루려고 하는 것은 두 마리 토끼를 다 잡는 일이 될 것이다. 하지만 어떤 면에서 이것은 완전히 무분별하거나 쓸데없는 짓이 아니다. 나는 사업문제에 실제로 충분히 많이 접촉함으로써 현실 감각을 유지하거나 발전시킬 수 있다. 그렇지 않다면 구리 광산을 방문하거나 전기로를 조직하는 사람, 석탄 연구 프로젝트에서 일하는 사람과 대화를 나누거나 앙드레 마이어가 일하는 방식을 지켜보면서 얻는 즐거움을 어떻게 설명할 수 있겠는가. (중략)

하지만 그와 동시에 나는 이것이 무엇을 의미하는지 생각할 수 있는 만큼, 그리고 당면한 관심 분야 이외의 것을 읽을 수 있을 만큼 자유롭기를 원한다.

1953년 1월 18일

이제 나는 적어도 3년 동안은 미네랄스 엔드 케미컬스에서 일해야 한다. (중략)

도덕적으로 전체를 관장해야 할 책임이 있다. 이 사업이 그 자체가 목적이 될 정도로 만족스러운 삶이 되기에 충분하리라고는 생각하지 않지만 분주함과 활동, 위기, 도박, 내가 맞닥뜨리는 경영문제, 사람들에 대한 판단 등은 따분함을 느낄 틈을 전혀 주지 않는다. 게다가 큰돈을 벌 가능성도 아주 높다. (중략)

지금 생각하면 기업가가 되기로 한 결정 – 많은 사람들에게 낭만적인 헛소리로 보였던 – 은 1년 전에 비해 훨씬 타당해 보인다. 하지만 잃은 것도 있다.

1954년 6월 30일

나는 기업가의 경력에서 새로운 종류의 만족, 어떤 의미에서는 성취를 발견했다. 나는 컨설턴트의 일이 기업가가 하는 일이거나 사업의 세계에 참여하는 일이라고 진심으로 느낀 적이 없었다. 그것은 실제 사고 과정이나 판단과 결정을 내리는 일과 동떨어져 있다고 생각했다. (중략)

우리가 발전시켜 나가는 이 회사에는 재미있는 요소들이 너무나도 많다. (중략)

오로지 특허에만 의존하던 회사가 거의 아무것도 없는 상태에서 출발하여 인수, 합병, 주식 발행, 에드가와의 합병, 가격 구조 검토, 개선된 비용 시작, 촉매 아이디어, 추진력과 상상력, 밤과 낮(연구실에서는 새벽 2시까지), 그리고 마침내 새로운 사업의 시작. 이것은 정말 흥미진진한 이야기다.

03

경영이란 사람에 관한 것이다

—

"경영이란 무엇인가?"라는 질문의 의미를 이해했을 것이다. 이제 드러커를 통해 답을 발견해보자. 드러커는 "경영은 사람에 관한 것이다!"라고 말했다. 참으로 놀라운 생각이다. 그가 생각하는 경영의 전체상(경영관)은 단순하고도 명확하다. 경영은 조직을 운영하는 기술이라든가, 경제적 성과를 달성하기 위한 관리방법, 혹은 자원을 효과적으로 활용하는 의사결정이라든가 하는 일반적인 주장들과는 전혀 다르기 때문이다. 경영을 인간과 연결시킨 드러커의 경영관은 단순하고 명확하다. 그의 정의는 사람이 먼저라는 식의 인본주의는 아니다. 실제로 그는 인간을 무조건 긍정적으로 보거나 한 단면만으로 보는 견해, 특히 이론에 치우친 심리학적 견해를 멀리했다. 만약 드러커가 경영을 단지 인간적인 철학의 개념으로 봤다면 그의 주장은 공허했을 것이다. 경영의 정의에는 적어도 그 목표와 결과, 경영자의 행동 방향이 담겨 있어야 한다. 경영은 언제나 현실에서 이루어지기 때문이다. 구체적인 방향이 없는 경영관은 무의미하다.

- 경영은 사람에 관한 것이라는 드러커의 주장은 경영의 현장과 사람이라는 존재에 대한 통찰을 바탕으로 한 것이다.
  - 경영이 이루어지는 현장(조직과 사회)에는 사람들이 있다는 것.
  - 사람은 나약함과 강함을 동시에 가지고 있는 존재라는 것.
  - 경영은 사람들 속에서 사람들과 함께 이루어진다는 것.

현장과 사람을 연결하는 드러커의 통찰이 보이는 부분이다. 그는 철저하게 경영현장을 관찰했고 경영 주체인 인간을 이해함으로써 경영 본질에 접근했다. 이제 경영은 사람에 관한 것이라는 드러커의 생각을 자세하게 살펴보자.

▌주장 1. 기업의 목표달성은 '사람(인적자원)'의 목표달성 능력에 달려 있다

드러커는 경영을 현대조직의 핵심기능을 수행하는 실체로 파악했고 기업은 경영을 통해서만 바람직한 성과를 낼 수 있다고 말했다. 이처럼 경영을 조직 안에서 뚜렷한 의미가 있는 하나의 실체로 보았던 드러커의 생각은 경영을 경영자의 행위 정도로 이해했던 당시로는 매우 뛰어난 통찰이었다. 그로 인해 경영은 조직 속에서 제대로 실행돼야 하는 기능이자 원리를 가진 대상이 되었다. 드러커가 저술한 경영 분야의 최초 저작이 『기업의 개념(1946)』이었고, 바로 이어서 『경영의 실제』가 저술된 것은 절대 우연이 아니다. 그는 이 책에서 조직의 목표를 달성하는 것이 올바른 경영이며 목표달성을 위해 가장 중요한 요소는 기업이 보유한 인적자원의 능력이라고 말했다. 기업은 공장과 설비 같은 물적자원, 운영에 필요한 자본, 일을 수행하는 인적자원을 활용하여 성과를 낸다. 그런데 자본, 시설, 장치 등의 자원들은 그 가치를 사람이 정하기 때문에 인적자원과는 성격이 다르고 자체적인 생산이 불가능하며 또 원래 가진 물리적 특성을 넘는 기여를 할 수 없다. 기계설비만 보더라도 기계는 미리 정해진 성능 이상의 가치를 만들어낼 수 없다. 방적기는 실만 뽑지 옷을 만들지 않는 것처럼 말이다. 그러나 사람은 자각과 훈련, 지식과 경험을 통해 현재의 상태에서 성장 발전할 수 있는 자원으로 그 가치를 제한하기 어렵다. 현재의 능력을 넘어서는 공헌을 미래에 실현할 수 있는 존재라는 뜻이다. 그렇다면 기업이 자신의 성과달성 능력을 유지하고 또 증대시키려면 다른 무엇보다 인적자원의 능력을 증대시켜야만 한다는 것은 화살이 과녁을 찾는 것처럼 자명하다. 즉 기업의 성과달성 능력의 한계는 인적자원의 한계이며, 그 어떤 기업도 인적자원의 능력을 넘어선 성과를 달성할 수는 없다. 인적자원의 능력이 기업의 목표달성 능력으로 이어진다. 그래서 드러커가 '기업에서 확대가 가능한 자원은 오직 인적자원뿐'이라고 강조한 것이다.

주장 2. 조직에서 사람은 개성을 가진 개인이다. 따라서 언제나 존중돼야 한다

기업의 목표달성과 성과창출을 위한 핵심요소로서 사람이 차지하는 중요성은 명확하다. 그런데 드러커에 따르면 사람의 중요성은 자원으로서의 효과성과는 다른 차원에서도 드러난다. 여기서 드러커의 깊은 통찰과 인간관을 볼 수 있다. 드러커는 조직에서의 사람은 자원(Resources, 활용하여 가치를 만드는 요소)이면서 개인(Human, 개별적이며 존중받는 존재)이므로 경영자는 이를 제대로 이해해야 올바른 경영을 할 수 있다고 했다. 사람은 자원이라는 공통성과 개인이라는 개별성을 가지고 있다는 의미다. 개별성이 있다는 것은 모든 사람은 그 자신만의 가치관, 능력과 자질, 개성을 가지고 있다는 뜻인데, 가장 중요한 개별성의 요소는 '정체성'이다. 즉 자신이 누구이며 어떤 존재로 살고 싶은가에 대한 인식과 의지를 말한다. 이 정체성을 규정하는 것은 각자이다. 또한 정체성을 실현하는 것은 곧 삶의 의미를 실현하는 것이다. 따라서 사람은 스스로 자신의 삶을 선택하고 책임지는 주체적인 존재다. 이처럼 개별성을 가지고 있다는 사실만으로도 사람은 그 자체로서 존중받아야 하는 존재다. 이런 인간이해를 바탕으로 드러커는 조직과는 무관하게 존중받아야 하는 존재로서 사람을 정의했다.

그렇다면 조직에서 개별성을 존중받는다는 말이 무슨 뜻인지를 생각해야 한다. 조직에서 사람은 일하는 존재, 즉 노동자다. 그런네 드러커는 일하는 사람들이 말 그대로 노동자로서의 삶만 있는 것이 아님을 명심하라고 했다. 임금의 대가로 노동력을 제공하는데 노동자는 아니라니, 언뜻 보기에는 모순이다. 하지만 사람은 개별적 존재로서 각자가 개성을 가진 존재이며 삶의 가치를 추구한다는 점을 생각하면 쉽게 이해할 수 있다. 즉 사람은 자신만의 목표가 있고, 자신만의 강점과 능력이 있으며, 이를 활용하여 조직에 공헌하면서 자신의 삶을 실현하는 존재로서 개별적이다. 하나의 개인이다! 따라서 조직에게는 책임이 부여된다. 각 개인에게 조직에서의 자신이 일과 생활이 의미 있고 보람 있는 것이 되도록 지원하는 책임이다. 의미와 보람은 적절한 지위와 기회, 그리고 역할을 통해 충족된다. 따라서 개인이 가진 능력과 공헌에 맞는 적절한 지위를, 개인이 가진 비전과 이상을 실현하는 기회와 역할을 부여하는 것이 조직의 책임이다. 이것을 제대로 수행하는 것이 경영에 있어서의 인간존중이며 이를 구체적으로 수행할 사람은 바로 경영자다. 드러커는 모든 조직과 경영자의 과제인 인간존중을 위해 경영자가 반드시 실천해야만 하는 과업에 대해 조언했다.

먼저 목적과 의미를 알도록 해야 한다고 했다. 경영자는 사람들이 자신이 속한 조직이 성취하려는 가장 중요한 것 – 사명, 목적, 목표 – 에 대해 숙지하도록 해야 한다. 자신이 기여해야 할 목적을 인식할 때 사람은 최선의 노력을 쏟기 때문이다. 자신보다 더 큰 무엇에 대해 자신이 관여되어 있다고 느끼거나 인식할 때 사람은 자신이 중요하다는 것을 믿기 때문이다. 특히 사명은 조직의 존재 이유이자 근본 목적이며 사명을 모르는 사람이 최선을 다하기는 어렵다.

드러커는 두 번째로 역할과 공헌을 명확하게 할 것을 조언했다. 사명은 최선을 다하려는 동기를 만들어주고 자신이 중요한 존재임을 알게 하며 역할은 그 사명을 현실화한다. 그렇기 때문에 조직은 각 구성원의 강점에 근거해서 그가 가장 잘할 수 있는 역할을 줄 수 있어야 한다. 그 어떤 사람이라도 자신이 가장 잘할 수 있는 일을 할 때만이 오직 무엇인가를 달성할 수가 있고, 이를 통해서 자신이 가치 있는 존재라는 것을 실감할 수 있기 때문이다. 드러커는 조직에서 개개인의 강점을 파악하고 공헌도나 성과를 정의하는 일이 쉽지는 않지만 사람에 대한 깊은 성찰에 최선을 다해야 함을 강조했다.

세 번째로 올바른 동기를 갖도록 도우라고 조언했다. 자기 일에 대한 동기나 성취욕은 개개인의 책임이지만 이것을 위한 경영자의 지원도 필수적인 과제이다. 모든 구성원이 바람직한 동기로 조직에 공헌하도록 하는 것은 경영자의 과업이기 때문이다. 또한 사람이 다른 인간에게 동기를 직접적으로 부여할 수 있다는 생각은 사실 근거가 없는 것이지만 그 역은 가능하기 때문이다. 도저히 할 수 없는 과제를 부여하고 책망하거나 성과를 제대로 인정하지 않거나 공정하지 못한 승진 등 동기를 훼손하는 관행은 얼마든지 있다. 드러커는 다른 사람으로 인해 혹은 잘못된 조직관행과 풍토로 인해 개인의 동기가 얼마든지 훼손될 수 있기 때문에 성취동기를 유지할 수 있는 바람직한 환경과 긍정의 문화를 경영자가 책임지고 만들어야 한다고 강조했다.

네 번째 조언은 인정하고 보상하라는 것이다. 조직 내의 역할이 개인의 공헌 기회를 제공한다는 점에서 중요한 만큼 결과에 대한 인정도 중요하다. 또한 인정에 대한 욕구는 인간본성이기도 하다. 특히 사회적 존재로서의 인간은 다른 사람, 특히 경영자와 조직의 인정을 구한다. 그리고 인정을 통해서 자신의 역할에 대한 가치를 느낀다. 이처럼 구성원을 저마다의 개성을 가진 존재로 이해하려는 노력, 각자의 강점과 능력에 대한 이해, 구체적인 역할 부여와 결과에 대한 인정과 보상 등은 경영자가 확고한 인간관을 갖고 여러 영역에서 체계적으로 충실히 수행해야 하는 고된 작업이다. 드러커는 "한 명의 일꾼을 고용하는 것은 그 한 사람을 통째로 채용하는 것이다."라는 말로 사람의 중요성과 경영자의 책임을 표현했다.

▌주장 3. 경영자의 과제는 사람의 공헌을 최대화하는 것이다

경영자가 현장에서 해야 할 일은 매우 많다. 경영자는 목표를 수립하고 실행과정을 관리하며 결정을 내리고 문제를 해결하고 또 다양한 관계자들과 소통해야 한다. 드러커는 경영자의 수많은 과업 중에서 '사람에 관한 과업'이야말로 가장 중요하고 본질적이라고 하면서 사람에 관한 과업의 성공여부를 경영자의 성과를 좌우하는 핵심으로 여겼다. 대부분의 경영자가 그의 생각에 동의하며 실제로 많은 경영자들이 조직구성원과 관련된 일에 많은 시간과 노력을 쏟는다. 많은 시간을 직원들과의 미팅으로 보낸다. 인력채용, 평가, 혹은 퇴직과 관련된 일거리가 적지 않다. 주주, 이사진, 업계 관계자들과 보내는 시간이 상당하다. 하지만 어떤 일에 투입하는 시간의 양이 그 일의 정당성을 말하는 지표는 아니다. 회의나 면담 등의 사람과 얽힌 일로 바쁜 경영자를 볼 때면 뭔가 잘못되었다는 생각을 하게 된다.

사람에게 시간을 들이는 일이 잘못이라는 뜻은 아니지만 일을 통한 성과가 제대로 나오는지가 의심되기 때문이다. 바쁘기만 하고 보람은 없는 과업이 바로 사람에 관한 일이라고 자조 섞인 애환을 토로하는 경영자도 있었다. 어느 냉소적인 경영이론가는 '수많은 원숭이가 등에 올라탄 경영자'라는 비유로 경영자들이 직원에게 치여 사는 모습을 비꼬았다. 이런 경영자의 문제는 자신이 진정으로 하는 일이 무엇인지를 모른다는 점에 기인한다. 또 사람에 관한 일을 인간적인 관심과 배려를 나누는 일이라고 오해하고 있다. 경영자는 이 부분을 감성적인 차원으로 접근해서는 안 된다. 냉정하게 말하자면, 경영자는 자신과 구성원 간에 특별한 정서적 관계를 맺는 일을 역할로 생각할 이유가 없다. 조직의 목적을 실현하는 일을 하는 것이 경영자의 역할이기 때문이다.

경영자는 조직의 목표달성과 관련하여 사람들이 성과를 달성할 수 있도록 지원하는 과업과 그에 따르는 책임을 가장 먼저 생각해야 한다. 사람이 가진 자발성과 능동성을 발휘해서 공동의 목표에 공헌하도록 사람의 동기와 노력에 영향을 미칠 수 있게 경영자는 행동해야 한다. 이렇게 해서 경영자는 사람이 공헌하는 존재가 되도록 책임을 진다. 이것이 사람에 관한 경영자의 과업이다. 관계가 아니라 책임이 먼저임을 반드시 기억해야 한다.

그런데 이 과업은 대단히 어렵다. 이 과업은 감정과 배치되는 어려운 결정과 행동을 때때로 경영자에게 요구하기 때문이다. 경영자도 사람이기 때문에 함께 일하는 사람들과 교류하며 감정을 나누는 관계와 교제를 기대하지만 때때로 경영자는 이런 자신의 기대를 포기해야 한다. 예를 들어 실적이 부진한 부하직원이나 무능한 동료에 대해서 경영자는 싫어도 조치를 취해야만 한다. 그러나 경영자는 오로지 과업에 충실해야 한다. 사람이 조직의 성과달성을 위해서 제대로 공헌하도록 만드는 것은 조직의 목적이자 생존에 직결되기 때문이다. 그러므로 경영자는 '사람'에 관한 한 철저하고 올바르게 과업을 수행해야만 하고 '인적자원의 생산성 향상'을 책임으로 받아들여야 한다. 인적자원의 생산성 향상이 실현될 때만 사람과 조직 모두의 목표달성 능력이 향상될 수 있다. 드러커는 경영학에 뛰어든 초기부터 이 과제에 대해 깊이 성찰하고 명확한 원칙을 제시했다. 그가 가장 강조한 원칙은 다음과 같다.

- 인적자원의 생산성 향상과 경영자의 과업
  - 모든 구성원이 '공헌'에 초점을 맞추도록 한다. 하고 싶은 것이 아니라 조직이 필요로 하는 것에 자신이 기여한다는 점을 명확히 한다.
  - 개인이 가진 '강점'을 기반으로 역할을 부여한다. 사람은 오직 자신의 강점을 가진 분야에서 기여할 수 있기 때문이다.
  - 지속적으로 개인의 능력을 '신장'시킬 수 있어야 한다. 한 개인에게 일을 시킨다는 것은 언제나 그 사람을 개발해야 한다는 것을 의미하며 개발 방향은 그의 생산성을 결정한다.

주장 4. 통제가 아니라 자율성이다

조직의 성과는 구성원이 가진 능력의 합으로 사람의 목표달성 능력이 조직 전체의 목표달성 능력을 결정한다. 여기서 '어떻게 해야 각자가 효과적으로 일을 수행할 수 있을까?'라는 의문이 생긴다. 이 문제는 인류 사회에 조직의 등장과 동시에 제기된 것이다. 업무 과정의 설계 및 실행, 경영자와 구성원, 그리고 구성원끼리의 협력에 관한 원리가 이 문제의 답을 제시한다. 이런 문제의 해결 원리로 강력한 지지를 받고 있는 몇 가지가 있다. 첫 번째로 명령과 통제에 의한 관리다. 군대조 직을 운영하는 원리로 가장 오래된 것이면서도 지금도 수많은 지지자 가 있으며 많은 조직들이 이 원리를 바탕으로 조직을 운용하고 있다. 이 원리의 핵심은 다음과 같다.

- 명령자와 수행자는 구분된다.
- 명령자는 명확한 지시를 내리며 수행자는 지시를 그대로 수행한다.
- 수행 과정과 결과는 명령자가 통제한다.
- 명령자가 통솔할 수 있는 적절한 범위의 규모(수행자의 수)가 있다.

이 원리는 명확하고 운영이 쉽다는 장점이 있다. 위로 갈수록 좁아 져서 안정적인 피라미드 구조처럼 많은 조직의 지배원리였던 이 원리 를 드러커는 부정했다. 그는 사람이란 명령과 통제가 아니라 자율성과 헌신으로 성과를 달성하는 존재라고 확신했기 때문이다. 드러커가 생 각하는 인간은 자신의 판단에 따라 조직의 목표에 공헌하는 자발적 동 기와 능력을 가진 존재다. 따라서 명령으로 사람을 통제한다는 발상은 그의 인간관과 부합하지 않으며, 사람을 노예로 만드는 나쁜 생각이다. 그리고 드러커는 명령과 통제에 의한 관리가 위험하다고 파악했다. 명 령을 통해 인간을 통제한다는 생각은 인간에 대한 이해를 왜곡하기 때 문이다. 명령을 받는 사람만이 아니라 명령을 내리는 사람에게도. 왜곡된 이해는 인간에 대한 존중 - 올바른 조직과 사회를 형성하는 윤리이자 행동지침 - 을 파괴할 수 있다. 명령과 통제를 절대적인 규칙으로 삼는 조직, 예를 들어 군대, 절대왕정, 전제정부 혹은 범죄집단에서 구성원의 인간성이 얼마나 파괴되는지를 생각해보면 이해하기 쉽다.

또한 명령에 의한 관리는 이미 사망선고를 받았다. 명령과 통제가 기반으로 삼았던 산업사회는 이미 해체되었으며 현대사회와 조직은 드러커가 통찰한 대로 지식사회, 지식조직으로 전환되었기 때문이다. 지식사회의 핵심적인 계층은 지식근로자다. 지식근로자라는 용어를 최초로 사용한 사람이 바로 드러커인데, 그는 그 누구보다도 먼저 지식사회의 의미를 밝혀냈다.

- 전통 자원이 아니라 지식 자본을 통해 가치를 창출하는 지식사회이다.
- 지식사회는 지식을 배우고 지식을 활용해서 일하는 새로운 형태의 근로자인 지식근로자가 조직의 중심이자 사회의 중심이다.

이처럼 산업사회의 해체와 지식사회의 전개, 그리고 지식사회의 핵심계층으로 등장한 근로자에 대한 통찰을 통해 드러커는 올바른 조직운영의 원리를 조언했다. 지식근로자는 스스로 생산수단(지식)을 가진 새로운 유형의 근로자이고, 지식근로자가 중심이 되는 조직은 전혀 새로운 조직이다. 따라서 조직운영의 원리는 지식근로자에게 적합한 것이어야 하는데, 자율성이야말로 가장 중요한 원리가 된다. 이때 자율성에 기초한 경영은 보다 좋거나 더 효과적인 것을 고르는 선택의 문제가 아니다. 정당하며 필수적인 것이다. 지식근로자의 요구와도 부합하고, 지식근로자가 일을 수행하는 방식 – 지식작업의 수행방식 – 과도 부합하기 때문이다. 이 점을 이해하기 위해서 지식근로자가 누구이며, 어떻게 일하는가를 살펴보자.

핵심적인 질문은 다음과 같다. 일의 목표를 누가 결정하는가(공헌의 목표)? 어떻게 일을 수행할 것인지 누가 결정하며, 결정할 수 있을 것인가? 수행하는 노력의 정도를 누가 결정하며, 결정할 수 있을 것인가?

- 명령이 아니라 스스로의 판단에 따라 일한다. 조직의 전체 사명이 무엇인가를 이해하고 자신이 공헌해야 할 것을 판단하며 달성할 목표를 설정한다.
- 자신이 수행할 과업에 대해 자율적으로 의사결정하고 행동한다.
- 스스로 생각하는 성과 수준에 따라 노력의 정도를 결정한다.
- 자신이 보유한 지식과 능력을 활용해서 일한다. 이 지식과 능력은 고유한 것이며 이것을 대체할 수 있는 다른 사람은 없다.
- 성과는 지식근로자가 보유한 지식과 능력에 달려 있다.
- 상사가 지식근로자를 통제하기는 매우 어렵고 그럴 필요도 없다.

이런 얘기가 추상적으로 들릴지 모르겠다. 하지만 필자가 경험한 다음의 일화를 보면 이해가 쉬울 것이다.

컨설팅 기업 이야기

컨설팅 기업에게 컨설팅 보고서는 가장 중요한 결과물이다. 보고서에는 고객이 의뢰한 문제에 대한 진단과 해결책이 담겨 있는데 이것은 컨설턴트의 생산물이다. 컨설턴트의 보고서 생산 과정을 살펴보면 지식근로자 조직을 이해할 수 있다. 컨설턴트가 보유하고 있는 뛰어난 학력과 자격에 비해 그들의 일처리 과정은 단순하다. 자료 분석, 고객과의 대화, 보고서 작성으로 끝이다. 하지만 이 과정에서 진정한 일은 컨설턴트의 머릿속에서 이루어진다. 문제가 무엇이며 해결책은 어떻게 만들 것인가는 모두 그들의 머릿속에 있다. 문제 해결을 위한 동기와 스스로 갖는 책임감, 그간의 경험과 지식이 모여 최종 생산품인 컨설팅 보고서가 만들어지고 품질이 결정된다. 작업 과정에서 컨설팅 기업의 대표나 상사가 할 수 있는 일은 별로 없다. 단지 작업의 방향과 원하는 수준에 대해서만 조언할 수 있을 뿐이다.

지식근로자가 일하는 방식은 본질적으로 컨설턴트와 같다. 스스로의 판단으로 일하고 자신이 보유한 지식과 능력을 활용하여 결과를 만든다. 그런데 여기서 상사의 역할에 대해 의문을 가질 수 있다. 도대체 무엇 때문에 상사가 필요한가? 답은 간단하다. 상사는 명령하는 보스가 아니다. 지식근로자가 최선을 다해 일을 하도록 환경을 조성하는 역할만 하면 된다. 각자가 하는 일의 방향을 조직의 방향과 맞추고 성과의 수준을 높이는 분위기를 만들어주는 것이다. 상사를 코치나 멘토, 혹은 파트너라고 부르는 이유가 그런 생각을 바탕에 깔고 있다.

이제 명령과 통제에 의한 관리는 더 이상 유효하지 않은 유물이다. 자율성과 책임성이야말로 지식사회, 지식조직의 원칙이다. 자율과 책임성은 지식근로자의 근로원칙이자, 조직을 운영하는 지도원칙인 것이다. 이런 드러커의 주장은 기업의 경영관행에 강력한 문제를 제기한다. 기업은(경영자는) 근로자를 '지식근로자'로 진정 이해하고 있는가? 과거의 유물인 통제에 의한 경영이 관행으로 굳어져서 사람의 능력을 훼손하는 상황을 제대로 알고 있는가? 자율과 책임감에 기초한 경영을 실행할 의지와 능력이 있는가?

▌주장 5. 지식근로자의 생산성을 향상시킨다

역사적으로 유래가 없는 지식근로자의 등장으로 지식근로자의 생산성 향상은 기업에게는 가장 중대한 도전이 되었다. 과거에도 지식전문가는 있었지만, 지식근로자는 조직에서 지식을 수단으로 일한다는 점에서 전혀 새로운 계층이다. 이 새로운 계층은 경영자에 대한 전통적인 인식을 무너뜨렸다. 과거의 경영자는 권위와 능력, 책임을 모두 가지고 있는 지도자이자 명령자였으며 근로자를 지휘하고 관리하는 존재였다. 그런데 지식근로자로 인해 경영자와 근로자로 조직을 구분하는 것이 모호해졌다. 그 이유는 지식근로자가 어떤 의미에서 경영자이기 때문이다. 지식근로자는 지식을 사용해서 스스로 판단하고, 자신의 일을 스스로 선택하며, 공헌을 목표로 스스로 노력하기 때문이다. 즉 자율적으로 결정하고 일의 과정을 책임진다는 것은 곧 경영자로서 일하는 것이고, 따라서 자기가 책임지는 영역에서는 경영자인 것이다. 경영자와 근로자 사이의 관계가 모호해진 만큼 성과관리의 주체도 애매해졌다. 근로자에 대한 책임은 누가 질 것이며 동기부여는 어떻게 할 것인지, 그들의 산출물을 어떻게 평가할 것인지, 어떻게 활용해야 생산성을 높일 것인지. 이제 과거의 원리와 방법을 버리고 새롭고 냉정하게 판단해야 한다. 산업시대의 논리와 도구들이 가진 유용성과 정당성에 대해서 미래 시점에서 판단해야만 한다. 현대조직은 이전 시대의 근로자와는 전혀 다른 존재인 지식근로자들의 목표달성(곧 생산성) 능력을 향상시키는 새로운 원리와 행동지침, 도구와 방법론을 필요로 한다. 최근 성장을 주도하고 있는 혁신적 기업들은 과거에는 없던 산업과 사업을 개척해왔고 기존 조직과는 다른 새로운 경영방식을 가지고 있다.

구글, 소프트뱅크, 알리바바, 아마존, 애플, 페이스북과 같은 혁신적 기업들의 가장 두드러진 특성은 바로 이들의 핵심 자산이 지식근로자라는 점이다. 이들은 공통적으로 구성원들의 창의성과 지적 공헌이야말로 최고의 성공요인이라고 말한다. 세계 최고의 경영컨설팅 기업 맥킨지의 경우 이미 경영대학원 출신 외에도 의대나 미대 졸업생을 채용하고 있다. 인문학이나 경영학적 소양이 문제 해결에 필요하다는 판단 때문이다. 그리고 이곳의 컨설턴트는 회사의 어떤 프로젝트라도 본인이 원하면 신청하고 참여할 수 있는 권리가 있다. 또 〈토이 스토리〉와 같은 흥행작으로 유명한 픽사는 대부분의 영화 제작사가 외부의 작가로부터 각본을 사들이는 데 반해 모든 영화 각본을 자체 생산하며 1,200여 명의 크리에이티브 담당을 정규직으로 보유하고 있다. 경영진을 포함한 전문가들은 그들의 창작과정에서 자문을 제공하거나 검토만 수행한다. 이처럼 혁신을 계속하는 기업들은 지식근로자가 곧 생사의 열쇠라는 점을 잘 알고 있다. 일찍이 드러커가 지식근로자의 생산성 향상은 21세기 경영에 대한 중대한 도전이자 핵심과제라고 한 것이 여기서 입증되는 셈이다. 드러커는 조직의 성과는 지식근로자에 전적으로 의존한다는 점을 확신하고 이렇게 조언했다.

우수한 대학을 만들기 위해서는 장래가 촉망되는 젊은 박사들과 조교들이 일에서 탁월한 성과를 보일 때까지 시간을 주어야 하며, 세계 수준의 오케스트라를 만들기 위해서는 연주자가 지휘자가 의도하는 방식으로 연주할 수 있도록 끊임없이 연습해야 한다.

위대한 성과를 내기 위해서는 조직원의 잠재력을 깨우고 계발하는 데 투자해야 한다. 경영자는 지식근로자에게 시간을 줘야 하며 그들의 잠재력을 인식해야 하고 그들 자신도 이를 알 수 있도록 조언하며 그들의 말에 귀 기울이고 도전정신을 불어넣는 격려도 해야 한다.[8] 또한 지식근로자의 생산성 향상을 위해서는 그들을 관리하는 올바른 방법을 찾아야 한다. 잘 짜인 시스템보다는 먼저 사람을 중심에 두고 지식의 유연한 통합과 활용이라는 관점에서 조직을 운영하는 것이 효과적이다. 드러커는 이 원칙을 바탕에 두고 몇 가지 실천과제를 제시했다.

- 할 일을 규명하라.
  - 지식근로자가 수행하는 과업이 무엇인지 명확하게 한다. 각 과업

에서 필요로 하는 자원은 무엇이며 달성해야 할 결과는 무엇인가
를 명확히 한다.

- 제대로 돕는다.
  - 지식근로자가 능력을 최대한 발휘하도록 지원해야 한다. 그가 자
    신의 역량에 적합한 일을 할 수 있도록 하고 역량 계발의 기회도
    제공한다.
- 지식 근로에 적합한 구조를 만들어라.
  - 사람과 지식의 활용을 위한 경영 구조를 구축한다. 지식근로자는
    지식을 활용해서 성과를 창출하므로 적절한 의사소통 체계와 협
    력 체계를 만든다.
- 투자하라.
  - 사람과 지식을 위한 명확한 투자전략을 세운다. 각각의 지식근로
    자가 가진 강점을 이해하고 장기적 계발을 위한 투자와 실행계획
    을 수립한다.

드러커는 겸손하게 지식근로자의 생산성 향상을 위한 효과적인 방
법을 찾지 못했다고 했다. 하지만 그가 말한 이 원칙들은 기업이 당면
한 현실과 지식근로자가 가진 특성을 고려할 때, 중요한 통찰을 제공
한다. 머잖아 이런 원리를 담은 실천적 방법론과 성공적인 적용사례가
나오리라 예상한다.

경영자의 경영관은 경영자의 행동, 조직구성원의 생각과 일하는 방식, 만드는 상품의 가치를 포함한 모든 것을 결정한다. 따라서 명확한 경영관과 경영자가 끼칠 영향에 대한 분별력이 경영자의 중요한 덕목이 된다. 경영자는 자신이 책임을 지고 있는 조직과 구성원, 더 나아가 사회 전체로 시야를 넓혀야 한다. 경영의 거주지는 조직이고, 조직이 살아가는 곳은 사회다. 경영자는 올바른 경영관과 경영의 전체상을 진지하게 생각해야 한다.

- 경영자로서 당신이 굳게 믿고 있는 경영관은 무엇인가?
- 내가 믿는 경영관은 어떻게 형성되어 온 것인가? 근거는 명확하고 믿을 만한가?
- 내가 일하는 조직은 중요한가? 주주, 종업원, 고객, 이해관계자, 사회의 시각에서 살펴보라.

■ Action Point

- 경영은 사람에 관한 것이라는 경영관을 인정할 수 있는가? 만일 그렇다면 당장 오늘부터 나는 경영자로서 어떻게 달라져야 할까?
- 경영자로서 시간을 어떻게 활용하고 있는가? 사람에 관한 일에 시간을 얼마나 투자하고 있는가? 투자하는 시간을 통해 어떠한 결과

를 산출하고 있는가? 양과 질에 만족하는가?

• 내가 속한 조직구성원의 협력 수준과 모습은 어떤가? 협력을 돕거
나 방해하는 요소는 무엇인가? 협력의 수준을 높이기 위해 나는
무엇을 해야 하는가?

■ Business Case

엔론 이야기

2001년 파산한 미국의 에너지 기업 엔론Enron[9]은 처음부터 부실기
업은 아니었다. 그곳은 최고의 인재와 전문가가 모인 조직이었고, 회
사가 파국을 맞을 당시 CEO 제프 스컬링Jeff Skilling은 하버드 경영대
학원과 컨설팅 회사 맥킨지를 나온 최고 수준의 경영자였다. 또한 엔
론은 하버드 경영대학원의 단골 사례로 등장할 만큼 지속적인 혁신
에 열중하는 기업이었다. MBA 학위 소지자만 해도 250명이 넘던 엔
론은 평범한 천연가스 회사에서 시작해 수자원과 인터넷 사업에 이르
는 문어발식 확장을 통해 에너지 분야 대기업이 되었고, 철저한 성과
주의-직원에 대해 등급을 매기고 최고에게는 파격적인 보상을, 최하위 10퍼
센트에게는 해고-를 실천하는 기업이었다. 『꿀벌과 게릴라Leading the
Revolution(2002)』를 저술한 개리 하멜Gary Hamel은 엔론을 경영혁명의
선구자로 칭찬했다. 그리고 포춘Fortune은 엔론을 최고의 혁신기업으로
6년 연속 선정하기도 했다. 하지만 지금 엔론은 기업의 역사에서 부정
과 탐욕의 상징이 되었다. 드러난 원인은 성장에 대한 집착이 야기한

부실이었다. 부실을 숨기고 주주와 투자자, 고객 그리고 정부를 배신한 것은 탁월한 업적을 달성해오던 경영자들이었다. 왜 그랬을까? 뛰어난 지성과 경력을 자랑했던 그들이 회사를 망치면서까지 추구한 목표는 무엇이었을까? 그들에게 경영은 어떤 의미가 있는 일이었을까?

수도원의 경영자 안셀름 그륀

성과를 달성해야 하는 모든 조직에서 경영은 필수 불가결한 기능이다. 따라서 경제적 성과를 본질로 하는 기업만이 아니라 대학이나 병원 같은 비영리조직의 경영자도 올바른 경영관을 가져야 한다. 잘 알려진 사실은 아니지만 수도원은 단지 영적인 일만 하는 곳이 아니다. 중세시대부터 수도원은 기도만 하는 곳이 아니라 자체적인 생산기능을 가진 단체로 활동했다. 대부분의 수도원이 식량의 자급을 실현했고 일부 수도원은 상품을 만들어 지역 경제활동에 적극 참여했다. 그중 안셀름 그륀[10]이 있는 독일의 수도원은 현재에도 20여 개의 수공업 업체를 운영하고 있다. 그는 이 수도원의 수도사이자 경영자로 일하고 있는데, 안셀름 그륀이 경영자로서 자신이 하는 일에 대한 고백은 기업 경영자에게도 시사하는 바가 있다. 그가 한 말을 보면 조직을 구성하는 사람에 대한 생각, 자신의 일에 대한 기준과 겸손, 경영자가 빠지기 쉬운 유혹에 대한 긴장감을 느낄 수 있다.

"그린뮌스터슈바르작 수도원 재정을 맡고 있는 저는 경영 경력이 34년 정도 됩니다. 당가Celleratius는 수도원의 재정 담당자를 뜻하지요. 저는 300여 명의 직원들을 관리하고 20여 개의 수도원 소유 수공

업체를 경영하고 있습니다. 저는 재정의 최고 책임자이기도 합니다. 이 일은 철저하게 세속적인 일이지요. 하지만 제게 이 일은 영적인 과제이기도 합니다. 제가 직원들을 대하는 방식과 제가 결정하는 수도원의 경제활동 방식이 직원들이 일하는 데 어떤 영향을 미치고 또 어떤 분위기를 조성하는지 분명하게 느끼고 있기 때문입니다. 저에게 주어진 첫 과제는, 평화와 신뢰 그리고 희망의 분위기를 조성해야 한다는 어렵고도 중요한 요청입니다. 둘째, 직원들 상호 간의 바람직한 관계 유지와 새로운 형태의 경제행위, 특히 지속가능성을 염두에 두는 섬세한 감각을 직원들의 마음속에서 자리 잡게 하는 일입니다. 돈 뒤에 몸을 사리고 앉아서 돈을 손에 쥐고 있다는 위치를 이용해 권력을 휘두르는 수도원 당가가 있습니다. 대표라는 자리에 있는 사람이라면 이 유혹을 모를 수 없지요. 따라서 직원들에게 권력을 휘두르는 대신 그들을 북돋워주는 일, 자기가 잘났다는 것을 드러내 보이는 대신 삶을 일깨워주는 일이 그만큼 더 중요한 거지요. 이 모든 것이 영적인 자세입니다. 수도원 당가도 이런 자세를 처음부터 지니고 있었던 것은 아닙니다. 그보다도 참으로 겸허한 마음으로 이런 자세를 끊임없이 새롭게 훈련해야 합니다."

"저는 직원들의 소속감을 강하게 내세우는 기업가를 많이 알고 있습니다. 하지만 그들은 자기 내면이 분열되어 있기 때문에 회사 내에서도 분열을 일으킵니다. 그러므로 소속감이 생겨나려면 우선 나 자신부터 살펴봐야 합니다. 나 자신과 일치하려고 해야 하고 자기 안에 있는 모든 것에 집중해야 합니다. 또한 다른 사람을 만날 때 그저 내

지적 능력만 내세우는 절반뿐인 인간으로 만나지 않겠다는 마음가짐을 갖춰야 합니다. 내가 내 안에 있는 모든 것과 함께 다른 사람과 만날 때만 그 사람과 교감을 나눌 수 있습니다. 소속감이 생기면 각 개인 사이에서 많은 에너지가 흐르게 됩니다. 그러면 각자는 다른 사람들과 내가 서로를 지지하고 있다고 느끼게 됩니다. 그렇기 때문에 저는 소속감을 이끌어내는 일은 지도자들에게 주어진 가장 중요한 과제 중 하나라고 봅니다."

경영자

경영자는 목표를 달성하는 사람이다

"경영자란 무엇이며, 그리고 그것이 하는 일은 무엇인가?"에 대해,
오직 그것은 기업을 경영하고 경영자를 관리하고,
근로자관리와 작업관리를 하는 다목적 기관이라고만 대답할 수 있다.

-피터 드러커

01

경영자가 하는 일

올바르게 경영하기, 곧 경영의 실천은 경영자로부터 나온다. 너무나 당연한 말이다. 경영자의 모든 생각과 행동은 그 기업의 결과로 이어지기 때문이다. 드러커는 경영자의 사고와 실천을 기업 성과달성의 핵심요인으로 이해했고 연구 초기부터 경영자의 올바른 사고와 실천을 핵심주제로 파악했다. 하지만 현실적으로 이 주제에 접근하기가 쉽지는 않다. 수많은 조직 속에서 많은 경영자들이 다양한 일을 수행하고 있는데, 이렇게 다양하고 복잡한 경영의 세계에서 경영자의 일과 자세에 대해 제대로 이해하기란 절대 쉬운 일이 아니다. 먼저 독자가 경험한 경영자는 어떻게 일하고 있는가?

경영자는 현장에서 이런 일을 한다

- 관리자들과 모여서 실적 회의를 한다. 성과를 살펴보고 앞으로의 대책을 세운다. 기존 상품의 경쟁력을 향상시킬 수 있는 계획을 세운다. 신제품 개발에도 신경을 써야 하고 관련자에게 업무 지시도 한다.

- 고객으로부터 불만이 접수되었다. 책임자를 호출해서 불만 내용을 파악하고 대응방안을 마련한다. 장기적으로는 고객관리 정책의 개선이 필요하다는 판단에 따라 새로운 관리전략을 지시한다.

- 믿고 있던 유능한 관리자 한 명이 퇴사의 뜻을 밝힌다. 이유를 물어보고 설득해본다. 결론 없이 대화가 끝났고 경영자는 시간을 두고 다시 면담을 제안한다. 그리고 그 직원의 이직과 더불어 최근 유능한 직원의 이직이 빈번한 원인에 대해 고민한다.

- 공장 신축 예정지의 인허가가 지연되고 있다는 보고를 받는다. 이유는 지역주민의 반대와 환경에 대한 우려라고 한다. 주민 요구사항을 파악할 것을 지시하고 최고경영자로서 인허가 기관과 직접 소통하기로 결심하고 책임자에게 연락한다.

- 산업협회의 조찬 모임에서 다른 경영자들과 정보를 나눈다. 정부 정책의 변화가 산업에 끼칠 영향에 대해 의견을 교환한다. 그리고 장기적인 전망을 해본 후 회사의 전략수정에 대해 생각한다.

드러커는 경영자의 행동은 체계적으로 파악될 수 있다고 했다. 경영자라면 누구나 성과를 달성하기 위해서 해야만 하는 과업이 있기 때문이다. 페이스북의 CEO나 우리나라 벤처 기업의 경영자나 하는 일은 같다. 이 점은 경영자에게는 기쁜 소식이다. 다른 경영자의 경험을 통해 자신이 해야만 하는 일에 대해 배울 수 있기 때문이다. 그러나 누구나 활용할 수 있는 마법 같은 공식이나 비법은 없다. 이 점에 대해 드러커는 진지한 유머로 말한다. "세상에는 노동력을 줄여주는 기계들이 많이 있지만, 경영자들의 과업을 줄여주거나 생각을 줄여주는 기계는 발명되지 않았다."고.

그렇다면 경영자들은 어떻게 과업을 수행해야 할까? 모든 조직은 환경도 다르고 제품과 서비스도 다르다. 그렇다면 경영자의 과업도 제각각일까? 그렇지 않다. 경영자가 조직 안에서 경영을 한다는 점, 결과에 대해 책임을 져야 한다는 점은 모두 같다. 어느 정도는 경영자의 과업이나 수행방법에 대해 공통점이 있다는 뜻이다. 따라서 경영자는 과업에 관한 적절한 지식을 배울 수 있다. 다만 그런 지식은 쉽게 자기 것이 되지 않는다. 과업을 제대로 파악하기란 상당히 진지하고 고된 성찰과 경험이 필요하기 때문이다. 그래서 드러커는 경영자에게 먼저 자신의 과업을 명확하고 철저하게 파악하고 나서 실천에 대해 고민할 것을 요구했다. 그리고 먼저 경영자의 역할을 파악하고 역할을 실현하는 과업을 성찰하라고 조언했다.

초보 CEO의 할 일 찾기

필자는 길지 않은 CEO 생활을 했다. 처음 CEO가 되고 나서 제일 궁금했던 것은 임원과 CEO는 어떻게 다른가에 대한 문제였다. 비교적 임원 생활을 오래했기 때문에 이런 의문을 가졌던 것 같다. 지인에게 물어보니 분명히 다르다는 쪽과 별반 다르지 않다는 쪽으로 의견이 갈렸다. 다르다는 사람은 책임과 권한의 범위에서 그렇다는 것이고 비슷하다는 사람은 단지 통솔하는 사람이 많아진 것일 뿐 관리라는 점에서는 같다는 것이었다. 이들은 CEO가 되었다고 너무 붕 뜨지 말고 하던 대로 하라는 조언도 덧붙였다. 필자는 생각의 기준이 다르므로 두 가지 의견 모두 일리가 있다고 생각했다. 그래서 일을 시작하기 전에 CEO가 반드시 해야 할 일을 정해보려고 했다. CEO의 역할이나 성공한 CEO에 대한 책도 읽고, 또 CEO를 했던 분을 찾아가 조언도 구했다. 그 결과 CEO로서 다른 누구에게도 위임할 수 없는 과업이 있다는 것을 알았다. 조직의 정체성을 정립하는 것, 전략의 초점을 맞추는 것, 강력한 리더십 팀을 구축하는 것 등……. 그런데 이런 과업들은 말 자체로는 새로울 게 없다. 이미 많은 전문가들이 공통적으로 제시한 사항이기 때문이다. 다만 경영자가 이 과업들을 제대로 달성하려면 조직적합성, 상황적합성이라는 요건을 충족시켜야만 한다. 즉 CEO가 책임을 맡은 조직이라는 상황 속에서 구체적 실천방향과 세부적인 단계들이 제대로 수행돼야만 하는 것이다. 이런 점에서 경영자가 수행하는 과업은 공통적이면서 개별적이라 할 수 있다.

경영자의 세 가지 역할

—

경영자의 역할을 규명하는 것은 어렵지 않다. 경영자는 '경영'을 하
는 사람이다. 즉 '경영'을 통해 기업의 목표를 달성하는 사람이다. 따
라서 조직이 원하는 결과에 기여하는 것이 경영자의 역할이다. 그런
데 많은 사람들이 이와는 다른 시각으로 경영자를 본다. 흔히 경영자
를 높은 자리의 좋은 의자에 앉아서(지위, 직책) 업무를 감독하고(지휘, 통
제) 결정을 내리는 사람 정도로 생각한다. 물론 이 견해가 완전한 거짓
은 아니다. 경영자들의 모습이기도 하고, 경영자들이 하는 일의 일부분
을 담고 있기 때문이다. '경영자의 역할은 권한을 행사하고 결정하는
것'이라고 믿는 경영자들도 적지 않다. 그러나 드러커는 경영자의 역할
은 지위, 직책, 권한 행사, 통제, 경영자가 관리하는 부하의 수와는 전
혀 관련이 없다고 말했다. 경영자의 존재 기반은 자신이 아니라 기업
에 있기 때문이다. 경영자들이 종종 망각하기도 하는 이 사실은 경영

자의 역할을 인식하는 데 있어 결정적인 기준이 된다. 즉 경영자는 기업이 경영자를 필요로 해서, 요컨대 기업이 경영자에게 요구하는 일과 책임이 있기 때문에 존재한다. 경영자의 존재기반은 기업이고, 기업의 요구이고, 기업의 목표를 달성한다는 책임이다. 이것을 분명하게 받아들여야만 지위와 권력을 바라보는 경영자의 눈이 맑아지고 자기의 역할을 분명히 인식하게 된다. 경영자는 '기업에 대한 공헌과 책임을 달성하기 위한 일을 하는 사람'이다. 드러커는 이와 관련하여 크게 세 가지 역할을 제시했다.

▌기업의 경제적 성과를 달성한다

경영자의 첫 번째 역할은 기업이 경제적 성과를 낼 수 있도록 만드는 것이다.

성과는 기업의 가장 중요한 목표다. 경제적 성과가 없이는 다른 목표도 무의미하다. 따라서 경영자는 가능한 한 높은 경제적 성과가 산출될 수 있도록 생각하고 행동해야 한다. 여기서 잠시 경제적 성과에 대해 생각해보자. 독자들이 생각하는 답은 무엇인가? 이윤극대화, 매출액, 시장점유율, 투자수익률, 시장가치(시가총액)? 사실 이윤극대화를 기업의 궁극적 목적이라고 생각하는 사람들이 가장 많다. 그런데 드러커는 이윤극대화가 기업의 최우선 목표는 아니라고 했다. 더 나아가 이윤은 기업의 경제적 성과를 평가하는 지표도 될 수 없다고 했다. 그는 경제적 성과를 이윤이라고 보는 다수의 통념에 반대한 것이다. 이윤을 떠받드는 주주자본주의 신봉자들은 물론이고 자본주의의 발전이 이윤추구 덕분이라고 믿어왔던 사람에게는 당혹스러운 말이다. 그러나 이런 드러커의 주장에는 위대한 통찰이 담겨 있다. 드러커가 이윤 자체를 부정한 것은 아니다. 그 역시 이윤을 중시했다. 다만 이윤극대화에 대한 생각이 달랐던 것이다. 이윤극대화는 기업의 최종 목표가 아니라 생존을 위한 최소한의 조건이라는 게 드러커의 생각이었다. 그리고 그 이유를 다음과 같이 설명했다.

첫 번째, 목표로서의 이윤극대화. 이윤이 기업이 달성해야 하는 성과임에는 틀림없지만 이윤을 극대화한다는 목표설정에는 문제가 있다. 우선 어느 정도의 이윤이 달성 가능한 최대성과인지를 누구도 알 수 없다. 적정이윤도 정의하기가 어려운데 최대이윤목표를 누가 어떻게 잡을 것인가? 많은 기업들이 하는 방식처럼 과거의 실적을 기준으로 증가율 퍼센트가 달성할 수 있는 최대의 이윤인가?

두 번째로 이윤보다는 이윤을 만들어내는 다른 요소들이 기업의 성과를 말하는 지표로써 더 중요하다. 이윤은 기업활동을 통해 얻게 되는 결과물로써 제품의 품질이나 고객만족도, 브랜드이미지와 같은 다양한 요소들의 결합에 의해 나오기 때문이다. 즉 이윤은 결과지표이지 과정을 보여주는 지표가 아니다. 이런 속성 때문에 기업은 이윤 자체를 직접 관리할 수 없고 이윤의 극대화도 최종목표가 될 수 없다. 그렇다면 이윤이란 도대체 무엇인가? 드러커는 이윤이 갖는 본래적이고 실질적인 의미를 포착한다. '이윤은 기업의 생존조건'이라는 것이다. 이윤은 기업을 지속적으로 운영하고 성장시키기 위해서 반드시 획득돼야 하는 것이다. 만일 투자한 비용보다 얻는 수확이 적다면 즉 적정한 이윤이 없이는 그 어떤 기업도 생존할 수 없기 때문이다. 따라서 이윤은 기업을 위한 최소한의 생존조건이 된다. 그 어떤 기업도 예외는 없다. 또한 생존조건으로서의 이윤확보는 이윤극대화라는 목표보다도 더욱 엄격한 목표로서 기능한다. 생존은 성장보다 앞서서 반드시 달성해야만 하는 것이기 때문이다.

이윤극대화는 경제적 성과의 전부가 될 수 없다. 경제적 성과는 특정한 어느 하나가 아니라 포괄적이고 종합적인 성과를 달성한다는 뜻이다. 즉 기업이 제공하는 제품과 서비스가 고객들로부터 인정받고 이를 통해 적절한 가치를 창출해내는 것을 말한다. 이를 통해 기업은 시장에서 탄탄한 지위를 차지하고, 현금을 창출하며, 이윤을 획득하고, 지속적인 투자를 할 수 있는 능력을 구축한다.

기업은 어떻게 이런 성과를 만들어내는가? 기업의 모든 활동이 고객을 위한 가치창출에 성공하도록 함으로써 그렇게 한다. 결국 경제적 성과를 달성한다는 것은 자원의 생산적인 활용, 적절한 성장과 점유율의 획득, 적정한 이윤에 기반을 둔 미래 투자재원의 확보 등 자원과 사람을 결합해서 고객을 위한 최대한의 가치를 창출한다는 종합적인 성과를 의미하는 것이다. 이렇게 기업의 가치를 증대하는 모든 포괄적인 성과가 경제적 성과다. 드러커는 이를 '가치창출능력의 극대화'라고 표현했다. 경영자의 첫 번째 역할은 기업의 경제적 성과를 달성하는 것이다. 경제적 성과는 기업의 가치창출능력을 극대화하는 것이다.

▌경영자 관리

경영자의 두 번째 역할은 경영자의 관리다.

여기서 경영자는 드러커의 정의대로 '조직의 목표달성에 대한 책임을 지는 사람'이다. 조직을 구성하는 가장 중요한 요소가 사람이고 이들이 목표를 공유하고 가치창출을 위한 활동을 같이 해나갈 때 조직도 존재한다. 여기서 사람들이 기업의 목표달성을 위해 '어떻게 기여하게 만들 것인가'라는 필수적인 요구가 생긴다. 어떻게 사람을 관리할지를 고민하는 것과 같은데 기업은 이 문제를 해결해줄 사람이 필요하다. 또한 기업은 자원의 투입과 활용에 관해 제대로 결정해야만 하는데, 불확실성과 위험을 감수하며 한정된 자원을 투입하는 결정을 내리고 의사결정을 제대로 하면서 많은 사람을 이끌어갈, 그런 사람이 경영자로서 필요하다.

이와 같이 경영자는 자신의 기업을 존속, 발전시키기 위해 충분한 수의 경영자를 확보해야 하며 그들이 제대로 역할을 할 수 있도록 관리해줘야 한다. 만일 기업에 생존원칙이 있다면 '경영자를 관리하는 일'이야말로 제1의 생존원칙으로서 자격이 있다. 드러커는 기업이 언제나 충분한 수만큼 경영자를 보유할 수는 없다고 지적하면서 경영자를 관리하는 일을 고위경영자가 제대로 수행해야만 하는 역할로 제시했다. 경영자 관리를 위한 효과적인 접근은 출발점을 제대로 찍는 것부터 시작한다.

먼저 관리 대상인 경영자가 어떤 존재인지에 대한 명확한 인식, 그것이 출발점이다. 경영자를 어떻게 생각하느냐에 따라 관리의 초점과 목표, 방식이 달라진다. 드러커는 경영자를 스스로 목표를 설정하고 달성하기 위해 일하는 사람이라고 봤기 때문에 자율성에 기반을 둔 관리가 필요하다고 생각했다. 드러커는 올바른 원칙을 적용하는 의미로 자율성을 강조하면서 효과적인 실행을 위한 구체적인 과업에 대해 다음과 같이 조언했다.

- '전체목표의 공유와 자기통제에 기반을 둔' 목표관리의 추구
- 경영자가 최대의 공헌을 할 수 있도록 적합한 임무 부여
- 경영자 스스로 높은 성과목표를 부여하고 최선의 노력을 다하는 조직 정신 구축
- 기업 전체의 방향설정과 리더십을 책임지는 최고경영진과 이사회의 구성
- 기업의 지속적 성장을 위한 미래의 경영자 양성
- 일부가 아니라 대다수의 현재 경영자를 개발하려는 특별한 노력

이와 같이 경영자를 관리하는 일은 기업 조직의 다양한 영역에서 체계적으로 이루어져야 한다. 경영자 스스로 목표를 설정하고, 최고의 공헌을 할 수 있도록 동기를 부여하며, 성과달성을 위한 올바른 지원과 조직문화의 형성을 통해, 경영자가 높은 성과를 달성하도록 하는 것이 경영자 관리의 요체이다. 덧붙여 경영자를 관리하는 일이 지식사회에서 다른 의미를 갖는다는 점을 말하고 싶다. 지식사회(지식중심조직)에서는 지위만으로 경영자냐 아니냐를 따지는 게 무의미하기 때문에 경영자 관리를 소수의 경영계층에 대한 관리만으로 한정할 수 없게 되었

다. 오늘날과 같은 지식사회, 지식경제에서는 대부분이 지식근로자이
자 경영자라는 점을 생각하면 현대의 경영자에 대한 관리는 그 범위를
더 넓혀야 한다.

▌근로자관리와 작업관리

기업 경영은 화려하거나 아름답지 않다. 경영이 화려한 것이라고 생
각하는 사람이 있다면 아마도 성공이라는 달콤한 열매를 보고 이런 생
각을 가졌을 것이다. 그런데 경영의 실제는 화려함과는 거리가 멀다.
경영의 실제란 목표를 달성하기 위해 다양하고도 많은 일을 지루하게
수행하는 것이니까 말이다. 즉 경영은 수많은 일들을 제대로 수행해내
는 것이 전부라고 할 수 있다. 그렇다면 어떠한 일들이 있을까? 기업활
동의 최종 결과, 즉 상품을 산출하기 위해서 해야만 하는 모든 일이다.
원재료를 사들이고 가공하고 조작하는 일, 상품을 생산하는 일, 생산한
상품을 고객들에게 전달하는 일, 이 모든 일들이 제대로 되도록 계획
하고 집행하는 일들이다. 따라서 기업이 수행하는 일들은 '자원을 전환
시키는 일'이라고 말할 수 있다. 기업은 자원전환 장치이고 경영은 바
로 기업의 자원전환 활동을 제대로 하는 것이다.

기업에는 아주 특별한 자원이 있는데, 이 자원은 자원이면서 자원
전환 활동을 하는 자원이다. 바로 사람이다. 원재료, 자금, 기계장치, 기
술과 같은 자원들을 어떤 목적으로 어떻게 이용할 것인가를 결정하고

전환시키는 것은 오직 사람의 의지와 노력에 달려 있다. 따라서 경영은 두 가지 과제를 해결해야만 한다. 즉 기업의 목표를 달성하기 위해서 '작업(일)'을 효과적으로 조직하는 것과 사람이 효과적으로 작업할 수 있도록 '사람(근로자)'을 조직하는 것이다. 바로 이것이 근로자관리와 작업관리라는 경영자의 역할이다. 그런데 이 두 가지 역할을 수행하는 과제는 단순하지가 않다. 관리의 대상이 사람이라는 점 때문이다. 사람은 생산적 활용의 대상이 되는 자원이자 개성과 권리를 가진 존재이므로 복잡할 수밖에 없다. 즉 자원으로서의 활용에 대한 기업의 요구와 개별 인간으로서의 기업에 대한 요구가 존재하고 때로는 상충하기 때문이다. 하지만 경영자는 근로자관리와 작업관리의 과제를 '자원으로서의 생산성 제고'와 '인간으로서의 요구사항 충족'이라는 관점으로 보고 동시에 해결해야 한다.

드러커는 『경영의 실제』에서 경영자들에게 근로자관리와 작업관리의 어려움을 제대로 이해할 것을 요구하면서 핵심과제를 다음과 같이 제시했다.

근로자는 '자원'이다. 근로자들은 최대한의 성과를 창출할 수 있도록 조직되고 관리돼야 한다. 만일 기대하는 생산성을 산출하지 못한다면, 자원의 가치는 떨어지게 되고 높은 성과를 달성하기는 어렵게 될 것이다. 그런 기업은 성공할 수 없다.

근로자는 '인간'이다. 따라서 기업은 근로자가 기대하는 요구 – 적절한 보상, 참여와 만족, 동기와 열정, 리더십, 지위와 기능 등 – 를 충족시켜줘야 한다. 이 요구들은 금전적 보상만으로 해결되는 것이 아니며 구체적인 내용이 근로자마다 다를 수 있다. 만일 그 기대가 충족되지 않는다면 근로자들은 최선을 다해 일하지 않을 것이고 조직의 성과에 부정적 영향을 미칠 것이다. 또한 기업의 사회적 가치는 떨어질 것이다.

이런 과제를 제대로 수행하는 일은 절대 쉽지 않다. 이것을 제대로 수행하려면 적합한 직무에 적합한 사람을 배치하는 문제, 합리적인 조직설계, 근로자에 대한 동기부여, 근로자 간의 존중과 협력, 성과에 대한 평가와 보상의 방법까지 제대로 다뤄야 한다. 인사관리만의 문제가 아니며 기업의 기본 정책과 전략과도 연관이 있다. 드러커는 근로자관리와 작업관리가 내포하고 있는 복잡성에 주목하면서 먼저 기업이 명확한 원칙을 세워야 한다고 생각했다. 명확한 원칙을 통해 일관성과 효과성을 구현할 때 복잡한 문제를 해결할 수 있는 가능성이 높아진다. 그가 말한 핵심적인 원칙들은 다음과 같다.

- 인간은 일하고 싶어 하는 존재임을 분명히 인식한다.
- 기업은 근로자에게 높은 성과표준과 임금을 넘어서는 공헌을 요구해야 한다.
- 근로자는 자신의 일을 통한 적합한 지위와 역할을 기업에 요구해야 한다.

첫 번째 사항은 기업이 근로자가 가장 잘하는 일을 부여할 수 있도록 최선을 다한다는 뜻과 같다. 근로자가 보유한 강점과 기업의 필요를 조화시켜야 한다는 말이다. 이것이 이루어질 때 근로자는 의미 있는 공헌을 하고 자기를 실현한다. 경영학의 역사에서 일을 하는 인간을 어떤 존재로 보는가는 지금까지도 중요한 논쟁의 대상이 되고 있다. 여기에 대비되는 두 가지 주장이 있다. 긍정적 동기가 있고 자발적으로 노력하는 주체적인 존재라는 주장과 본래부터 이기적이며 강제적이지 않으면 노력하지 않는 존재라는 주장이다. 어느 한쪽도 절대로 옳다고 말하기 힘들지만 드러커는 주체성과 자율성을 긍정하고 강화하는 관점의 편에 섰다.

두 번째는 근로자에게 높은 성과표준과 임금 이상의 공헌을 요구하는 것이 그들에게 동기를 부여하고 더 많이 노력하도록 만든다는 생각과 통한다. 높은 성과표준을 통해 근로자는 자신을 계발하게 되며 기업은 지속적으로 높은 성과를 이어갈 수 있다. 이 요구는 경영자의 구체적인 행동을 통해 드러나야 한다. 먼저 경영자는 근로자가 더 높은 성과를 달성할 수 있다는 것에 신뢰를 표현해야 하며 그들이 주체적이고 자율적으로 노력할 수 있도록 지원해야 한다. 탁월함과 평범함 사이에서 경영자의 근로자에 대한 요구는 막대한 영향을 미친다.

마지막으로 근로자가 적절한 지위와 역할을 기업에 요구해야 한다는 것은 기업이 해야 할 의무를 말한 것이다. 기업은 의미가 있는 일과 지위와 역할을 통해 근로자 스스로가 존중받고 있음을 느끼도록 해야 한다. 근로자가 느끼는 존중감은 곧 자존감으로 이어지며 일을 통해 기업의 목표를 달성하려는 최선의 노력을 낳게 만드는 동기에 큰 영향을 미친다. 또한 이 원칙은 근로자에게도 사회에게도 필수적인 것이다. 일과 지위는 명확한 사회적 권리이자 익미 있는 삶의 지표로 작용하기 때문이다. 이와 같은 원칙을 이해하고 나면 다음으로 원칙에 기반을 둔 실행을 생각해야 한다. 그런데 실행 단계에서 근로자관리와 작업관리의 어려움이 나타나기 시작한다. 기업의 요구와 근로자의 요구 간에 대립이 발생될 수 있기 때문이다. 몇 가지 예를 들어보겠다.

- 기업이 요구하는 성과 수준과 근로자가 이해하는 성과 수준이 서로 다른 경우
  - 기업은 대체로 보다 높은 성과의 달성을 요구한다. 하지만 대부분의 근로자들은 적당한 수준에서 성과를 달성하고 조직의 인정을 기대한다.
- 기업이 필요한 작업에 대해 근로자가 보람과 의미를 못 찾는 경우
  - 근로자가 어떤 일을 어떻게 할 것인가를 규정하는 주체는 기업이다. 기업은 근로자들이 수행하는 작업을 효율적으로 조직해서 특정한 결과물을 산출하는 것에 우선순위를 둔다. 하지만 근로자는 작업의 우선순위보다는 내용을 통해 보람과 의미를 찾으려 한다.
- 근로자가 원하는 보상 수준과 기업이 하려는 보상 수준의 차이
  - 기업은 지출 한도 내에서 보상을 집행하는데 근로자는 가능한 한 많은 보상을 기대한다. 보상은 기업에게는 비용이고 근로자에게는 소득이다. 비용은 줄여야 마땅한 것이고 소득은 늘려야 마땅하므로 둘의 차이는 불가피하다.

이처럼 기업과 근로자는 서로 다른 기대와 요구사항을 갖고 있고 그것이 차이를 만든다. 이런 차이는 모든 조직이 가진 공통점이며 어떤

조직도 이 차이를 없앨 수는 없다. 드러커는 이 점을 분명하게 알고 있었다. 올바른 원칙을 가지고 꾸준히 노력하는 것만이 성과를 만들 수 있다. 드러커의 원칙은 서로 극단에 서 있는 효율주의(기계적 인간관과 과학적 관리)와 온정주의(수동적 인간관과 인간관계적 관리)를 배격한다. 드러커의 조언은 인간에 대한 깊은 이해를 바탕으로 일을 통한 성취와 자존감을 조화시키는 노력을 꾸준히 하라는 것이다. 경영자의 인간에 대한 깊은 통찰과 애정, 근로자와의 진정성 있는 의사소통, 일을 조직하는 과학적 원리와 그 한계에 대한 이해와 섬세함이 필요한 과제라고 하겠다. 경영자는 항상 산업의 상황, 기업의 특성에 따라 기업에 적합한 방식을 찾아야 한다. 여기서 두 기업의 사례를 통해 힌트를 찾자.

포드의 컨베이어 방식

거대 자동차 기업인 포드는 자동차 산업의 역사를 이끌어온 기업이다. 한때는 전 세계 자동차의 절반 이상을 생산하던 기업이며 현대적인 공장과 작업방식, 관행을 깨는 파격적인 보상 정책 등으로 자동차 산업을 선도했던 기업이다. 특히 컨베이어 방식의 도입은 자동차의 대량생산 시대를 열었으며 생산의 한계를 깨는 혁신이었다. 그러나 이 방식은 시스템과 기술이 작업을 통제하는 방식으로 근로자들이 생산공정에 수동적으로 대응하도록 만들었으며 이로 인해 노동에 대한 자부심과 충족감의 상실이라는 문제를 만들었다. 대량생산이라는 혁신적인 목표를 달성했지만 인간의 소외라는 대가를 치른 것이다.

볼보사의 자율작업 그룹

스웨덴의 자동차 기업 볼보(현재는 중국의 지리 자동차 소속)는 1974년 칼마 공장에서 컨베이어 작업방식 폐지와 반자율적 작업팀을 도입, 1989년 우데발라 공장에서 장인 생산방식의 채택을 통해 효율적 생산이라는 기업의 목표와 작업을 통한 보람과 만족이라는 근로자의 요구를 조화시키려고 했다. 이런 변화는 가장 효율적인 생산 조직을 구성한다는 목적에 따른 것이었다. 그리고 인간이 주도하는 공정 설계, 개개인의 직무 충실화가 아니라 전체 작업팀의 변화를 통한 충실한 직무 과정이 필요하다는 관점도 있었다.

볼보는 다음과 같이 혁신을 위한 노력을 했다.[11]

- 작업공정의 연장: 하나의 작업이 1~2개의 공정으로 구성되던 작업을 10~15개 정도의 작업공정으로 통합하고 작업자 한사람이 그것을 담당하도록 하여 단조로움을 감소시킨다.
- 보조작업의 통합: 정기적인 점검, 윤활유의 보급, 고장 수리와 같은 일상적인 보조작업은 해당 기계 조작자가 담당하도록 한다. 이를 통해 작업 내용을 다양하게 하며 기계의 유지보수 시간을 줄일 수 있다.
- 책임 및 권한의 위양: 작업팀에게는 하루 혹은 일주일 간의 생산 목표만을 제시하고 그 목표를 어떤 방법으로 달성할지는 작업팀이 결정하도록 한다. 이로써 관리기능의 일부에 일반 작업자가 참여함으로써 자치·자율 의식을 가질 수 있다.

- 직무순환: 1시간, 1/2일, 1주일 단위 등으로 정한 순서에 따라 직무순환을 실시함으로써 노동의 단조로움을 없애도록 한다.
- 작업팀 내의 직무순환: 작업팀 내의 다양한 직무를 모든 작업자들이 익힐 수 있도록 하여 숙련도를 높이고 결근과 작업 중단 등과 같은 돌발 사태에 대처할 수 있으며 탄력적인 노동력 활용을 할 수 있다.
- 컨베이어 공정의 폐지: 컨베이어 공정을 없애고 무인 반송차 Automatically Guided Vehicles: AGV를 활용하여 기계의 리듬에 작업자가 종속되지 않도록 한다.
- 완충재고의 확보: 작업팀에 완충재고를 두는 방식으로 작업팀의 작업 속도를 적절히 통제할 수 있도록 한다.

자율 작업팀은 15~20명 단위로 작업자의 선발, 작업 할당, 작업 과정의 통제를 각 팀이 자율적으로 수행하고 작업자의 직무와 팀의 성과를 모두 고려하여 보상하는 방식을 도입했다. 이 같은 구성으로 자율성과 협력촉진이라는 두 마리 토끼를 노린 것이다.

▌경영자의 역할을 수행한다는 의미

드러커는 조직의 목표를 실현하기 위한 경영자의 역할로서 세 가지를 제시했다. 경제적 성과의 달성, 경영자 관리, 근로자관리와 작업관리가 그것이다. 경영자는 이 역할들을 수행하기 위해 구체적인 행동을 한다. 이 세부적인 행동들이 바로 경영자의 과업이다. 경영자의 역할들은 의미상으로는 서로 구분되지만 경영자가 하는 구체적인 행동이 반드시 특정한 역할에 대응하는 것은 아니다. 실제로 경영자가 수행하는 특정한 행동은 하나의 역할만을 위한 것이라기보다는 모든 역할의 수행과 연관되어 있다. 예를 들어 최고경영자가 부하 경영자들과 함께 내년도 목표수립에 대해 논의하는 것은 경제적 성과를 달성하는 역할, 경영자를 관리하는 역할을 동시에 수행하고 있는 것이다. 또 관리자를 채용하기 위해 면접을 진행하는 경영자는 경제적 성과의 달성, 경영자관리, 근로자관리와 작업관리라는 역할을 수행하고 있다. 채용은 기업의 현재 성과와 미래성과를 책임질 사람을 뽑는 과정이면서 현재 경영자들에게 기업의 가치와 문화를 전달하는 교육과정이며 기업에 들어올 사람이 함께 일하게 될 현재의 사람들에게 미칠 영향을 감내하는 과정이다.

경영자가 자신에게 주어진 역할을 제대로 하려면 먼저 자신의 일에 대한 신중한 판단을 해야 한다. 결정과 행동 이전에 자신이 하는 일에 대해 성찰해야 한다는 뜻이다. 이를 통해 역할에 대한 명확한 이해, 어떤 과업을 수행하는 것이 역할을 수행하는 데 진정으로 중요한 것인가에 대한 판단, 하나의 과업이 갖는 복합성을 신중하게 파악해야만 한다. 그 다음은 일의 우선순위를 체계적으로 설정하고 구체적인 행동으로 옮기는 것이다. 자신의 역할에 대한 높은 이해를 기반으로 일을 선택하고 실행의 우선순위를 선택하는 것은 경영자가 자신의 역할을 제대로 수행하기 위한 최고의 원칙이다. 목표를 달성하는 데 기여하는 가장 중요한 일들을 최고의 수준에서 수행하는 것이야말로 경영의 목적이자 경영자의 존재 가치이기 때문이다. 그런데 경영의 현장을 보면 원칙과 실행 사이의 괴리가 크다. 경영자가 바쁘게 수행하는 일 중에서 기업의 목표를 달성하는 데 기여하는 일이 얼마나 되는가를 생각해보라. 경영자가 심혈을 기울여서 추진하는 일들이 만족스러운 성과로 연결되지 않는 경우는 비일비재하다. 심지어 조직에 전혀 도움이 되지 않는 일들을 열심히 하는 경영자도 있다. 왜 이런 상황이 일어나는 것일까? 경영자의 무능인가? 혹은 욕심인가? 혹은 원래 경영자의 일이란 어려운 것인가? 야구에서는 3할대 타자가 매우 드문데 경영의 세계는 이보다는 나은 것인가?

드러커는 경영자가 자신이 해야만 하는 올바른 일을 이해하고, 이를 제대로 수행하는 것이 바로 경영이라고 말했다. 그는 경영자들이 올바른 일을 하지 않는 행위에 대해 매우 엄격한 입장을 취했고 조직이 필요로 하는 일이 아니라 경영자가 원하는 일을 하거나, 충분한 시간과 노력이 필요한 일을 회피하거나, 중요한 일보다는 급한 일에 매달리는 등의 잘못된 행동을 자주 비판했다. 경영자가 일을 제대로 하지 않는 것은 무능을 넘어서서 책임의 방기라는 윤리적 차원의 문제이기 때문이다. 경영자는 자신이 원하는 일이 아니라 자신이 해야만 하는 일을 숙고하고 성찰해야 하는 것부터 수행해야 한다. 드러커는 경영자의 성공과 실패는 일을 "어떻게 수행하는가?How to do?"보다는 "어떤 일을 수행하는가?What should be done?"에 달려 있다는 점을 강조했다. 바람이 아니라 책임이라는 점을 명확하게 했으니 이제 경영자가 하는 일은 무엇이어야 하는지를 살펴보자.

03

경영자의 다섯 가지 과업

경영자가 일을 하는 모습을 보자. 어떤 경영자는 매출을 증가시킬 수 있는 상품 개선이나 신제품 개발에 주력하고 어떤 경영자는 매출을 통한 성장보다는 고객만족도 개선에 주력한다. 조직마다 특성이나 상황, 주변 환경이 다르므로 경영자의 일도 다를 수밖에 없다. 하지만 경영자가 실제로 수행하는 일은 큰 틀에서 보면 모두 똑같다. 이때 '일'이란 하나하나의 '작업'을 뜻하는 것이 아니라 작업을 통해 경영자가 실제로 수행하는 기능을 뜻한다. 경영자의 역할은 설명한 것처럼 경제적 성과를 달성하고 경영자를 관리하고 근로자와 작업을 관리함으로써 조직의 목표를 달성하는 것이다. 이 역할을 위해 경영자가 수행하는 기능이 과업이고 경영자는 여러 가지 과업을 수행해야만 한다. 드러커는 목표수립과 전달, 조직화, 동기부여, 의사소통, 성과측정과 평가, 부하 육성이라는 경영자의 과업을 제시했다. 이 과업은 경영자만이 수행하는 일이고, 전적인 책임을 져야 하는 일이며 제대로 해야만 하는 일이다. 각각의 과업은 고유의 특성과 과제를 제기한다. 이 과업을 제대로 하려면 과업의 의미가 무엇이고 어떠한 실천원리를 필요로 하는지를 이해하고 꾸준하게 결과를 만들어내는 노력을 해야 한다.

▌목표수립과 전달

경영자의 첫 번째 과업은 기업의 목표를 세우는 것이다. 기업의 성과에 모든 책임을 지는 사람으로서 경영자의 활동이 이것으로부터 출발하는 것은 당연하다. 따라서 경영자는 다른 모든 일에 앞서서 우리 조직이 현재 달성해야 하는 가장 중요한 것은 무엇인지, 어떤 게 성취돼야 목표가 달성되는지, 현재의 목표는 무엇이고, 미래의 목표는 어떤 것이 돼야 하는가를 생각해야 한다. 제대로 된 목표는 모든 자원과 노력을 거기에 투입해야 하는 기업에게 진정으로 중요한 요소가 아닐 수 없다. 그런데 목표를 수립하는 일은 간단할 것 같지만 그렇지 않다. 기업의 현장을 들여다보면 실수와 오류가 많다. 목표설정의 실패는 대체로 다음과 같은 원인이 만든 결과이다.

- 달성 가능한 쉬운 목표만 세운다.
  - 시장평균수준의 성장목표 또는 전년도 성과의 **퍼센트 목표
  - 목표는 최선의 노력을 했을 때 달성 가능한 지점을 말한다. 조직의 역량을 최대로 활용하지 않는 목표는 목표라 할 수 없다.

- 특별한 근거 없이 높은 성장목표를 세운다.
  - 매년 업계에서 최고 성장률을 달성한다.
  - 기업의 자신감이 목표에 지나치게 투영될 때 나타난다. 성장을 목표로 하는 것은 맞지만 근거 없는 성장목표는 압박이 된다.
- 잘못된 목표에 초점을 맞춘다.
  - 기업의 역량·경험을 넘어서거나 새로운 역량을 요구하는 투자
  - 핵심역량에 벗어난 목표를 세우는 경우다. 잘할 수 있고 성공 가능성이 높은 목표가 아니라 단지 하고 싶은 목표를 세우는 경우가 많다.
- 단순히 경쟁기업의 전략을 모방한다.
  - 경쟁기업의 성공방식을 따라 하는 것
  - 예를 들어 경쟁기업이 중국에 진출한다고 해서 역량에 대한 충분한 평가 없이 중국 진출 계획을 세우는 경우다. 전략은 단순한 상품이 아니다. 다른 기업이 성공했던 전략은 그 기업만의 것이다. 고유한 환경과 그들만의 역량이 전략의 바탕에 깔려 있다.
- 너무 많은 목표를 정한다.
  - 원가절감+품질향상+신상품개발+인재육성+……
  - 추구할 목표는 많다. 그러나 목표는 우선순위를 따져서 기간 안에 반드시 성취될 몇 개로 집중해야 한다. 모든 목표는 자원을 사용하는 반면 기업의 자원은 유한하다.
- 모순되는 목표를 동시에 추구한다.
  - 장기적 고려 없는 단기성과 집중
  - 높은 이익목표를 추구하면서 동시에 연구개발비용이나 마케팅비

용 절감목표를 세운다. 단기적으로는 일관성 있게 보일 수 있으나 신상품 개발을 위한 연구개발비용이나 브랜드 가치를 높이는 마케팅비용의 축소는 장기적으로는 기업의 경쟁력에 부정적 영향을 미치게 되어 이익창출 능력을 떨어뜨린다.

• 목표가 무엇을 말하는지 확실하지 않다.

  - 5년 내 세계 10대 기업 진입. 이 목표가 의미하는 것은 무엇일까? 어떤 부분에서 10대 기업이 되고 싶은지 그리고 경쟁사의 활동을 고려한 목표설정인지 불분명하다.

  - 목표는 누가 보더라도 달성 수준과 지향점을 이해할 수 있어야 한다.

• 내용 없이 수치로 포장한 목표

  - 3년 내 국내 시장 점유율 30퍼센트 획득. 의지는 좋다. 그런데 왜 3년이고 30퍼센트인가? 이 목표가 왜 중요한지, 달성 가능한 것인지, 그 근거는 무엇인가?

  - 대부분의 기업에서 야심차게 제시하는 목표들이 대개 이런 약점을 가지고 있다.

• 지나치게 낙관적인 목표

  - 무리한 신규 사업 목표설정이 대표적인 예다. 신규 사업이 성공하려면 그 사업에 맞는 능력을 갖추고 상당 기간 투자도 계속해야 한다.

  - 어려운 과제를 놓고 근거 없는 낙관으로 목표를 세운다.

• 숫자를 맹신하고 그것에만 초점을 맞춘다.

  - 매출, 이익, 점유율 같은 양적인 목표만 중시하고 고객과의 관계, 구성원의 협력 같은 질적인 목표를 소홀히 한다.

- 혁신을 위한 목표를 세우지 않는다.
  - 현재의 사업이나 제품에만 초점을 맞추고 주변 상황의 변화를 읽지 못한 채 미래를 위한 혁신을 하지 않는다.
  - 기업의 의사와 상관없이 환경은 그 자체로 변화하기 때문에, 기업은 언제나 자신을 혁신한다는 목표를 가지고 있어야 한다.

위에서 언급한 사례들은 필자도 경험했던 일이다. 사실 목표를 세우는 단계부터 실수하는 이유에 대해 정확하게 대답하기는 어렵다. 하지만 목표를 제대로 정하지 못하는 가장 큰 원인은 말할 수 있다. 바로 경영자의 의욕과 열망, 비전이 목표에 과도하게 반영되는 것이다. 이 말에 반박할지도 모르겠다. 이 세 가지는 목표의 토대이기 때문이다. 옳은 말이다. 하지만 경영자가 현재 상황을 무시하고 조직의 형편을 무시했을 때는 문제가 된다. 그런 경우 자원을 낭비하게 되거나 조직의 생명이 짧아지기도 한다. 비전은 결국 현실에서 구현되는 것이고 목표는 그 비전을 달성해나가는 이정표로 현실성을 가져야 한다는 진리를 거스른 탓이다. 목표를 세우는 것은 성공 가능성을 점치기 어려운 과업을 수행하는 것임을 아는 경영자는 현명한 사람이다. 그런 사람은 자신감보다는 겸손함을 바탕으로 목표를 생각한다. 그런 후에 효과적으로 실행 가능한 원리와 기준을 탐색한다.

목표수립을 위한 3가지 질문

드러커는 올바른 목표를 세우기 위해 세 가지를 물어야 한다고 했다. 첫째, 현재 기업 환경에 대한 질문. 둘째, 기업의 사명(공헌하고자 하는 것)에 대한 질문. 셋째, 사명 달성을 위한 핵심역량에 대한 질문이 그것이다.

여기서 기업 환경에 대한 질문은 시장과 고객에 대한 분석과 앞으로의 변화를 읽는 것 그리고 기회와 위협을 판단하고 집중해야 할 영역을 선별하고 성공을 위한 조건을 탐색하는 일이다. 두 번째 질문은 기업의 존재 의의를 생각하고 궁극적으로 실현하려는 기업의 지향점과 목표를 찾는 것이다. 사명은 기업이 사회에 필요한 조직이라는 것을 말해주며 기업 구성원들에게는 자신들의 노력을 통해 달성하고자 하는 최종적인 목적을 알게 해준다. 마지막 질문은 사명을 달성하기 위해 꼭 필요한 능력은 무엇이며 어떻게 얼마나 필요한지를 묻는 것이다. 기업은 탁월성과 차별성을 획득해야 하는 영역과 사명을 달성할 수 있는 전략을 파악할 수 있다. 각 질문의 답을 찾는 과정에서 경영자는 올바른 목표를 발견할 수 있는 길을 찾게 된다.

드러커는 이 세 가지를 '기업이론'이라고 이름 붙이면서 모든 기업이 명확히 갖춰야 한다고 강조했다. "기업이 무엇을 해야 하는가?Know-What?"에 관한 근본적인 질문이고 질문에 대한 대답은 기업을 기업으로 성립하게 하는 기초를 만들기 때문이다.

여기서 잠시, 목표는 어디에 있는가를 생각해보자.

사실 목표를 기업 내부에 있는 것으로 오해하는 경영자가 많다. 경영자들이 고민하고 검토해서 목표를 수립하는 것이므로 이런 생각이 자연스럽게 받아들여진 것이다. 그러나 목표는 외부에 있다. 기업의 본질을 철저하게 생각하면 알 수 있다. 기업은 그 자체가 아니라 외부를 위해 존재한다는 것이 기업의 본질이다. 즉 외부의 필요를 해결하는 것이 기업의 본질이고 그것에 맞게 기업이 구체적으로 제공하려는 가치가 목표가 된다. 즉 기업의 목표는 기업 외부에 있다. 기업에 있는 것은 오직 목표를 달성하려는 노력뿐이다. 이 점을 분명히 이해하고 있어야 올바른 목표를 세우고 달성하는 과업을 제대로 수행할 수 있다.

위대한 기업을 보면 환경에 대한 가정이 분명하고 사명에 대한 신념도 확실하다. 아울러 탁월한 역량을 구축하고 유지하는 일에 모든 노력을 기울인다. 효과적인 기업이론을 갖춘 기업의 모습이 그렇다. 발명왕 에디슨이 세운 세계 최고 수준의 기업 GE는 기업이론에 대한 훌륭한 모범을 보여준다. 창립 이후 지금까지 최고의 자리를 유지하고 있다는 사실은 환경에 대한 적확한 인식과 과감하게 기업이론을 실천하는 경영자가 있었기 때문이라고 해도 과언이 아니다. 20세기 후반의 20년 동안은 잭 웰치라는 뛰어난 CEO가 있었고 지금은 그의 뒤를 이은 제프리 이멜트가 GE를 이끌고 있다.

이멜트는 취임 3년 후인 2004년 10월에 '기존 사업의 매출증가 목표치 8퍼센트, 매년 수익을 10퍼센트 이상 성장(8퍼센트 성장론)'을 새로운 경영 목표를 발표했다. 또 중국, 인도, 러시아, 베트남 등 이머징 마켓의 매출 비중을 5년 내 두 배로 늘리고 환경·경제·상상력을 복합한 '애코메지네이션Ecomagination'을 21세기의 경영 화두로 제시했다. 구조조정보다는 미래를 선도해나갈 성장 엔진 발굴에 주력할 계획이다. 이런 목표와 전략은 잭 웰치의 기업이론과 그의 기업이론이 다르기 때문이다.

웰치가 가진 패러다임은 효율성Efficiency이었고, 따라서 강력한 사업 및 인력 구조조정이 필수적인 전략이었다. 그는 단기적 수익과 외형성장 등 가시적 성과를 중시했기에 1, 2등이 아니면 과감히 사업에서 손을 뗐으며 동시에 유망한 기업들을 사들여 해당 부문의 최고로 키워냈던 것이다. 신기술에 대한 대규모 투자는 그에게는 중요하지 않았고, 그의 관심과 노력은 연간 100건이 넘는 M&A를 성사시키는 데 집중되었다.

반면 이멜트는 효과성Effectiveness을 중시하고, 사업구조조정보다는 미래를 선도해나갈 성장 엔진 발굴에 주력했다. 'Imagination Break-through', 'Ecomagination' 같은 슬로건들은 그의 생각을 잘 말해준다. 이멜트의 기업이론이 웰치와 다른 이유는 GE가 다른 시대, 다른 과제에 직면해 있다고 판단했기 때문이다. 웰치가 임기를 시작한 1981년은 2차 석유위기가 끝나고 다시금 미국 경제가 회복되는 시기였으며 지금의 인터넷이나 바이오 같은 떠오르는 산업이 태동하지 않았던 시기다. 반면 이멜트의 시대는 전혀 다른 시대였다. 9·11테러라는 대형 악재가 발생했고 이듬해에는 재보험사업이 100억 달러의 손실을 기록했으며 항공여행 침체로 항공기 엔진 사업부문이 타격을 받았다. 이런 변화는 기존의 경쟁우위와 핵심역량에 대한 재평가를 필연적으로 동반한다. 웰치 시대의 GE에서 가장 존중받았던 원가절감, 효율성, 그리고 기업인수 등의 능력은 이멜트 시대에 들어선 후에는 위험관리, 정교한 마케팅, 그리고 무엇보다도 혁신이 능력의 기준이 되었

다. (신한 FSB 리뷰 – 창조경영 ① 'GE의 신성장 전략과 이멜트 리더십', 참조)

또 하나의 좋은 사례가 있다. 올바른 기업이론으로 좋은 실적을 이어가는 가구 회사 이케아IKEA다. 그들은 새로운 기업이론의 개발로 가구 산업의 구조를 바꾸면서 성장하고 있다. 이케아는 좋은 디자인과 싼 가격, 그리고 고객이 직접 조립하는 가구로 유명해졌다. 창업자 잉바르 캄프라드Ingvar Kamprad는 시종일관 좋은 품질의 가구를 낮은 가격에 공급할 방법을 연구했다. 도시 외곽에 매장을 만들어 임대비용을 아끼고 가구는 조립형으로 설계하여 공간과 물류비용을 줄였다. 그리고 고객이 직접 운반하고 조립함으로써 제조자와 매장의 관련 비용을 더욱 절약했다. 이런 방법으로 이케아는 경쟁자들보다 저렴하게 팔면서도 많은 이익을 남길 수 있게 되었다. 이런 이케아의 경쟁력은 그들이 선택한 기업이론의 힘이다. 경기침체로 인해 고가 상품보다는 저가 상품의 수요가 늘고 합리적 소비욕구가 커질 것이라는 변화를 파악한 환경에 대한 가정, 주요 고객인 저소득층과 신혼부부들이 싸지만 디자인과 품질이 좋은 가구를 찾는다는 니즈를 파악하고 그런 제품을 공급한다는 사명, 글로벌 소싱 그리고 고객이 조립하는 가구제작으로 특화한 핵심역량이 그것이다.

GE와 이케아의 사례처럼 기업은 자신의 희망과 바람, 기업이 처해 있는 현실에 대해 끊임없이 탐색하고, 다양한 목표들을 도출하며, 최종적으로 기업의 모든 노력을 투입할 소수의 목표를 선택한다. 이런 목표수립의 과정을 수행하는 사람이 경영자. 경영자가 목표에 대한 판단을 제대로 하려면 많은 요구사항을 충족시켜야 한다. 적절하고 의미 있는 정보, 체계적인 분석, 기회와 위험에 대한 고려 등. 어떤 경우에는 경영자의 직관이 요구되기도 한다.

올바른 판단을 위해 드러커가 조언한 핵심적인 원칙들이 있다. 가장 중요한 원칙은 여러 목표의 균형을 맞추는 것이다. 가치와 현실의 균형, 단기목표와 미래 목표의 균형, 다양한 목표의 조화, 양적 목표와 질적 목표의 균형은 효과적인 목표수립을 위한 핵심요건이다.

먼저 목표는 가치와 현실성 간에 균형을 맞춰야 한다. 목표는 기업이 바라는 자신의 사명을 현실 속에서 구현하겠다는 의지의 표현이다. 따라서 어떤 목표라도 현실에 굳건한 토대를 둔 것이어야만 한다. 즉 현실세계는 기업이 설정한 목표가 과연 가치 있는 것인지를, 실현 가능한 것인지를 결정하는 유일한 심판관이다. 따라서 목표의 첫 번째 특성은 현실성이다. 그런데 목표에는 '기업의 바람'이라는 의도도 담겨 있다. 인간의 삶을 풍요롭게 하겠다든지, 고객의 진정한 신뢰를 얻겠다는 생각이 담겨 있는 것이다. 목표는 어떤 가치 혹은 정신적인 의미가 담기게 되는데 이것은 기업의 목표는 실현 가능성을 따지면서도 올바르게 세워져야 함을 시사한다. 즉 기업의 목표는 사회를 위해 바람직한 가치를 담고 있어야 하며 창업자나 구성원들이 믿는 신념을 담아야 한다. 이것이 가치와 현실성의 균형을 맞춰야 한다는 원칙이다. 또 목표는 달성해야만 하는 때가 있다. 시간은 목표의 특성이자 기본이며 제약조건이 된다. 따라서 기업이 목표의 달성 시점을 언제로 정하느냐가 중요하다. 바꿔 말하면 단기목표와 장기목표를 구분해야 한다는 뜻이다. 기업은 현재의 사업과 제품을 통해 존속하고 성장하기 위한 단기목표를 달성해나가면서 지금의 사업과 제품을 뛰어넘는 미래의 사업과 제품을 준비해야 한다. 드러커가 지적한 대로 기업은 언제나 두 개의 시간 – 현재와 미래 – 에서 활동해야 하는 존재다. 현재의 유한한 자원을 어떻게 단기와 장기목표에 배분할지를 현명하게 계산하고 실행해야 한다. 바로 단기목표와 장기목표의 균형이라는 원칙이다. 그리고 다양한 목표들이 궁극의 목표에 이바지할 수 있게 목표 간의 충돌을 방지하면서 조화를 이루는 일도 필요하다. 기업의 사명을 달성하기 위해서는 생산, 마케팅, 연구개발, 고객관리, 자금조달과 운영, 인재확보와 계발 등 다양한 활동에서 탁월한 성과를 달성해야 하며, 이는 목표가 여러 개라는 것을 말한다. 따라서 하나의 목표가 다른 목표의 달성을 지원할 수 있게 유기적 관계를 만들어야 한다. 그러나 목표의 조화는 저절로 되는 게 아니다. 서로 부딪히기도 하지만 하나의 목표를 위해 다른 목표를 포기해야 할 때도 있다. 예를 들어 연구 개발을 통해 뛰어난 품질과 가치를 가진 혁신적인 상품을 개발한다는 목표와 효율적인 생산과 비용통제를 통해 상품의 원가를 낮춘다는 목표가 공존할 수 없는 것처럼 말이다. 이때 경영자는 다양한 목표를 균형 있게 이끌어가는 관리 역량을 발휘해야 한다.

기업의 모든 활동이 제대로 이루어지려면 질적목표를 빼놓을 수 없다. 기업의 활동이 모두 계량화될 수는 없기 때문이다. 고객신뢰도 증대, 종업원의 직무몰입도 향상 등과 같은 질적목표는 매출액 증대나 수익률 향상만큼이나 중요한 목표다. 따라서 기업 나름의 기준과 방법으로 양적목표와 질적목표의 균형을 맞춰야 한다. 질적목표를 수치로

환산하는 것은 어렵지만 최소한 판단의 근거가 될 수 있을 정도로는 수준과 추이를 파악하고 그것을 근거로 효과적으로 경영해야 한다.

이와 같이 올바른 기업이론을 정립하고 균형과 조화가 구현된 목표를 수립하는 것은 최소한 기업이 제대로 방향을 설정했다는 것, 유한한 자원을 투입하여 가치를 만들기 위한 올바른 길을 선택했음을 뜻한다. 따라서 목표수립이야말로 경영자가 수행하는 첫 번째의 과업인 것이다. 그렇지만 목표와 관련된 경영자의 과업은 목표를 수립하는 일에서 끝나지 않는다. 목표를 전달하는 일이 남아 있다. 목표를 제대로 전달함으로써, 즉 경영자의 목표가 실제로 목표달성을 위해 노력해야 하는 사람들의 목표로 공유됨으로써 목표는 비로소 목표가 되기 때문이다. 많은 경영자들이 목표를 세우는 일에는 상당한 시간과 노력을 투자하면서도 막상 목표가 정해지면 그것을 조직 전체에 공유하는 일에는 무신하다. 목표가 구성원의 이해를 얻지 못하고 공유되지 않으면 그것은 목표라 할 수 없다. 목표는 조직 공동의 소유물이 돼야 한다. 공유된 목표가 조직의 구심점을 만들고 모두의 방향을 제시하며 한곳에 힘을 모아 어려움을 극복할 에너지를 만든다. 경영자는 목표관리란 목표의 수립과 전달이라는 두 가지의 과제가 완벽하게 이루어질 때만이 성공한다는 사실을 말뜻 그대로 이해해야 한다. 그러므로 경영자는 목표가 구성원들에 제대로 전달될 수 있도록 최고의 수준으로 노력해야 한다.

목표전달은 목표수립만큼 중요하다

목표전달을 위한 중요한 과제를 살펴보자.

첫째로 목표수립 과정에 구성원을 참여시키는 참여의 과제가 있다. 자신이 참여한 일에 애정과 관심을 갖는 것은 인간의 본능이다. 더구나 구성원은 목표를 실행하는 주체다. 그래서 구성원이 목표수립 과정에 주도적으로 참여하는 조직은 실행의 강력한 원동력을 얻게 된다. 많은 기업들에게서 나타나는 관행인 상의하달, 즉 상급자가 일방적으로 목표를 정해서 하달하는 방식은 인간의 본성에도 맞지 않고 목표실행의 기반을 상실하는 잘못된 관행이다. 목표수립의 책임은 목표실행의 책임과 절대 분리돼서는 안 된다. 나아가 드러커는 상급자가 책임지는 목표를 세우는 과정에 하급자의 참여를 권했다. 그 과정에 같이 참여함으로써 하급자는 자신이 담당하는 일보다 더 큰 목표가 어떻게 수립되는지 알게 되고 상위 목표에 공헌하는 자신의 목표가 무엇인지 보다 명확하게 파악할 수 있다. 목표를 정하는 과정에 구성원이 참여하는 구체적인 방법은 각 기업의 형편에 맞게 찾으면 된다.

둘째로 목표가 의미하는 내용에 대해 제대로 말하고 듣는 소통의 과제가 있다. 목표의 의미는 절대 단순하지 않다. 목표 자체의 내용, 구체적인 결과와 성과, 목표에 따른 각 조직과 직무의 책임 등 목표 속에는 여러 가지 내용이 담겨 있다. 자연히 충분하지 못한 이해나 오해도 생겨난다. 따라서 경영자는 목표가 진짜로 담고 있는 의미를 구성원들이 분명하게 이해할 수 있도록 효과적인 의사소통을 지속적으로 해야만 하는 것이다. GE를 이끌었던 잭 웰치는 이 점을 잘 알고 있었던 것 같다. 그는 직원과의 소통에 얼마나 노력하느냐는 기자의 질문에 '언제나 가능한 모든 시간을 들여서'라고 답했다.

셋째로 구성원이 조직의 목표와 자신의 일을 같은 방향으로 맞추는 일치(정렬)의 과제가 있다. 목표의 전달은 목표에 대한 이해에서 끝나는 것이 아니라 구성원이 목표달성을 위한 일을 할 수 있도록 목표와 일을 맞춰야 한다. 구성원 각각의 일은 자기가 속한 부서의 목표에, 부서의 목표는 기업 전체의 목표로 향해야 한다. 하지만 목표는 자동 정렬되는 게 아니며 조직에는 정렬을 가로막는 다양한 장애요인이 있다. 전체목표에 대한 몰이해, 구성원의 냉소적인 태도, 자원부족 혹은 부서 간의 협력 부족 등. 따라서 경영자는 자신의 일에 전체의 목표가 어떻게 연결되는지를 모두에게 이해시키고 목표에 기여하는 일을 한다는 태도를 구성원에게 뿌리내려야 한다. 이때 의무로써의 목표만을 강요하면 구성원은 불안과 두려움을 느끼게 되거나 냉소적이게 되어 결국은 목표에 집중하지 못하게 되고 만다. 목표를 조직의 중심이 되게 하고 구성원의 마음에 확고한 비전과 의지를 심고 여러 목표를 하나의 방향으로 정렬시켰다면 다음은 행동하는 것이다. 바로 조직화의 과업이다.

조직화

경제적 성과를 달성한다는 경영자의 역할과 관련해 가장 중요한 과업은 효과적으로 자원을 활용하는 것이다. 실제로 경영자가 수행하는 일 중에서는 돈이나 설비, 토지나 건물과 같은 자원의 투입과 활용에 관한 일들이 많다. 자원은 그 자체로는 가치가 없다. 오직 자원의 활용에 대한 인간의 결정에 따라 자원이 창출하는 가치는 변화무쌍하게 달라진다. 따라서 효과적인 수행의 원리와 원칙이 필요하다. 경영자는 여러 종류의 자원을 가지고 획득방식, 투입규모와 시기 등을 결정해야 한다. 자원에 관한 효과적인 결정을 통해 성과를 달성하려면 어디서부터 시작해야 할까? 먼저 경영자는 가치창조를 위해 필요한 활동이 무엇인지를 파악하고 직무수행을 위한 통합적인 조직구조를 만들어야 한다. 조직구조는 곧 자원을 생산적인 가치로 전환시키는 프로세스다. 그리고 활동할 사람을 선발하고 그들이 가장 효과적으로 일할 수 있게 만든다. 다음은 조직구조나 프로세스 안에서 사람의 노동과 수행과정을 효과적으로 구성해야 하는데 이것이 '조직화'라는 과업이다. 이를 위해 경영자는 두 가지 접근 방법 중에서 하나를 선택할 수 있다. 하나는 시스템이나 체계를 우선하는 방식Job First이고 다른 하나는 사람을 우선하는 방식People First이다. 체계 우선 방식은 직무에 대한 과학적인 분석과 체계적인 업무수행을 위한 과정을 중시한다. 사람 우선 방식은 인간의 동기와 역량을 존중하며 최선의 노력을 끌어내는 작업과정을 구성하는 데 초점을 맞춘다. 이 두 가지 방법은 조직화를 통해 달성하려는 목표 – 자원 가치의 극대화 – 는 같지만 운영방식의 차이는 크다. 드러커는 체계를 무시하지는 않았지만 사람을 우선했다. 사람이 효과적으로 일할 때만 자신의 가치를 실현하면서 기업의 목표가 달성된다고 믿었기 때문이다. 그의 관점에서 조직화의 핵심요건은 다음과 같다.

- 직무별로 적절한 사람을 배치할 것
  - 사람의 적성, 흥미, 강점, 일의 특성과 환경, 성과목표 등의 요소에 대한 검토를 통해 적재적소에 배치한다. 또한 그 일이 사람과 맞

는지를 보는 과정에 경영자는 지속적인 관심과 상당한 시간을 투자해야 한다. 적합성은 환경의 변화나 사람의 흥미 변화 등에 따라 수시로 바뀔 수 있기 때문이다.

• 사람들이 제대로 일하도록 만들 것

- 일이 요구하는 결과를 달성하는 책임은 일을 수행하는 사람에게 달려 있다. 그렇지만 상사나 동료, 자원의 공급 상태 등의 요소들이 일의 성과에 중요한 영향을 끼친다. 따라서 경영자는 사람이 제대로 일해서 성과를 내려면 어떤 환경이 필요한지 현재의 환경은 어떤지를 고민해야 한다. 사람은 조직과의 바람직한 협력이 이루어질 때 제대로 일할 수 있다.

• 효율성보다는 효과성을 창출할 것

- 경영자는 적은 것으로 많은 것을 만들기 위해 끊임없이 효율 관련 지표를 살펴본다. 그러나 효율성만 중시할 경우 효과성을 잃을 수 있다. 팔리지 않는 상품을 싸다고 과하게 만들거나 연장근무를 하면서 납기를 당기는 것이 대표적인 사례로 효율적인 생산이지만 악성 재고를 남기고, 단기간 생산성은 좋아졌으나 장기적인 작업 안정성은 없어진 것이다. 두 가지 일 모두 효과성이 희생된 예다. 한 사람의 일은 명확하게 그가 담당하는 직무가 요구하는 성과를, 다른 동료가 필요로 하는 결과를 만드는 일에 우선 돼야 한다. 각자의 업무에서는 효과성이 더 중요함을 명심해야 한다.

이와 같이 성공적인 조직화는 일과 사람의 적합성, 사람과 환경 간의 적합성, 효과성 우선의 작업원칙을 통해서 실현될 수 있다. 그런 후에 이런 조직화의 요건이 실현되는 조직구조가 어떤 것인가를 결정할 수 있다. 원리가 먼저고 구조는 나중이다.

한편 조직화에 대한 또 다른 과제로 조직운영의 지도원리가 있다. 이것은 조직의 모든 자원이 제대로 자신의 위치에서 역할을 다 하도록 만드는 일종의 조직 목표달성을 위한 행동 원리다. 대표적 원리로는 명령과 통제, 자율과 책임이 있다. 드러커는 자율과 책임으로 조직을 구성하는 것이 더 효과적이라고 했다. 지금처럼 지식근로자가 대다수인 기업에서는 각각의 책임의식(전문가적 책임, 상호 협력, 전체적인 기여)을 기반으로 한 역할분담을 통해 오케스트라와 같은 분권적이면서도 통일된 조직을 구성하는 것이 바람직하다는 것이다. 사람의 자율성, 공헌의지, 책임에 따른 헌신에 대한 믿음이 바탕에 있다. 또 드러커는 조직화의 과제를 위해 단지 내부 자원의 생산성을 높이는 것뿐 아니라 경계를 넘어 외부와의 협력도 필요하다고 말했다. 차별적인 고객가치를 제공하고 또는 창조적 혁신을 달성하려면 외부와의 협력이 필수적이기 때문이다. 드러커는 기업은 더 이상 하나의 법적 실체(법인)가 아니라는 말로 이 점을 분명하게 언급했다. 오늘날의 기업 환경을 보면 드러커의 예지는 놀랍다. 이미 많은 기업들이 서로의 경계를 넘어 조직과 자원을 공유하고 책임분담과 협력을 통해 새로운 가치를 창출하고 있기 때문이다. 나이키Nike의 아웃소싱Outsourcing생산방식이나 피앤지P&G의 제품 혁신 아이디어와 기술을 외부에서 찾는 오픈 이노베이션 Open Innovation 방식은 대표적인 사례다.

▌동기부여

드러커의 정의에 의하면 경영자는 그가 책임지고 있는 사람들이 목표달성을 위한 충분한 동기를 갖도록 돕고 이를 통해 기업에 공헌하도록 도와주는 사람이다. 경영자의 존재 의의는 그가 아니라 다른 사람들의 공헌과 성장에 있다. 여기서 동기를 갖도록 돕는다는 말은 무슨 뜻일까? 조직의 구성원으로서 자신의 책임을 받아들이고 조직 목표에 공헌하는 일을 위해 최선을 다한다는 태도와 노력을 갖추도록 돕는다는 뜻이다. 이 과제는 '동기부여'라는 경영용어가 담고 있는 뜻과는 전혀 다르다. 동기부여라는 말속에는 사람의 동기를 다른 사람이 관리할 수 있다는 의미가 담겨 있는데, 드러커는 경영자가 직원의 감정을 바꿀 수 있다는 생각을 인정하지 않았고 심리적 조작과 같은 방법으로 사람을 대하려는 시도를 경멸했다. 또한 직원과 친밀한 관계를 형성한다거나 혹은 직원의 심리를 잘 읽고 직원의 감정을 바꾸려고 어떤 영향을 미치는 것과도 무관하다.

드러커에 따르면 이런 경영자의 과업은 다른 무엇보다도 '경영자가 사람에 관한 인사결정을 올바르게 내리는 행위'를 통해 이루어진다. 인사결정은 사람의 동기에 매우 중대한 영향을 미치기 때문이다. 즉 동기에 관한 경영자의 과업은 직원을 달래고 감싸고 몰아붙이는 행동이 아니라 직원의 일과 책임, 공헌에 대해 자신의 권한에 따라 올바른 결정을 내리는 것이다. 인사결정은 경영자가 가진 힘이라기보다는 의무에 가깝다. 그 결정은 직접적으로 사람의 동기에 큰 영향을 미치기 때문에 신중하게 제대로 올바른 원칙을 토대로 해야 한다.

드러커는 여러 가지 인사결정의 원칙 중에서도 강점에 기초한 적절한 직무부여, 결과에 대한 적절한 보상, 그리고 승진을 통한 성장 기회의 부여를 강조했다. 강점에 기초한 직무부여는 사람에게 가장 잘할 수 있는 일을 하도록 기회를 주고 조직에 기여할 수 있는 상황을 만드는 것이다. 이 원칙은 사람이 성공하기 위한 핵심요건인데 잘하는 일을 하게 만드는 것이야말로 가장 큰 성공의 기회를 제공하기 때문이다. 따라서 인사결정의 첫 번째 원칙으로 삼을 만하다. 인간의 본성으로 보면 사람은 자신이 잘하는 일을 할 때 높은 동기가 부여되는 존재다. 강점을 바탕으로 할 때 개인적 성취와 조직이 기대하는 결과를 달성할 가능성이 높아진다. 다양한 강점을 가진 개인들이 적절한 직무에서 일할 때, 개인의 참여의식과 자존감이 높아지고 조직의 역량이 최고조로 발휘될 수 있기 때문이다. 강점우선의 원칙이야말로 개인과 조직의 목표달성, 성공을 만드는 필수요소다. 드러커는 미국의 위대한 장군으로 존경받는 조지 마셜George Catlett Marshall(1880~1959)의 일화를 통해 강점에 기초한 인사관리의 중요성을 설득력 있게 전했다.

위대한 장군의 스승

조지 마셜이 계급 정년 4개월을 남기고 겨우 승진을 했을 때는 현역 복무가 가능한 젊은 장군들이 턱없이 모자란 상황이었다. 마셜은 자기와 비슷한 승진 가능성이 없는 초급 장교들을 모아놓고 제2차 세계대전 대비를 위한 훈련을 시작했다. 그 당시 아이젠하워도 있었는데 그 역시 나이가 많았고 계급은 소령에 불과했다. 하지만 그도 마셜을 만나 위대한 장군이 되었다. 1942년까지 마셜은 미국 역사상 유능한 장군들을 가장 많이 양성했다. 그는 항상 "이 사람은 무엇을 할 수 있는가?"라는 것을 따졌다. 그리고 만약 그 사람이 무엇을 할 수 있다면 그가 할 수 없는 것은 문제 삼지 않았다. 예를 들어 마셜은 야심만만하고 우쭐대기를 좋아하지만 전쟁에서만큼은 강력한 지휘관인 패튼장군을 지켜주었다. 마셜은 패튼이 평화로울 때 훌륭한 직업군인으로서 자질이 부족해 불이익을 당하는 것을 여러 차례 구해주고 배려해주었다. 그러나 마셜 자신은 패튼과 같이 돌격만 할 줄 아는 '멋쟁이 기마병'을 싫어했다.

대부분의 경영자들은 강점이 아니라 약점을 따진다. 예를 들어, "A는 기획을 잘하지만 너무 나서는 스타일이라 이 자리에는 적합하지 않아.", "B는 기획은 별로지만 여러 업무를 경험했고 평판도 나쁘지 않아, B가 A보다는 이 자리에 맞는 사람이야."라는 식이다. 이 원칙에는 깊은 구멍이 있다. 모든 인간은 약점이 있고 강점이 크면 약점도 크다는 점을 무시하고 있기 때문이다. 그렇게 약점만을 보게 되면 자연히 큰 약점 없이 타협 잘하고 원만한 사람을 선호하게 된다. 결과적으로 대부분의 자리가 평범한 사람으로 채워지게 된다. 결국 강점에 기초한 인사관리를 못하는 경영자는 사람과 직무의 적합성이라는 조직설계의 핵심 원칙을 무시하고 자신의 조직을 평범한 수준으로 끌어내리게 된다. 좋은 경영자가 되려면 다음과 같은 생각을 놓고 고민해야 한다.

• 직원들을 볼 때 그 사람의 강점보다는 약점을 더 잘 알고 있다.

- 일은 잘하지만 인간관계에 문제가 있다면 그 사람은 문제가 있다고 생각한다.
- 특별한 강점을 가지고 있는 직원의 (일과는 무관한) 약점에 대해 지적하고 고치라고 조언한다.
- 새로운 직무에 직원을 배치할 때 그 일에 강점을 가지고 있는 직원보다는 원만하게 일을 해온 사람을 우선한다.

다음으로 중요한 인사결정은 결과에 대응하는 보상이다. 이것은 신뢰와 공정성이라는 매우 까다로운 요구를 충족시켜야 하는 결정이다. 결과에 따라 평가받고 보상받는 것은 조직과 경영자에 대한 신뢰에 상당한 영향을 미친다. 만일 다른 기준 — 상사와의 관계, 근속년수, 성별 등 — 에 따라 보상이 이루어진다면 직원들은 경영진의 결정에 대해 납득하지 않을 것이며 신뢰는 화산재처럼 부서진다. 조직 안에는 냉소와 무기력이 최선을 다하려는 동기를 사라지게 만들 것이다. 결과에 따른 보상은 일관성과 철저함이 생명이다. 그 누구도 예외를 두면 안 되고 경영자와 구성원이 공감하는 결과에 대한 보상 기준을 예외 없이 적용해야 한다. 여기에 경영자의 생각을 넣어서는 안 된다. 경영자는 오직 정해진 평가와 보상 기준을 근거로 제대로 보상이 이루어지도록 책임을 다하면 된다.

마지막으로 승진을 통한 성장 기회의 부여인데 이것은 다소 까다로운 문제다. 필자의 경험에 비춰보더라도 승진에 대한 결정은 절대 쉽지도 즐겁지도 않다. 언제나 승진자보다는 탈락자가 많기 때문이기도 하고 승진을 결정하기 위해서는 성과, 태도, 평판, 잠재력, 승진이력, 승진규모 등의 다양한 변수를 검토해야 하는 압박 때문이기도 하다. 드러커는 승진정책이 달성해야 하는 목적에 중점을 두었다. 그는 승진정책은 올바른 방향으로 사람의 동기에 긍정적인 영향을 줄 수 있어야 한다고 했다. 올바른 방향은 사람이 한 차원 더 높게 발전하는 동기를 갖도록 돕는 것이다. 그런데 인간은 단지 더 높은 자리로 간다고 해서 그에 맞춰 더 많은 동기를 갖는 존재는 아니다. 진정한 동기는 자리의 좋고 나쁨이 아니라 더 큰 책임을 질 수 있고 더 많은 성과를 달성할 수 있다는 인정으로부터 생긴다.

드러커는 보상에 대한 기대, 지위에 대한 기대를 충족시키기 위해서가 아니라 기회의 부여에 초점을 맞추어 승진에 대한 결정을 하라고 조언한다. 따라서 경영자는 보다 큰 책임을 떠안을 자격이 있는 사람, 충분한 성과로 능력을 보여줄 사람, 새로운 위치에서 더 큰 공헌이 기대되는 사람을 승진시켜야 한다. 더불어 승진은 그런 사람에게 기회를 주기 위한 제도임을 모든 구성원이 이해할 수 있게 일관되고 투명하게 이루어져야 한다. 만약 잘못된 결정으로 승진이 이루어지면 사람들은 상처받고 상처는 불신으로 이어진다. 그렇게 되면 자연히 사람은 최선을 다하지 않을 것이고 조직의 역량은 떨어진다. 기업에서 매년 승진 시기마다 결근율이 높아지고, 업무 실수가 많아지는 것은 분명한 이유가 있는 것이다. 사람들이 가지고 있는 동기와 노력의 수준에 따라 조직의 잠재력도 따라 변하기 마련이다.

인사결정의 현실

대부분의 경영자는 인사결정이 사람들의 동기에 중대한 영향을 미친다는 점을 이해한다. 또 자신의 결정이 미치는 영향을 이해하려고 노력하면서 신중한 결정을 내리기 위해 애쓴다. 실제로 경영자의 시간을 가장 많이 빼앗는 일은 인사에 관한 일이다. 하지만 그런 노력에도 불구하고 실망스러운 결과를 접하게 된다. 직원 만족도 조사를 보면 쉽게 알 수 있다. 국내 기업의 경우 전체적인 만족도는 '대체로 만족'을 겨우 넘는다. 이것을 승진, 평가, 보상 등의 인사 영역으로 좁혀서 보면 거의 불만족에 가까워진다. 왜 이런 사태가 생기는 것일까? 가장 큰 이유는 인사관리에 대한 경영자의 잘못된 이해에 있다. 그것이 동기를 훼손시키고 조직관리를 망친다. 이와 관련한 여러 가지 오해가 있는데 인사관리를 권한의 행사로 생각하는 관점과 절대적으로 올바른 인사결정이 가능하다는 인식이 대표적이다. 잘못된 관점은 경영자가 아무리 잘하려고 노력해도 잘못된 결정을 내리게 만든다. 먼저 인사관리는 경영자의 권한을 행사하는 일이 아니라 경영자의 의무를 수행하는 일이다. 바로 책임이다. 권한을 행사한다고 생각하는 경영자는 자신이 내린 결정을 구성원들이 받아들이는 것에 초점을 맞추지만 의무로 받아들이는 경영자는 조직을 위해 자신이 내려야 하는 올바른 결정에 초점을 맞춘다. 따라서 경영자의 감정, 선호도, 우선순위가 아니라 조직의 필요성에, 개성이 아니라 결정을 통한 결과에 초점을 맞추게 된다. 또한 경영자는 모든 인사결정은 완벽하지 않고 자신의 결정이 틀릴 수도 있다는 생각을 가져야 한다. 곧 인사에 관한 결정은 사람들을 다루고 사람들에게 적용된다는 점에서 과학문제를 푸는 것과는 다르다는 점을 깨달아야 한다. 이 점을 이해하는 경영자는 인사결정은 본질적으로 완벽하지 않은 사람이 완벽하지 않은 사람에 대한 판단을 동반한다는 사실을 알고 있으며, 결정을 내리는 자신도 부족한 정보, 선입견 혹은 편견의 지배를 완벽하게 피할 수 없다는 점을 인정한다. 모든 인사결정은 이성과 감정의 혼합에 의해 내려지는 것이다. 또한 인사결정의 과정에는 많은 변수가 있다. 아무리 객관적인 기준을 철저하게 적용해도 직무와 사람이 잘 맞지 않을 수도 있다. 어제까지 일을 잘했던 사람이 오늘 갑자기 무능력한 모습을 보이기도 한다. 따라서 잘못된 결정이라 여겨지면 겸손하게 인정하고 즉시 철회하는 용기가 필요하다. 겸손과 용기는 인사결정의 승률을 높일 수 있는 최고의 무기다.

드러커는 인사결정을 절대 가볍게 다루지 않았다. 그는 인사결정이 사람의 동기에 미치는 영향을 매우 중요하게 생각했다. 다른 경영자의 과업도 그렇지만 특히 인사결정에 있어서는 몇 가지 핵심적인 원리를 철저하게 적용하라고 권고했다.

첫 번째로 직무가 요구하는 것을 분석하고 그것을 사람의 강점과 조화시키는 것이다. 기업은 다양한 직무에 의해 활동하는 조직이며 각 직무별 특성과 요구조건도 다르다. 예를 들어 영업직무는 관계가 중요하다. 만약 관계에 서툰 사람을 영업직에 앉히면 어떻게 될까? 제대로 된 영업 실적이 나올 리 없다. 경영자는 직무의 속성을 분석하고 성공요건을 파악한 후 그 요건을 충족하는 사람을 배치해야 한다.

두 번째로 기회가 있는 곳에 인재를 배치하는 것이다. 인재는 언제나 가장 귀한 자원이다. 어떤 일이든 인재는 필요하지만 현명한 경영자라면 전체를 보고 가장 큰 성과가 기대되거나 성과를 반드시 만들어야 하는 자리에 인재를 배치할 것이다. 때때로 인재를 문제를 해결하는 데 투입하거나 여러 가지 일을 시키는데, 이런 관행은 희소한 자원의 낭비이자 조직의 중요한 성공을 만들 수 있는 기회를 포기하는 것과 같다. 인재를 바쁘게 하지 말고 기회에 도전하도록 해야 한다.

세 번째로 내 자식을 이 사람 밑에서 일 시킬 수 있는가를 생각해보는 것이다. 이 독특한 질문은 드러커도 다른 경영자에게서 들었다고 하는데 그는 글로벌 기업의 경영자로서 용인술에 능한 것으로 명성이 높았다고 한다. 드러커가 비결을 물었을 때 그는 이 질문을 활용해서 사람을 배치시킨다고 했다. 이 질문에 답을 하려면 인사결정의 대상에 대한 매우 구체적이고 전인적인 관심이 필요하다. 그리고 그 사람에 대한 정직한 기대와 평가를 내려야만 한다.

네 번째로 함께 일하는 사람을 언제나 존중하는 것이다. 존중은 모든 사람(일부가 아니라 사람 모두)이 본능으로 가지고 있는 가장 내밀한 욕구다. 노동의 현장에서 동료를 존중하는 것은 선택이 아니라 의무다. 동료에 대한 예의이자, 동료와 협력하는 것이 모든 직원의 의무이기 때문이다. 서로 간의 존중이 이루어질 때 만족감과 헌신의 동기, 배려와 협력의 문화가 만들어진다.

의사소통

경영자는 조직 목표의 달성을 위해 함께 일하는 사람들과 의사소통을 한다. 함께 일하는 사람 ― 상사, 동료, 부하직원 ― 과의 의사소통은 경영자가 일하는 방식이자 존재방식이다. 소통의 내용은 주로 공동의 목표, 각자가 하는 역할과 일, 서로가 기대하는 성과와 결과가 주를 이룬다. 의사소통은 경영자가 리더십을 구현하는 방법이며 소통의 효과는 성과를 규정하는 중요한 요인이다. 하지만 많은 경영자가 소통이라는 말에 두통을 호소하기도 한다. "당신이 중요하다고 생각하는 것을 직원들도 그렇게 생각하고 있는가?"라는 질문에 자신 있게 대답하는 경영자는 많지 않다. 기울인 노력만큼 성과를 얻지 못한다고 보기 때문이다. 그런 경영자는 의사소통에 대한 이해가 부족하거나 잘못 생각하고 있다. 가장 잘못된 이해는 의사소통을 감정 교류나 정보교환으로 생각하는 것이다. 물론 소통의 과정에서 당사자들끼리 정보를 교환하거나 신뢰와 공감 같은 감정을 교류한다. 하지만 이들이 의사소통의 진정한 목적은 아니다. 의사소통의 진정한 목적은 조직의 목표를 달성하기 위해 공동의 이해와 협력을 해나가고 유지하는 데 있다. 소통하는 내용을 기반으로 기대되는 행동을 함에 있다. 따라서 의사소통에서 중요한 것은 소통의 내용과 방법인데 소통의 내용에는 목표, 성과, 책임이 있어야 한다. 이것에 대한 명확한 이해가 경영자가 하는 모든 의사소통의 결과를 결정한다. 경영자는 먼저 사람들이 조직 전체의 목표를 이해하도록 만들고 자신이 기여하게 될 성과가 무엇인지 확인할 수 있게 해줘야 한다.

목표와 성과가 분명해지면 다음은 행동의 서약이다. 각자가 담당하는 역할과 함께 일을 제대로 수행한다는 책임을 소통을 통해 공유하는 것이다. 이렇게 해서 공동의 목표를 알게 되고 각자가 무엇을 해야 할지를 알게 된다. 항해할 목적지를 모두가 알게 되고, 안전한 항해를 위해 각자가 무엇을 할 것인지를 알게 된다. 그런데 목표와 성과, 역할과 책임에 대한 이해가 생각만큼은 쉽지 않다. 의사소통을 가로막는 여러 이유들 때문이다. 경영자가 제대로 소통을 하지 않거나 혹은 부족하게 소통할 경우, 별 관심이 없거나 이미 공유됐을 거라고 착각하는 경우, 자신의 입장에서 소통하는 내용을 오해하는 경우가 조직 내 의사소통의 장애요인이 된다. 이런 장애요인들은 소음을 만들고 그로 인해 경영자의 생각이 왜곡된다. 경영자는 이런 사실을 민감하게 인식하고 더 많은 관심과 노력을 기울여야 한다.

드러커는 의사소통은 목표를 달성하는 경영자의 중요한 덕목이라고 말했는데 인간의 본성, 소통의 본질, 조직이라는 현실을 바탕에 둔 그의 조언은 간단하고 명료하다. 효과적인 의사소통은 소통의 본질과 주체를 이해하고 소통의 환경과 목적을 분명히 했을 때 가능하다. 우선 의사소통의 본질은 정보가 아니라 지각이라는 점을 이해해야 한다. 의사소통에 있어서는 말하는 사람이 생각하는 정보보다 수신자의 지각이 더 중요한 것이다. 수신자의 지각이 없다면 그 어떤 정보교환도, 대화도 의사소통이 아니다. 따라서 의사소통의 목적은 말하는 사람보다 듣는 사람의 이해에 있고 따라서 소통의 주인공은 듣는 사람이라는 것을 명심해야 한다. 어떤 정보라도 듣는 이의 상태와 상황에 맞춰서 전달하지 않으면 소통은 힘들다고 봐야 한다. 소통의 주체가 납득을 못하는데 제대로 소통이 될 리가 없다. 그래서 소통을 잘하는 사람은 "내가 전달하려는 메시지를 어떻게 전하면 그가 제대로 이해할 수 있을까?"를 늘 고민한다. 의사소통의 주인공은 발신자가 아니라 수신자이기 때문이다.

　다음으로 의사소통의 환경과 목적을 이해해야 한다. 오해와 편견이 넘치는 현실 속에서 모든 소통의 내용은 왜곡될 수 있다. 따라서 경영자는 이를 명심하고 소통에 나서기 전에 소통의 장애요인을 분별해야 한다. 예를 들어 CEO가 내년도 경영 목표를 모든 직원들 앞에서 설득할 때와 일부 직원들과 앉아서 대화하는 상황은 분명히 다르고 장애요인도 달라진다. 직원들의 집중력과 관심도, 자신과의 연관성 등 맥락이 크게 다른 것이다. 그리고 지식사회가 될수록 의사소통의 환경은 더 복잡해진다. 누구든지 정보를 얻을 수 있고 정보의 양은 많아졌으며 서로가 가진 정보가 충돌하고 오늘의 정보가 내일이면 바로 진부해진다. 그러므로 의사소통하기 전에 "내가 말하고자 하는 내용이 그대로 전달될 수 있을까?", "전달을 가로막는 장애요인에는 어떤 것이 있을까?", "어떻게 하면 장애요인을 극복할 수 있을까?"를 반드시 물어야 한다.

　한편 많은 경영자가 자신이 전달했다고 해서 그것을 소통이라고 오해하는데 그건 소통의 목적을 모르고 하는 소리다. 의사소통의 진정한 목적은 듣는 이의 어떤 변화를 끌어내는 것이고 기업의 경우는 함께 달성하려는 결과가 무엇인지를 알고 공헌과 몰입이라는 행동을 유발하기 위함이다. 그러므로 경영자는 자신이 하는 말을 직원이 이해하지 못한다고 불평해서는 안 된다. 경영자는 자신이 꿈꾸는 비전을 직원들이 이해하지 못한다고 적극적으로 도전하지 않는다는 불평을 절대 할 수가 없다. 경영자가 그들의 생각과 마음에 비전을 자리 잡게 하는 의사소통에 실패했기 때문이다. 소통의 실패는 직원의 잘못이 아니다. 잘못은 의사소통에 실패한 경영자에게 있다.

모든 경영자는 "이 사람이 이렇게 행동하게 만들려면 어떻게 말하면 좋겠는가?"를 자문해야 하며 자신이 수신자에게 기대하는 변화가 무엇인지를 분명히 해둬야 한다. 요약하면 소통은 자질이나 효과적인 방법의 문제가 아니다. 소통의 본질을 이해하고 최선을 다해 소통하려는 노력만이 소통을 만든다. 뛰어난 리더나 경영자는 의사소통에 최선의 노력을 다한다. "얼마나 소통에 노력하는가?"라는 기자의 질문에 "뭐든 할 수 있는 기회가 있다면 언제든지, 직원들과 의사소통한다."는 GE의 전 CEO인 잭 웰치의 태도를 교훈으로 삼을 만하다.

지금까지 동기부여와 의사소통이라는 경영자의 과업에 대해 살펴보았다. 특별히 이 과업은 사람을 직접 상대하는 과업이다. 그래서 경영자가 함께 일하는 직원을 누구라고 이해하는지, 곧 경영자의 인간관이 과업을 실행하는 경영자의 생각과 행동에 영향을 미치게 된다. 대표적인 인간관으로서 기계적 인간관과 자율적 인간관이 있다. 기계적 인간관을 가진 경영자는 명확한 지시와 통제, 정책과 제도를 통한 직원관리에 초점을 맞춘다. 그는 직원들은 명확한 지시가 있을 때 가장 효과적으로 일한다고 생각하고 혼란을 싫어한다. 또한 모든 일이 자신의 통제하에서 진행되는 것을 편안하게 여긴다. 반면 직원을 자율성과 책임을 가진 지식근로자로 받아들이는 경영자는 지시나 통제보다는 격려와 지원, 어려움을 제거하고 올바른 환경을 조성하는 일에 주력한다. 지식근로자는 스스로 일할 의사와 능력이 있고, 방향과 목표가 정해진다면 책임 있게 행동한다고 생각하기 때문이다.

　독자의 마음속에는 어떤 인간관이 담겨 있는가? 그것이 명확하지 않더라도 부담을 가질 필요는 없다. 어떤 사람이라도 특정한 인간관을 순수하게 가지고 있지는 않는다. 그렇지만 선호도는 있다. 어떤 인간관을 선호하는가에 따라 지배적인 행동은 달라진다. 필자의 경험으로는 대부분의 한국 경영자들은 오케스트라보다는 군대를 선호한다. 유럽계 기업, 미국계 기업에서 일해본 필자는 근거를 갖고 말할 수 있다. 아주 자주, 많은 상황에서 명령과 통제를 사용한다. 명령과 통제를 선호하는 바탕에 있는 기계적 인간관은 조직에 큰 문제를 만들고 있다. 동기부여와 의사소통에 있어서 미성숙한 아이를 어른으로 대우하는 것은 잘못이지만 어른을 아이처럼 대우하는 것은 훨씬 더 잘못된 것이다. 이는 실제로 효과가 없을 뿐만 아니라 윤리적으로도 잘못된 것이기 때문이다. 직원의 자존감에 상처를 주고, 성장할 수 있는 기회를 박탈한다. 지위가 아니라 공헌으로 사람을 이끌고 싶은 경영자라면 자신의 마음속에 간직한 인간관을 들여다보기 바란다. "나는 직원을 누구라고 보는가?", "나는 지시를 통해 관리하는가?", "직원이 자율적으로 일하고 공헌하도록 돕는 것을 통해 관리하는가?"

▍성과측정과 평가

성과달성은 조직의 기본이자 최종 목표다. 드러커 역시 경영자의 역할로 경제적 성과의 달성을 첫 번째로 설명했다. 성과관리는 성과목표의 수립, 성과측정, 성과평가, 성과개선 등의 여러 가지 과정으로 이루어진다. 대부분의 경영자들은 성과관리를 어려워하고 피하려고 한다.

필자는 성과관리 개선 프로젝트와 성과지표 개발 프로젝트를 수차례 수행하면서 프로젝트 주관 부서를 제외하고 다른 부서 관리자들의 환영을 받아본 적이 없다. 일이 주는 압박, 목표와 실적 비교에 따르는 부담, 치열한 경쟁에 따른 피로 등이 이유였을 것이다. 그러나 진정한 이유는 경영자가 성과관리라는 과업을 힘들고 부담스러운 일로 만들었다는 데 있다. 비록 성과관리를 위한 세부적인 일들이 즐겁지 않을 수는 있지만 특별히 부담을 가질 이유도 없다. 성과목표 수립부터 평가까지의 일을 어렵게 만들어서 자신과 직원들을 성가시게 한다. 어떤 경우에는 성과관리를 위해 성과를 훼손하기도 한다. 이는 성과관리를 제대로 이해하지 못했기 때문이다.

성과관리에 대한 몇 가지 오해가 있다.

첫 번째로 성과관리는 책임을 묻기 위한 것이라는 오해다. 많은 경영자들이 누가 잘못한 것인가를 추궁하는 일에 대부분의 시간을 사용하는데 이런 행태는 경영자의 역할이 책임을 묻는 것이라는 잘못된 신념의 표현이다. 또한 책임을 묻지 않는다면 인간은 최선을 다하지 않는다는 불신감의 표현이다. 성과관리는 책임 추궁을 위한 업무가 아니다. 성과관리의 목적은 성과의 달성과 개선에 있다. 책임을 묻는 것은 성과관리의 일부일 뿐 전체가 될 수 없다. 물론 책임을 따지는 일은 필요하지만 그런 일이 성과개선의 계기를 만들지 못한다는 것을 경영자는 명심해야 한다. 또 무엇이 잘못되었는지를 파악하는 것이 먼저고 책임을 묻는 것은 나중이라는 점도 잊지 말아야 한다. 필자도 수없이 경험했지만 기업의 경영회의 혹은 성과대책회의가 추궁과 변명의 온상이 되어서는 안 된다.

두 번째로 성과와 목표의 차이는 가능한 한 상세히 분석해야 한다는 오해다. 성과분석(피드백)을 통해 부진의 원인을 아는 과정은 당연히 필요하다. 그래야만 대책도 세울 수 있기 때문이다. 그런데 성과분석의 가치는 대책을 적절한 시점에 내놓을 수 있다는 점에 있다. 상세한 분석보다는 적절한 시점에 가치 있는 정보를 제공할 수 있는지의 여부를 따지는 게 맞다. 그러나 많은 경영자들이 과거의 일에 대한 납득할 만한 설명을 찾으려는 데 몰두한다. 그래서 상세한 분석을 하고 시간과 인재를 낭비한다. 분석은 미래를 위한 것, 개선을 위한 것이지 후회하기 위한 이유를 찾는 것이 아니다.

세 번째로 성과관리를 위한 대책은 가능한 한 완벽하게 수립돼야 한다는 오해다. 지나친 분석만큼 지나친 대책 수립도 병이다. 대책을 꼼꼼하게 세우는 것이 잘못은 아니지만 완벽한 대책을 얻기 위해 골몰하는 것은 비효율을 낳는다. 완벽이란 없기 때문이다. 어떠한 대책이든지 현실에 던져지면 상황변화에 따라 변경이 불가피하기 때문에, 대책이란 변경을 전제로 수립하는 행동계획에 불과한 것이다. "나는 한 번도 작전 계획대로 전투를 치르지 않았다."는 나폴레옹의 말을 귀담아 들어야 한다. 기업의 대책은 분명한 방향과 목표, 주요 행동계획을 담은 것이면 충분하다. 또한 대책의 내용도 중요하지만 그것을 반드시 실행하겠다는 구성원의 의지가 더 중요하다. 경영자가 주의를 기울이는 대로 결과가 만들어진다. 이런 성과관리에 대한 오해 때문에 경영자는 열심히 일한 노력의 의미를 찾지 못하고, 직원들은 개선을 위한 몰입보다는 책임 회피에 치중하고, 조직은 시간을 낭비하게 된다.

드러커는 성과관리를 위한 측정과 평가는 경영자가 다른 누구에게 위임할 수 없으며 주도적으로 참여하고 제대로 해야 하는 일이라고 했다. 기업은 자신이 잘하고 있는 것인가를, 제대로 가고 있는가를 알아야 하고, 경영자는 이에 대한 책임이 있기 때문이다. 측정의 취지는 구성원의 잘못을 발견하고 통제하는 것이 아니라 성과의 개선에 있다. 물론 측정 결과는 직원들의 잘못된 판단이나 실행과정의 실수나 오류를 드러내준다. 그렇지만 이것들은 부차적인 산출물이다. 그렇다면 측정을 통한 개선은 어떻게 해야 할까? 성과측정을 통해 사람들이 무엇이 필요한지를 파악하고 개선을 위한 방향설정과 함께 실질적인 지원을 해주면 개선은 가능하다. 성과측정을 사람을 돕는 과정으로 이해하는 경영자와 그렇지 않은 경영자는 성과관리의 초점이 다르다. 경영자는 이 점을 명심해야 한다.

- 직원들이 부진한 이유를 이해하고 보다 현명한 판단을 내릴 수 있도록 돕는다.
  - 추궁을 통한 반성이 아니라 제대로 학습하고 올바른 판단을 하도

록 돕는다.

- 과거와는 다른 좀 더 효과적인 업무수행 과정을 생각한다.
  - 문제점에 대한 효과적인 대안을 발견하도록 격려한다.
- 어려움을 극복할 수 있도록 행동을 유도한다.
  - 대책을 행동으로 옮길 수 있게 돕는다.
- 긍정적인 성과를 만든 결정과 행동을 장려한다.
  - 성공에 대해 제대로 인정하고 더 큰 성공에 도전하도록 격려한다.
- 성과측정을 조직의 학습과정으로 만든다.
  - 성공과 실패를 통한 배움의 기회를 놓치지 않고 실천으로 이어지
    도록 만든다.

물론 직원의 실수나 오류에도 관심을 기울여야 한다. 하지만 그보다는 강점과 긍정적인 결과에 주목함으로써 개선을 위한 구체적이고 실질적인 지원을 제공할 수 있다. 이런 성과관리야말로 경영자를 위한 것이 아니라 성과를 책임지는 사람들을 위한 것이 된다. 직원들을 질책하고 긴장시키고 질서를 잡는 도구가 아니라 직원들이 성취하도록 하고 보다 잘할 수 있는 지혜와 정책과 과정을 만드는 협력의 도구가 된다. 성과관리의 목적을 통제에 두는 한 괴롭고 두려운 일에서 벗어날 수 없다. 통제라는 것은 하는 사람도 어렵고 받는 사람도 어려워지는 일이다.

드러커는 효과적인 성과관리를 위해서 다섯 가지 원칙을 말했다.
첫째, 부하직원과 성과평가의 척도를 함께 만드는 것이다. 이를 위

해서 일을 수행하는 사람이 평가척도를 제안하고 상사와 함께 검토하고 결정하도록 해야 한다. 자신이 하는 일을 가장 잘 아는 사람은 일을 수행하는 자기 자신이다. 달성해야 하는 성과가 무엇인지를 알고 있고, 무엇이 성공의 조건인지를 알고 있다. 상사는 평가척도가 부하의 성과를 제대로 측정하면서 조직의 목표달성에 이바지하도록 조율하는 책임을 가진다. 사람은 스스로 제안하고 참여해서 만든 것에 훨씬 큰 책임을 느낀다. 올바른 성과관리는 우선 모든 구성원이 지시 또는 압박에 의해서가 아니라 스스로 최선을 다하려고 노력할 때 제대로 할 수 있다.

둘째, 조직 전체의 성과와 더불어 부하직원의 직무에 초점을 맞출 것을 제안했다. 조직의 본질은 여러 사람들의 노력을 모아 전체의 성과를 달성하는 것이다. 따라서 성과의 척도는 각자의 직무 목표를 나타내면서 동시에 전체의 목표에도 기여할 수 있도록 해야 한다. 이것이 목표의 정렬이다. 만약 목표와 척도가 같은 방향이 아니면 구성원과 조직의 성과는 따로 떨어지게 된다. 예를 들어 혁신을 통한 과감한 성장을 목표로 하는 기업에서 구성원의 직무는 신상품개발 또는 개선, 신규고객 발굴, 새로운 유통채널 발굴, 비생산적 업무의 간소화와 같은 과업과 관련된 척도를 포함해야 한다.

셋째, 성과측정을 통해 잘한 것은 더욱 잘할 수 있도록 하고 부족한 것은 개선할 수 있는 대책을 마련하라고 했다. 성과측정의 최종적인 목적은 변화와 개선이다. 측정을 통해 현실을 파악하고 행동을 바꾸고 자원을 다르게 활용하기 위함이다. 앞서 설명한 것처럼 질책과 비난은 대안이 아니다. 올바른 대안이란 긍정적인 것은 강화하고 부족한 것은 보완하는 행동계획과 계획을 이행하도록 관리하는 것을 말한다.

넷째, 성과평가를 통해 직원에 대한 의미 있는 정보를 제공할 것을 권했다. 성과평가는 일정기간의 성과에 대해 직원의 공헌도를 평가하는 것이다. 기업들은 대체로 1년 혹은 반년에 한 번 성과를 평가한다. 이때만 되면 조직 분위기는 긴장감과 부정적 감정들로 넘친다. 극히 우수한 직원을 제외하고 대다수의 직원들이 만족할 만한 평가를 받지 못하기 때문이다. 목표와 실적의 비교치, 일이 부진한 이유 등의 자료나 정보는 많지만 정작 일을 수행하고 평가받는 직원들이 활용할 만한 가치 있는 정보는 부족하다. 일을 수행한 직원의 강점과 약점, 노력할 점과 고쳐야 할 부분에 대한 정보는 중요하며 그것을 토대로 사람은 자신의 목표, 행동경로, 집중할 대상을 바꿀 수 있다. 성과평가는 성과 자체에 대한 평가뿐만이 아니라 일을 수행한 사람에 대한 종합적인 평가를 포함해야 한다.

마지막으로 분석을 위한 측정과 평가가 아니라 새로운 관점, 업무 과정, 방법을 개발하는 데 노력할 것을 조언했다. 측정과 평가를 통해 목표와의 간격과 해당 결과의 이유를 파악했다면 그것을 조직의 변화와 혁신을 위한 정보로 활용해야 한다. 경영자는 측정과 평가결과를 활용해서 일을 수행하는 새로운 방법의 개발에 세심한 노력을 기울여야 한다. 만약 주변 상황이 변했으면 따라서 목표를 수정하고, 실수가 있었다면 교정하며, 부족한 부분이 있었다면 채워나가는 방식으로 조직의 개혁을 이끌어야 한다. 성과측정과 평가는 발견과 발명을 위한 발판이다. 드러커는 조직의 예기치 못한 성공과 예기치 못한 실패를 혁신의 중요한 원천으로 제시하기도 했다.

정리하자면 성과측정과 평가는 과업에 대한 올바른 이해와 함께 세심한 실행이 필요한 경영자의 과업이다. 특히 이 과업은 목표 - 측정 - 평가라는 지루한 프로세스를 거치면서 많은 일들을 하나하나 잘 해야 하는 과업이다. 그래서 조직의 성과는 이런 지루한 과정을 통해 만들어진다는 평범한 진리를 깨닫게 되는 과업이기도 하다.

▎부하 육성

경영자의 과업 중에서 사람을 계발하는 일은 보통의 과업들과는 다른 특별함이 있다. 그것은 기업의 가장 중요한 요소가 사람이고 미래를 위한 필수 과업이기 때문이다. 드러커는 기업과 마찬가지로 경영자도 두 개의 시간 차원 - 현재와 미래 - 에서 동시에 일을 하는 존재라고 했다. 경영자는 현재의 성과에 책임을 지면서 미래에 달성해야 하는 성과도 책임을 지기 때문이다. 조직이 존속을 목적으로 하는 만큼 이를 위한 성과도 이어져야 하는데, 이 성과를 위해서는 현재의 경영자가 정한 것을 미래에 효과적으로 수행할 경영자가 필요하다. 만약 그런 경영자가 없거나 부족하면 기업의 유지는 어려움에 빠진다. 그러므로 부하직원을 경영자로 육성하는 일은 기업의 미래를 위한 필수 과업이다.

그렇다면 경영자는 어디서부터 이 중대한 과업을 시작해야 할까? 이 질문에 드러커는 "경영자들이 자신의 모든 행동이 긍정적이든 부정적이든 부하들에게 영향을 미치고 있음을 먼저 자각해야 한다."고 답했다. 경영자가 부하직원에 거는 기대수준은 부하직원의 노력수준에 큰 영향을 미치며 경영자가 부하의 성장을 좌우할 수 있다는 것과 그들의 잠재력 개발에도 영향을 끼칠 수 있다는 드러커의 지적은 진실이다. 위대한 경영자들의 뒤에는 언제나 위대한 후원자가 있었고 탁월한 성과 뒤에는 격려와 질책이 있다. 경영자는 다양한 결정을 하고 행동을 하는데 그 모든 것은 부하직원의 동기와 노력에 강력한 영향을 미친다. 마찬가지로 아무런 결정을 하지 않는 것과 어떤 행동도 하지 않는 것 역시 영향을 미친다. 경영자가 부하직원에게 미치는 자신의 영향력을 명확하게 이해한다면 그들을 권위가 아니라 책임으로써 육성해야 함을 깨달을 것이다. 또 사람을 키우는 일이란 어떤 제도나 프로그램을 통해 선택적으로 이루어지는 것이 아니라 부하직원이 경험하는 총체적 환경(직무, 조직구조, 자원 활용의 기회와 한계, 경영자의 기대와 목표 등)을 통해 이루어짐을 알게 될 것이다. 이처럼 경영자가 자신의 영향력을 자각하고 원칙을 세워 행동하면 효과적으로 부하직원을 육성할 수 있다.

이를 위해서 드러커는 세 가지를 조언했다.

첫 번째로 부하직원이 잘하는 직무를 하도록 도우라고 했다. 직무는 사람을 성장시키는 가장 중요한 요소다. 사람은 일을 수행하면서 능력을 발휘하고 발전시키기 때문이다. 그러나 모든 직무가 사람을 성장시키지는 않는다. 사람의 강점과 부합되면서 지속적인 수행동기를 불어넣는 일만이 사람을 성장시킬 수 있다. 만일 강점과는 맞지 않는 일을 하게 된다면, 대다수 사람들은 게으름을 피우거나 포기한다. 이렇게 되면 그 사람이 가진 능력은 훼손된다. 기업에서 똑똑한 사람이 일을 잘하지 못하는 경우는 그다지 귀한 현상이 아니다. 가장 잘할 수 있는 일을 찾도록 하고 그 일을 시키는 것이 사람을 키우는 가장 중요한 원칙이다. 매일 수행하는 일은 매일 그를 성장시키는 경험이 돼야 한다.

두 번째는 부하직원의 경력개발을 위한 후원자가 되라고 했다. 경영자는 부하직원의 경력에 대한 조언과 기회 제공을 통해 도움을 줘야 한다. 조직에서의 경력개발은 혼자의 힘으로 할 수 없다. 조직의 필요와 개인의 이상이 서로 맞아야 한다. 개인의 전문성이 조직의 사업 방향이나 미래 수요와 맞아야 하고 조직의 미래 경영자 요건과 개인의 비전이 맞아야 한다. 또한 구체적으로 경력을 개발하고 능력을 향상시키는 기회도 필요하다. 여기서 경영자는 부하직원이 자신의 경력목표가 조직의 지향점과 방향을 맞출 수 있도록 기회와 환경을 제공해야 한다.

마지막으로 강점을 키우는 다양한 기회를 만들어주라고 했다. 식물의 씨앗이 뿌리를 내리고 줄기와 열매로 성장하는 것을 성장의 질적인 전환이라고 하는데 사람도 식물처럼 질적인 전환을 하면서 성장한다. 이 전환은 새로운 지식, 경험, 기술의 습득을 통해 이루어지는데 이 세가지는 성과를 달성하는 과정에서 얻을 수 있다.

자신이 가진 강점을 발휘할 수 있는 기회는 성장을 위한 기회다. 반면에 강점과는 무관한 일은 사람의 성장을 방해한다. 오히려 동기를 없애고 극단적인 경우에는 자긍심마저 없애버리기도 한다. 그러므로 경영자는 부하직원의 강점이 성과를 낼 수 있는 기회를 늘 탐색하고 강점을 제대로 발휘할 수 있도록 도와줘야 한다. 다양한 프로젝트, 연구조사, 대외접촉 등 모든 경험이 기회가 된다.

　한편으로 경영자가 부하직원을 개발하는 일은 기업의 필요로서도 옳은 것이지만, 경영자의 지위와 능력으로 볼 때도 당연한 것이다. 경영자는 기회와 경험을 제공할 수 있는 지위에 있고 부하직원보다 풍부한 지식과 경험을 가지고 있기 때문에 부하직원에게 적합한 성장경로에 대해 올바른 판단을 내릴 수 있는 능력이 있다고 본다. 하지만 개발의 책임이 경영자에게 있다고 생각하면 안 된다. 개발의 책임이란 공유될 수 없다. 사람은 오직 그 자신의 동기와 노력에 의해서만 성장하는 존재이기 때문이다. 드러커의 말에 의하면 부하를 육성하는 일은 단지 상사의 힘으로만 되는 것이 아니다. 상사로서 경영자는 성장을 지원하거나 장려하는 역할만을 수행할 뿐이다. 오직 경영자는 부하직원들이 스스로를 개발하도록 동기를 촉진하고, 도전하도록 하고, 기회를 활용하도록 돕는 것이다. 따라서 현명한 경영자는 부하직원이 높은 비전과 목표를 갖도록 만들고 성장에 대한 책임은 상사나 조직에 있는 것이 아니라 부하직원 자신에게 있음을 분명히 이해시킨다. 모든 구성원이 그렇게 성장의 책임을 자기에게 돌리고 받아들이는 것은 중요하다. 그런 상태에서만 경영자가 부하직원을 개발하기 위해 하는 모든 일들이 의미 있는 결과를 만들 수 있기 때문이다.

■ **Think & Act**

경영자는 자신의 일을 체계적으로 알아야 한다. 그리고 자기의 과업이 자신의 희망과는 무관함을 인식해야 한다. 경영자가 하고 싶거나 관심을 갖고 있는 일과 기업이 정한 일-해야만 하는 일-은 별개라는 뜻이다. 여기서 기업이 정한 일이란 경영자의 책임과 위치에 따라 기업이 부여한 과업을 말한다. 경영자는 이 책임을 진정으로 받아들여야 한다. 이 과업은 절대 만만하지 않다. 현실의 장애물들과 싸우면서 시간의 한계도 극복해야 하고 남다른 성과도 달성해야 한다. 따라서 경영자는 무작정 과업에 뛰어들기 전에 일의 내용과 효과적인 수행방법을 생각해야 한다. 과업에 대한 올바른 이해와 효과적인 실천원리의 적용이 무엇보다 중요하다. 드러커가 했던 아래의 질문에 대답해보자.

• 경영자의 역할과 과업은 어떤 의미가 있는가?
• 과업을 성공적으로 수행하는 경영자의 실천원리는 구체적으로 어떤 것들이 있는가?
• 경영자의 과업을 실천하기 위해 무엇을 어떻게 할 것인가?

이 질문에 충분한 답변을 하려면 경영자의 과업이란 현재와 미래에 걸쳐 이루어지며 다양한 요소에 대한 판단을 요구하는 복잡한 과업이라는 점을 이해해야 한다. 경영자는 현재와 미래라는 두 개의 시간 차원을 동시에 생각하면서 올바른 결정과 행동을 해야 한다. 현재의 성과를 달성하면서 미래를 위한 성장의 기회를 찾아나가야 한다. 또한 시장과 고객, 기업과 구성원에 대한 올바른 판단이 경영자의 과업수행에 필수 조건이다. 또 경영자가 목표를 달성하려면 효과적으로 자원을 조직화해야 하고 그중에서도 가장 중요한 사람이라는 자원을 효과적으로 활용할 수 있어야 한다.

한편 기업에 대한 시장과 고객의 요구는 점점 더 어려워지고 있다. 다차원적인 이해와 판단 없이는 그 요구에 대응할 수 없게 되었고 그만큼 기업활동도 복잡해지고 있다. 더불어 경영자도 성과달성에 대해 더 강한 도전을 받게 되었다. 경영자의 일, 경영자의 삶은 점점 어려워지고 있다.

이런 현실에서 경영자의 과업에 대한 드러커의 통찰은 명확한 방향과 의미를 제공한다.

첫째, 경영자는 자신이 관계를 맺은 사람들에게 영향을 줌으로써 조직이 달성하는 성과에도 영향을 미친다는 점을 자각해야 한다. 경영자는 올바르든 올바르지 못하든 자신이 사람들에게 영향을 미치고 있다는 것을 인식해야 한다.

둘째, 경영자의 과업은 분석될 수 있고, 결과를 통해 더 나은 방식과 실천 방법을 배울 수 있다. 분석이 없는 직관이나 경영자라는 존재가 가진 카리스마는 과업만 놓고 봤을 때 생각할 주제가 아니다. 오직 경영자가 무엇을 해야 하는지 혹은 경영자는 무엇을 하면 안 되는지에 대한 분석과 판단, 그리고 통찰을 통해 자신의 성과를 개선해야 한다.

셋째, 경영자의 과업은 모든 게 사람과 더불어 이루어진다. 과학적 지식이나 도구보다는 인간관계를 형성하고 이어나가며 신뢰를 구축하는 능력이 과업수행에 결정적으로 중요한 요소가 된다. 경영자가 보여주는 신뢰는 경영자 자신이 과업에 임하는 책임감에 비례한다. 이것을 드러커는 '궁극적으로 경영자를 정의하는 기준은 경영자가 제시하는 비전과 경영자가 안고 있는 도덕적 책임감'이라고 했다.[12]

■ **Action Point**

- 드러커가 제시한 경영자의 역할과 과업을 놓고 볼 때 나는 얼마나 제대로 일을 하고 있는가?
- 경영자의 과업 실천을 방해하는 장애물에는 어떤 것들이 있는가? 그 장애물을 넘기 위해서 나는 오늘 무엇을 해야 하는가?
- 나의 목표는 부하직원의 목표와 방향을 같이하는가?
- 나는 부하직원의 임무에 대해 제대로 소통하고 있는가?
- 나는 함께 일하는 사람들의 동기를 매 순간 최선을 다해 고려하고 있는가?
- 오늘부터 더 잘하기 위해서 무엇을 해야 하는가?

■ **Business Case**

사람과 함께 일하는 경영자, 찰스 슈왑 Charles R. Schwab

찰스 슈왑은 철강왕 앤드류 카네기가 선발한 경영자로 미국 실업계

역사상 최초로 백만 불의 연봉을 받은 능력 있는 경영자다. 그는 사람들의 열정을 불러일으키는 데 탁월했다. 슈왑은 어떻게 사람들을 그렇게 잘 다룰 수 있느냐는 질문에 이렇게 답했다.

"상사로부터 꾸지람을 받는 것만큼 인간의 향상심을 해치는 것은 없습니다. 나는 절대 누구도 비판하지 않습니다. 대신 사람들에게 일을 하도록 동기를 부여해야 한다고 믿으며, 따라서 나는 칭찬하려고 노력하고 결점을 들추어내는 것을 싫어합니다. 그 사람이 한 일이 마음에 들면 진심으로 찬사를 보내고 아낌없이 칭찬을 합니다."[13]

해야만 하는 일을 했던 경영자, 루 거스너Louis V. Gerstner, Jr

IBM은 1990년대 초반 회생 불가의 판정을 받았다. '죽어가는 공룡'이라 놀림을 받던 IBM을 회생시킨 사람이 바로 루 거스너다. 그는 금융, 소비재 분야에서 두각을 나타낸 유능한 CEO였지만(IBM 이전에는 맥킨지 & 컴퍼니, 아메리칸 엑스프레스, RJR 나비스코 CEO로 일했다) IT업계는 처음이었다. 그런 그가 IBM의 CEO가 되었을 때 해야 할 일들만 해나갔던 모든 과정은 다른 경영자에게 어떻게 일해야 하는지에 대한 모범이 된다. 거스너는 IBM의 기업문화 개혁을 최우선 과제로 뽑았다. 대개 구원 투수로 오는 CEO는 생존을 최우선으로 하면서 구조조정에 착수한다. 그도 생존에 무게를 둔 점은 같지만 구조조정보다는 IBM의 몰락을 자초한 관료적 조직문화를 바꾸는 게 먼저라고 생각했다. 거스너는 IBM의 관료적 조직문화가 IBM을 고객과 시장에 무관심한 회사로 전락시켰다고 판단했기 때문이다. 따라서 완전히 새로운 정신을 가진 조직으로 탈바꿈하는 것이야말로 생존과 회생의 길이라는 결론을 내렸다. 그는 곧바로 문화개혁 지침을 만들어서 모든 직원들과 공유하고 새로운 지침에 어긋나는 관습을 없애는 싸움을 계속했다. 그리고 마침내 IBM을 회생시켰고 완전히 새로 태어났다는 시장의 호평도 받았다. 더불어 하드웨어를 중심으로 하던 기업을 정보 서비스와 솔루션을 제공하는 기업으로 변신시키고 새로운 사명도 만들었다. 지금의 IBM은 더 이상 하드웨어를 파는 회사가 아니다.

경영자의 일

목표, 결과, 효과

유능한 경영자는 자신의 일이 신 또는 자연이
창조한 것이라는 가정에서 출발하지 않는다.
그들은 자신의 일이 실수하기 쉬운
불완전한 인간들이 설계한 것임을 잘 알고 있다.

−피터 드러커

01

탁월함과 평범함의 차이

이번 장의 주제는 "경영자가 어떻게 하면 일을 잘할까?"이다. 어떤 경영자는 조직을 크게 성장시키는 탁월한 성과를 창출하고 어떤 경영자는 조직을 위험에 빠뜨리고 조직의 연속성을 파괴하기도 한다. 그리고 명확한 기여가 없이 그럭저럭 경영자로서 일을 해나가는 경영자들도 있다. 경영의 세계에는 탁월한 경영자와 평범한 경영자, 무능한 경영자가 있는 것이다. 어떤 경영자가 탁월한지에 대해서는 여러 가지의 의견이 있다. 필자는 기업에 대한 책임을 다하는 경영자를 탁월하다고 본다. 스티브 잡스처럼 세계적인 기업을 일구고 엄청난 혁신을 달성하는 경영자도 있고, 우리나라의 성심당처럼 작은 규모의 빵집이지만 지역과 깊은 유대를 맺고 고객의 많은 사랑을 받는 기업을 일군 경영자도 있다. 자기가 일하는 조직이 요구하는 책임을 효과적으로 달성하는 경영자는 모두 탁월하다. 그렇다면 탁월한 경영자와 평범한 경영자를 구분하는 기준은 무엇일까? 천부적인 재능, 지식과 기술 그 어떤 것도 아니라는 것이 드러커의 생각이다. 그의 기준은 목표달성 능력이다. 간단하게 말하면 목표달성 능력이란 조직을 위한 바람직한 결과를 만들어낼 수 있는 경영자의 수행능력을 말한다. 그런데 결과를 만든다고 해도 경영자의 리더십 스타일, 혹은 풍부한 전문지식, 동원할 수 있는 자원의 규모 등 성과달성에 기여하는 여러 요소들을 단지 종합해서 이들을 목표달성 능력으로 지칭한 것이 아니다. 드러커가 말하는 목표달성 능력이란 경영자가 자신의 일을 어떻게 파악하고 있으며 그 일의 목표는 무엇이며 목표달성을 위해 사람들을 어떻게 관리하는가에 대한 경영자의 판단, 효과적인 원리의 적용, 지속적인 실행능력 모두를 포괄한다. 강조하고 싶은 점은 드러커는 이 생각을 관찰과 분석을 통해 도출했다는 것이다. 그는 다양한 조직들, 기업만이 아니라 정부, 공공기관, 비영리조직 등 수많은 조직의 경영자와 리더를 만나온 경험을 통해 그의 통찰을 끌어냈다.

02

—

목표에의 공헌: 폐기와 집중

—

경영자가 성과를 창출하는 능력은 목표에서 출발한다. 기업 경영의 본질은 사회와 고객을 위한 공헌이다. 따라서 경영자의 중심 역할은 먼저 기업의 목표를 실현하는 것이다. 따라서 목표를 제대로 파악하는 것은 경영자가 제대로 역할을 하기 위해 필요한 일이다. 대표적인 사례로 IBM과 마이크로소프트Microsoft가 있다. IBM은 기업의 목표를 저장과 하드웨어에 두었고 마이크로소프트는 정보기기를 활용한 유용성과 소프트웨어에 두었다. 1990년대 말 이런 목표의 차이는 다른 전략과 선택을 하도록 했고 지금과 같은 두 기업의 차이를 만든 주요인이 되었다. 이처럼 기업의 목표설정은 기업의 성장 경로와 결과를 규정하며 경영자의 목표는 경영자의 활동과 결과를 규정하는 요인이 된다.

그렇다면 경영자는 어떤 목표를 세우고 또 어떻게 목표를 수행해야 할까? 우선 기업 전체를 위한 자신의 목표를 찾아야 한다. 경영자의 목표는 기업 전체의 사명을 달성하는 일에 적합해야만 한다. 따라서 경영자는 자신이 담당하는 전문영역을 뛰어넘는 목표를 세워야 하며 자신의 목표실현이 전체의 목표실현이 되도록 해야 한다. 이를 목표의 정렬과 연계의 구현이라고 하는데 목표의 정렬이란 경영자가 가지고 있는 목표가 기업 전체의 비전, 목표, 전략에 직접 기여하게 만드는 것을 뜻한다. 자신의 목표가 정렬되어 있는지 알기 위해서는 "내가 이 목표를 달성하면 기업의 목표달성에 긍정적인 영향을 미치는가?"를 질문하면 된다. 미국의 3M은 혁신기업으로 유명한데 이 기업은 최근 5년 내 출시한 신상품으로 전체 매출의 일정 부분을 채우는 게 중요한 목표다. 이 같은 목표달성을 위해 소비재 사업부, 사무용품 사업부 등의 각 사업 부문은 지속적으로 신상품을 출시한다는 목표를 세운다.

목표의 연계는 여러 목표가 합쳐져서 전체의 목표에 기여하는 것을 말한다. 기업 전체로는 하나의 목표이지만 이 목표를 달성하려면 여러 개의 하위 목표들이 필요하며 이 목표들이 전체 목표에 기여한다. 연계를 시험하려면 "내가 이 목표를 달성하면 기업의 목표달성에 어느 정도 보탬이 되는가?"를 질문하면 된다. 예를 들어 스마트폰 제조업은 경쟁자보다 먼저 신상품을 출시하는 것이 경쟁우위를 점하는 핵심요소인데 신상품이 나오기 위해서는 디자인, 부품 조달, 생산, 마케팅, 자금 등 모든 영역에서 자기 역할을 제대로 수행해야 한다. 이것이 각 부분의 목표가 된다.

목표의 정렬과 연계의 의미는 이해하기 어려운 것은 아니지만 정렬을 이루기는 사실 여간 어려운 게 아니다. 드러커는 『경영의 실제』에서 각 기능을 담당하는 전문경영자들은 대부분 근시안적으로 목표를 이해하고 있었으며 전문경영자들이 전체의 목표를 훼손시키면서도 자신이 담당하는 분야의 목표를 달성하기 위해 열심히 일하는 것이 일반적인 모습이었다고 지적했다. 이런 그의 지적은 오늘날에도 유효하다.

대기업을 비롯해서 병원, 학교 등 많은 사람이 일하는 큰 조직에서 이런 현상은 보다 광범위하게 나타난다. 목표의 정렬에 대한 경영자의 이해 부족과 근시안은 고쳐지지 않았으며 조직이 복잡해지면서 목표의 정렬은 더 어려워지고 있다. 임원이 수십여 명인 대기업에서 기업의 목표와 자신이 책임지는 목표가 어떻게 정렬되는지를 이해하는 임원은 많지 않다. 대부분의 임원들은 자신의 목표에 대해서 근본적인 의문을 잘 품지 않으며 목표가 이미 정렬되어 있다고 여긴다. 이런 현상은 최고경영자가 일방적으로 목표를 지시하는 관행과 함께 매출, 이익, 성장, 생산성 같은 목표 외에는 다른 목표를 고민하지 않는 임원들의 게으름 탓이기도 하다. 또한 오늘날의 병원이나 대학은 더 이상 하나의 기능만 수행하는 비영리 조직이 아니다. 예를 들어 종합병원은 의학 전문화에 따라 수십 개의 과를 운영하며 병원의 기본 기능인 진단과 치료를 지원하는 많은 전문가들이 일하고 있다. 분야와 기능의 전문화는 자신만의 전문성에 빠질 위험성을 높이고 있으며 대부분의 전문가들은 병원의 비전이나 지역사회와의 관계, 고객과의 유대와 같은 병원의 기본 과제를 경시하거나 무관심으로 대응한다.

목표에 대한 경영자의 첫 번째 책임은 목표를 정렬시키기 위한 지속적 검토와 숙고다. 이 책임은 경영자의 목표달성 능력을 결정하는 첫 번째 성과 영역인데 특히 오늘날의 경영자에게 더 많이 요구되는 요소이기도 하다. 조직의 복잡성, 변화의 가속화가 목표설정의 장애요인으로 더 크게 작용하고 있기 때문이다. 잘못된 일에 최선을 다하는 것은 그 자신의 무능함을 넘어, 조직에게는 치명적인 문제와 결함을 발생시킨다. 지금처럼 변화가 빠른 환경에서 올바른 목표가 무엇인지를 경영자는 깨달아야만 한다. 드러커는 타성과 나태함을 극복하고 목표에 대해 내가 헌신하는 목표로 삼기에 타당한가를 겸손한 자세로 질문하라고 했다.

진지한 성찰을 통해 목표를 제대로 수립하고 목표에 대한 공헌이라는 관점에서 자신의 일을 검토하지 않으면 경영자는 조직에 공헌할 수 없다. 드러커는 경영자가 수행하는 일의 대부분이 목표달성에 공헌하지도 못하며, 오히려 목표달성을 방해하는 많은 일들을 경영자가 수행하고 있다고 분석했다. 그는 경영자의 관행적 행동과 조직의 현실을 지적하고, 목표달성을 방해하는 장애요인의 몇 가지를 말했다.

첫 번째, 경영자가 시장과는 무관한 내부의 조정업무와 감독업무에 많은 시간을 뺏기는 것이다. 경영자는 임직원들과 함께 여러 가지 일을 협의하고 지시하는 데 많은 노력을 기울인다. 이때 불가피한 내부 조정과 감독업무를 해야 하는데, 이런 일은 기업이 시장에서 성과를 올리고 고객만족에 기여할 때만 가치가 있는 행동이다. 하지만 그것을 떠나 경영자가 내부적인 업무에 지나치게 많은 시간을 투자하고 있다면 경영자의 무능 혹은 조직의 비효율을 의심해야 한다. 경영자가 많은 시간을 거기에 쏟으면 경영자를 포함한 구성원들은 외부의 변화에 점점 더 멀어진다. 결국 모두가 시장에서 가치가 없는 존재가 되고 목표달성은 더 어렵게 된다.

두 번째, 경영자가 내부문제의 해결을 위한 중재역할을 하는 경우다. 기업에는 많은 문제가 발생한다. 예를 들어 계획과 실행의 혼선, 고객 문제, 자원배분을 둘러 싼 갈등, 부서나 구성원 사이의 갈등 등이 있다. 이들 중에서 구성원 사이의 갈등은 자주 발생하는 문제다. 그런데 갈등의 중재자로서 경영자가 나서는 것은 문제가 된다. 경영자는 의도하지 않더라도 그의 권위에 의해 문제가 해결될 우려가 있기 때문이다. 물론 구성원끼리 해결하지 못하는 사안도 있다. 그런 사안에는 경영자가 개입할 필요가 있지만 그런 문제의 해결에 많은 시간을 쓰게 되면 정작 경영자 자신의 일을 볼 시간이 모자라게 된다. 아울러 중재는 중재일 뿐이다. 중재를 통해 기업의 목표달성 가능성이 크게 달라지지 않는다.

세 번째, 경영자가 맡은 조직규모가 과대한 경우도 장애요인이 된다. 경영자가 지속적으로 많은 시간을 관할조직과 거기에 속한 구성원의 문제나 과제의 해결을 위해 쓰고 있다면 자기가 맡은 조직의 규모가 크다고 봐야 한다. 규모가 클수록 구성원 간의 상호 작용이 많아지고 구성원끼리의 업무 충돌도 빈번해진다. 어느 정도가 적정한 규모인가는 일률적으로 정할 수 없다. 기업의 사업특성이나 조직의 기능에 따라 적합한 규모를 판단할 수 있을 뿐이다. 중요한 것은 경영해야 할 시간이 분쟁과 갈등의 해결에 쓰이고 있다면 조직규모의 적정성을 의심하고 조절해야 한다.

네 번째, 과거에는 효과적이었지만 지금은 가치가 의심스러운 일을 유지하는 경우도 장애요인으로 작용한다. 이런 일은 조직 안에서 발견하기가 어렵다. 예를 들어 전 직원이 참여하는 회의는 구성원이 적을 때는 정보공유와 소통, 구성원의 정체성을 형성하는 값진 경험을 제공하지만 구성원이 100명만 넘어도 그 효과는 떨어진다. 혹은 성장이 정체되고 수익이 떨어지고 있는데도 조직을 성장시켜온 사업과 제품에 대한 투자를 지속하기도 한다. 조직은 성장하면서 많은 성공경험을 하는데 그 경험들을 계속 이어가는 것은 문제가 될 수 있다. 드러커는 경영자의 현실에 대한 냉철한 분석을 바탕으로 자신이 할 일을 늘 재편해야 한다고 조언했다. 오직 공헌을 위해 필요한 일만 하겠다는 경영자의 결심이 중요한 이유다.

경영자의 목표달성을 방해하는 요인 분석과 함께 드러커는 조직에 있는 장애요인에 대해서도 언급했다.

먼저 과거의 정책과 절차가 현재의 상황과는 무관하게 이어지는 경우다. 정책과 절차는 다양한 기업활동과 결과 산출을 위해 필요하다. 그리고 그것은 필요할 때마다 만들어진다. 그런데 모든 정책은 언제나 진부해질 운명을 타고난다. 결재 시스템을 예로 들면 불과 20여 년 전만 해도 모든 결재는 문서로 여러 단계를 거쳤지만 지금은 대다수의 기업들이 전자결재 시스템을 사용한다. 결재 시간의 단축이 목적이다. 그런데 일부 기업의 경우에는 이 시스템의 도입으로 업무효율이 악화되기도 한다. 예전처럼 사원-과장-부장-임원 등으로 올라가는 대면보고를 유지하면서 전자결재도 병행하기 때문이다. 이미 유효성을 상실한 과거의 정책과 절차는 구성원의 활동을 방해한다. 기업에는 이처럼 잘 보이지 않는 장애요인이 있다.

두 번째, 당연히 경영자의 일이라며 맡기는 일들이 장애요인이 된다. 직무 기술서처럼 문서로 규정한 일도 있고 전임자로부터 인수받은 일도 있다. 책임을 명확하게 하려면 문서도 필요하고 인수인계를 통해 중요한 일들을 계속하는 것도 필요하다. 그런데 문제는 경영자가 수행하는 기본 책임은 변하지 않지만 상황에 따라 과업은 변하는 것인데도 그 변화를 무시하는 경우에 일어난다. 경영자는 현재의 상황을 파악하고 목표달성이라는 관점에서 자신이 새롭게 할 일과 유지해야 할 일, 폐기해야 할 일, 위임 가능한 일을 명확하게 정해야 한다. 어느 대기업의 고위 임원은 많은 대외 미팅에 참석하느라 많은 시간을 허비했는데 숙고 끝에 여러 개의 지역모임(공공위원회, 지역 내 학교후원 모임, 지역경영자 교류회)은 부하에게 참석을 위임했다. 어떤 문제가 생겼을까? 전혀 없었다고 한다. 그 기업은 공장을 건설하고 직원을 고용하느라 지역사회와 긴밀한 관계를 맺는 것이 매우 중요했는데 상당한 시간이 흐른 뒤에도 그 일을 똑같은 방식으로 계속했던 것이다

세 번째, 관료적인 의사결정과 승인 프로세스가 장애요인이다. 대기업일수록 흔한 조직의 병이라 할 수 있다. 증상은 의사결정 과정에 참여하는 사람이 많은 것과 긴 프로세스다. 많은 사람이 참여하는 것이 의사결정의 위험을 줄인다는 객관적 증거는 없다. 경영자는 이런 의사결정 프로세스에서 동의나 협력을 얻기 위해 많은 시간을 사용할 수밖에 없다. 결국 실행을 위한 시간과 다른 중요한 일에 사용해야 할 시간을 거기에 쓰게 된다.

마지막으로 의미도 효과도 없는 정보공유가 장애요인이 된다. 드러커는 '경영의 가장 효과적인 도구는 쓰레기통'이라고 했다. 기업에서 얼마나 쓸데없는 일들이 많은가에 대한 냉소가 담긴 비판이다. 쓰레기통이 필요한 대표적인 일은 회의와 각종 보고서다. 이들은 정보공유라는 공통의 목적이 있다. 물론 정보공유는 필요하다. 다만 지나치게 많은 것이 문제다. 경영자의 시간이 많은 회의와 각종 보고서의 작성 또는 회람에 의해 버려지는 경우가 흔하다. 최근에 현대카드의 CEO가 파워포인트 사용을 금지한 것은 일리가 있는 조치다. 드러커는 수많은 문서로 인해 업무에 심각한 방해를 받고 있는 경영자에게 "우선 모든 문서양식을 없애보라, 시간이 지나면 문제가 있는 문서가 무엇인지 알게 될 것이고 그것만 다시 사용하면 된다."고 조언했다. 구습의 병폐를 없애려면 반드시 알아야 하는 사람에게 유용한 정보를 적시에 공유한다는 원칙이 선행돼야 한다.

이처럼 목표로 향해 가는 길은 험하다. 이것 말고도 많은 장애요인이 있다. 경영자는 어떻게 모든 장애를 극복하고 자신의 가치실현과 기업을 위한 공헌을 할 수 있을까? 드러커는 이 질문의 답을 '폐기와 집중'이라고 했다. 먼저 버리고 그 다음에 할 일을 하라는 것이다.

▌폐기와 집중

경영자는 먼저 자신이 하고 있는 일 중에서 기업을 위한 공헌과 고객을 위한 가치창출에 상관이 없는 일은 즉시 버려야 한다. 그 이유는 명확하다. 해야 할 일을 할 수 있는 시간과 자원을 확보하는 유일한 방법이기 때문이다. 경영자의 시간을 낭비하는 모든 일, 다른 사람의 시간을 낭비시키는 모든 일, 뚜렷한 결과를 창출하지 못하는 일, 어제 성공한 일이었으나 지금은 성공을 만들지 못하는 일은 당장 버려야 한다. 드러커는 업무의 폐기를 위해 세 가지를 물어보라고 했다.

- 만일 우리가 지금까지 하지 않았던 일이라면, 지금 이 일을 시작하겠는가?
- 이 일은 아직도 해야 할 가치가 있는가?
- 만일 당신이 지금 알고 있는 것들을 (그때도) 알고 있었다면 그래도 그 일을 다시 하겠는가?

폐기를 하고 나서야 비로소 경영자는 자신이 할 일에 대해 질문할 수 있다. 그리고 조직 전체를 위해서 우선해야 할 일들을 찾고 자신에게 주어진 유한한 시간과 능력을 활용할 수 있는 것이다. 이럴 때 경영자는 자신이 하고 싶은 일, 수행했던 일이 아니라, 비로소 해야 될 일에 집중하게 된다. 전설적인 CEO였던 잭 웰치는 1981년 GE의 CEO로 부임하고 나서 드러커에게 자신이 해야 하는 가장 중요한 일이 무엇인지를 물었다. 드러커는 앞서 언급한 질문을 웰치에게 제시했고 그는 질문의 답을 찾았다. 그의 답은 "세계에서 1위 또는 2위가 아닌 사업은 하지 않는다."였고 곧바로 대대적인 개혁을 시작했다. 그가 부임했을 때 시장가치 120억 달러로 미국 기업 순위 10위였던 GE는 2001년에 시장가치 4,800억 달러로 1위 기업이 되었다.

경영자는 폐기와 집중을 노동의 핵심원리로 실천해야만 한다. 집중은 드러커가 말한 바, 목표를 달성하는 경영자가 가진 비밀의 열쇠이고, 더 이상 생산적이지 않은 과거와 결별하는 것은 집중의 첫 번째 원칙이다.[14] 드러커가 오늘날의 바쁜 경영자들을 만난다면 아마도 같은 질문을 할 것이다. 경영자는 얼마나 큰 가치를 실현시키고 있는지, 과거의 일들을 어떻게 폐기하고 있으며 이를 통해 중요한 일에 얼마나 집중하고 있는지에 대한 답을 찾아야 한다. 바쁜 것이 중요한 것이 아니다.

03

—

관계의 관리

—

경영자는 더 이상 통제하는 사람이 아니다. 통제는 이미 산업사회의 유물이 되었고, 일사불란하게 사람들을 통제하고 지휘함으로써 결과를 산출하는 경영자는 존재하지 않는다. 이런 변화는 산업사회에서 지식사회로의 전환과 이에 따른 조직 내 권한이 소수의 통제자에서 다수의 지식근로자로 이동함에 따른 변화다. 이제 경영자는 다른 사람의 일을 책임지는 사람이 아니며 지식근로자 각각이 자신의 일과 성과를 책임진다. 이런 사회와 조직의 변화가 경영자에게 던지는 의미는 무엇일까? 명령과 통제가 더 이상 적용되지 않는다면 경영자는 어떻게 일해야 하는가? 드러커의 말에 의하면 경영자는 조직 내 다른 구성원이 경영자가 한 일이나 업적을 활용할 수 있는 경우에만 필요한 존재다. 즉 경영자는 자신과 관계된 사람들이 할 수 있는 최대한의 기여를 이끌어내고 그것이 조직의 성과와 연계되도록 일을 해야 한다. 이제 경영자는 함께 일하는 사람들과 관계를 맺고 영향력을 미침으로써 성과를 산출하는 것이다. 드러커는 경영자가 사람들과 맺는 관계에는 세 종류의 유형이 있기 때문에 경영자의 일도 세 가지 차원에서 수행된다고 했다.

- 하향관계(경영자와 부하직원)
  - 부하직원이 성과를 내도록 지원한다. 경영자가 부하직원과 어떤 관계를 맺는가는 그들의 성과에 직접적인 영향을 미친다. 경영자의 결정과 행동이 부하직원의 성과달성을 위한 동기와 노력에 영향을 미치기 때문이다.
- 상향관계(경영자와 상사)
  - 상사가 달성하고자 하는 성과에 기여한다. 경영자와 상사의 관계는 경영자 자신의 성과와 상사의 성과에 영향을 미친다. 또한 이 관계는 일방적인 지휘와 복종의 관계가 아니라 서로가 가진 목표의 달성을 돕는 관계다.
- 수평관계(경영자와 동료)
  - 의사소통과 상호의존을 통한 성과를 창출한다. 경영자가 동료 경영자와 맺는 관계는 파트너십을 기반으로 하는 관계이자 기업의 목표달성을 위해 서로의 할 일을 다하는 책임 있는 관계다.

각각의 관계는 경영자에게 다른 관점의 실천원리와 행동지침을 요구한다. 이를 상세히 살펴보자.

▌하향관계

경영자의 역할은 부하직원의 자율적 성장과 그의 공헌을 극대화하는 것이다. 그들 스스로가 자신의 성과에 대한 책임을 지고 조직을 위해 최대의 공헌을 할 수 있도록 지원하는 것이다. 경영자는 부하직원을 스스로를 책임지는 지식근로자로 받아들이고 그가 목표를 제대로 이해하고 공헌하기 위해 노력하면서 미래의 경영자로서 능력을 개발할 수 있도록 도와야 한다. 이런 과업을 이해하는 경영자는 다음과 같은 일을 수행한다.

- 자격을 인정하라
  - *직원이 가진 전문적 능력에 대해 인정하고 자부심을 갖도록 한다.*
    자부심과 긍지는 일을 하는 동기를 형성하고 최선을 다해 노력하도록 만드는 가장 중요한 요소다. 경영자는 부하직원의 조직을 위한 공헌을 명확히 인정하고 신뢰를 굳건히 해야 한다. 경영자의 신뢰는 부하직원의 자부심을 더 크게 만든다. 경영자가 직원을 인정하는 것은 그 사람에 대한 호감과는 별개다. 부하직원은 능력으로 존중받아야 한다.
- 목표를 알게 하라
  - *목표에 대한 이해와 동의를 명확하게 한다.*
    조직은 모든 사람이 각자의 목표달성을 통해 조직 전체의 목표달성에 기여하게 되는 협력 시스템이다. 이것의 출발점은 구성원 각자가 무엇을 목표로 해야 할지를 명확하게 아는 것이다. 목표를 아

는 부하직원은 누가 시키지 않더라도 제대로 협력하는 일을 하게
되고 조직에 공헌한다. 경영자의 과업에서 언급했듯이 설정한 목
표를 구성원에게 전달하는 일은 경영자의 첫 번째 과업이다. 이를
위해 경영자는 목표를 항상 점검하고 소통해야 한다.

- 업무에 참여하라
  - *부하직원이 실행해야 하는 업무를 함께 연구하고 설계한다.*
    경영자는 부하직원의 업무가 목표를 달성하는 것이 되도록 점검
    하고 명확하게 하도록 지원한다. 목표와 전략은 항상 변하게 마련
    이고 계획은 그대로 실행되지 않기 때문이다. 또한 업무는 부하직
    원이 자신의 강점을 바탕으로 자아를 실현하는 매개체이기도 하
    다. 따라서 진정으로 부하직원이 일의 의미를 느끼고 있는지를 점
    검해야 한다. 현명한 경영자는 통제하지는 않지만 무관심하지도
    않다. 그는 부하직원의 과업에 진지한 관심을 가지고 그것이 조직
    에 필요한 일이 되도록 부하직원의 강점과 관심이 구체적인 과업
    으로 설계되도록 지원한다.

- 기대를 제시하라
  - *과업에 대한 기대를 명확하게 제시하고 최소한의 성과표준을 제
    시한다.*
    부하직원이 자신의 과업을 제대로 수행하려면 명확한 성과표준이
    제시돼야 한다. 그래야만 부하직원의 노력이 가치 있는 결과를 산
    출할 가능성이 커지기 때문이다. 현명하고 야심 있는 부하직원이
    라면 자신의 기대수준을 조직의 기대수준에 맞추려고 할 것이다.
    그러나 대부분의 부하직원들은 조직의 기대보다 낮은 기대수준을

가지고 있다. 경영자는 명확한 성과목표와 수준을 제시하고 부하
직원이 이해하고 받아들여 그 차이를 줄이도록 해야 한다.

- 성공을 지원하라
  - *부하직원이 제대로 공헌하도록 환경과 자원을 제공해야 한다.*
    경영자는 부하직원이 성과를 산출하기 위해 무엇이 필요한지 알
    고 적절하게 지원해야 한다. 부하직원이 필요한 정보와 지식, 유
    무형의 자원을 활용할 수 있도록 도와주고 그 도움으로 성과를 낼
    수 있게 만들어줘야 한다. 업무에 대한 피드백이나 코칭도 부하직
    원의 새로운 시각과 경험을 더해 주는 좋은 지원책이다. 아무리 뛰
    어난 사람이라도 혼자 힘으로는 탁월한 성과를 내기가 힘들다는
    것을 경영자는 명심해야 한다. 가장 쉬우면서도 효과적인 지원방
    법은 부하직원의 성공을 나의 성공이라 여기고 자신의 모든 것을
    공유하는 것이다.

- 탁월성에 대한 모범을 세워라
  - *훌륭한 성과를 내는 모범이 된다.*
    경영자의 언행은 어떤 면에서 윤리와도 같다. 조직에 어떤 것이 올
    바른 것인가를 알게 해주는 가장 중요한 근거가 되기 때문이다. 특
    히 경영자가 정한 성과목표는 부하직원들의 동기와 노력에 가장
    중요한 영향을 미친다. 탁월한 것을 요구하는 경영자는 탁월한 것
    을 얻고, 평범한 것을 요구하는 경영자는 평범하거나 조금 모자란
    것을 얻는다. 이 같은 탁월성과 평범함의 차이는 왜 생기는 것일
    까? 이유는 경영자의 기대수준 때문이다. 즉 경영자가 가진 조직
    의 비전에 대한 기대수준이고 부하직원의 능력에 대한 기대수준

의 차이가 탁월과 평범을 나눈다. 조직의 사명에 헌신하는 경영자는 탁월함을 추구하며 이것은 구성원들이 추구해야 할 가치이자 책임이라는 것을 이해하고 있다. 경영자는 탁월한 성과에 대한 모범을 보여야 한다. 그리고 요구해야 한다. 아울러 탁월성은 사람에 대한 전적인 믿음이기도 하다. 비록 지금은 부족하더라도 구성원의 성장 가능성을 믿고 최선을 다할 수 있다고 믿어야 한다.

좋은 예로 용인대 축구부 이장관 감독의 사례가 있다.[15] 제10회 전국 1·2학년 대학 축구대회에서 우승을 차지한 소감을 묻는 기자의 질문에 그는 이렇게 답했다.

"그동안 힘들게 축구만 해온 우리 선수들의 가슴에 별을 달아주고 싶었는데 오늘 비로소 그 소원을 이룰 수 있게 됐다. 아무도 우리를 주목하지 않았다. 축구선수로 용인대에 진학한다는 것은 축구를 포기하는 거나 마찬가지라는 인식이 팽배했다. 그런 선수들에게 희망을 안겨주려면 좋은 성적을 내는 방법밖에 없었다. 희망을 찾지 못한 선수들에게 희망의 메시지를 끊임없이 전하며 그들의 마음속에 간절함을 품게 했다. 그 간절함이 우승으로 나타난 것 같다. 이 우승이 정말 소중하다. 드디어 선수들의 유니폼에 우승의 별을 달아줄 수 있게 됐다. 처음 선수들을 만났을 때의 기억이 생생하다. 태어나서 그렇게 형편없는 선수들은 처음 봤다. 선수로서의 기본도 없었다. 나의 기대가 와르르 무너졌고 전국 대회에서 고개를 들 수 없었다. 내가 이런 대학의 코치로 있다는 게 창피할 정도였다. 그런 자극이 동기부여가 된 것 같다. 코치로 있을 때는 감독님을 도와 선수들의 마음을 읽으려고 노력했다. 그들이 가진 패배 의식을 걷어내기 위해 많은 대화를 나눴다. 나는 선수들에게 인간의 도리를 강조했다. 축구의 기본은 인격이라고 했다. 축구부는 뭔가 다르다는 말을 듣고 싶었고 그런 노력이 우리의 축구에 녹아든다고 믿었다. 인간적으로 이해하고 인격적으로 인정해주는 시간 속에서 우리도 조금씩 성장해나가고 있었다.”

- 기회를 제공하라
  - *부하직원이 잠재력을 개발할 수 있게 만들고 뛰어난 사람들의 성장 기회를 제공한다.*

    부하직원의 성장을 돕는 일은 경영자가 회피할 수 없는 역할이다. 조직에서 오직 사람만이 성장하는 자원이다. 부하직원을 성장하도록 돕는 일은 그 사람을 위한 책임이자, 조직을 성장시키고 지속시키기 위한 책임이다. 그들의 성장에 따라 조직도 성장한다. 경영자는 부하직원이 일을 수행하는 과정이나 훈련과정을 통해 그들의 잠재력이 발휘되도록 도와야 한다. 사람마다 성장하는 방식과 경로는 다를 수 있다. 그래서 그들이 가진 잠재력을 파악하고 가장 효과적인 방법을 제공하며 적절한 피드백을 통해 성장을 도와야 한다.

    필자가 임원으로 있었던 기업에서 회계사 두 명을 채용한 적이 있다. 자금과 회계분야로 채용했는데 그들을 채용하면서 어떤 직무를 줄 것인가가 문제였다. 이들의 전문성을 고려해서 회계에 특화된 직무로 국한할 것인지 아니면 부서의 현실에 맞게 다양한 직무를 줄 것인지가 고민이었다. 필자는 회계라는 협소한 관점보다는 다양한 관점에서 재무나 회계업무를 다루는 것이 더 바람직하다고 보고 여러 가지 업무를 맡겼다. 비록 회계사의 경력과는 다른 경력으로 이어졌지만 지금은 회계, 세무, 투자, 구조조정 업무를 다룰 수 있는 매우 경쟁력 있는 재무 전문가로 성장했다.

▌상향관계

경영자와 그의 상사와의 관계에 대한 드러커의 통찰은 신선하다. 대개 상사와의 관계에 대한 여러 주장들은 자신보다 높은 위치에 있는 사람과의 관계를 통해 출세를 위한 정치적 책략을 제시하는 것들이 많다. 그러나 드러커가 상사와의 관계를 통해 말하고자 한 것은 좋은 관계나 책략과는 거리가 멀다. 그는 조직과 인간관계의 본질에 대한 뛰어난 통찰을 기반으로 책임을 다하는 상사관리를 제시했다. 경영자가 상사와의 관계를 관리한다는 것은 상사에 초점을 맞춘 것이다. 상사가 목표를 달성할 수 있도록 경영자가 상사와 올바른 관계를 맺고 돕는 것이다. 경영자가 상사를 도와야만 하는 이유는 상사에 대한 복종, 혹은 상사를 빛내주기 위해서가 아니다. 상사는 경영자보다 더 큰 책임과 목표를 가지고 있기 때문에, 경영자는 상사가 그의 목표를 달성하는 일을 도움으로써, 결과적으로 자신의 책임을 달성함과 동시에 조직에 기여하게 된다. 그런 관계야말로 드러커가 말한 상사와의 올바른 관계다. 드러커의 조언은 현대사회에서 무게를 더하고 있다. 현대기업에서는 올바른 상향관계의 중요성이 더 커지고 있기 때문이다.

오늘날의 기업에서 상사는 더 이상 '보스'가 아니라 '파트너'다. 부하직원의 모든 일을 통제하고 결과를 책임지는 상사는 더 이상 없다. 또한 상사에게 모든 것을 의존하고 충실하게 지시에 따르며 책임을 다하는 부하도 없다. 이제 상사와 부하직원의 관계는 상호의존을 통한 책임의 공유와 파트너십이 중심이 된 것이다. 이런 관계 속에서 경영자는 어떻게 상사의 목표달성을 지원할 수 있을까?

- 상사의 성공을 돕는다.
  - *상사가 가진 목표를 제대로 이해하고 성공을 위한 일들을 지원한다.*
  상사의 목표를 파악하는 것은 부하직원의 첫 번째 과업이다. 이 과업은 간단하지만 쉽지는 않다. 지금 상사의 목표를 명확하게 말할 수 있는가? 아마 지금까지 안개 속에서 일했다는 사실을 깨닫게 될 것이다. 그것은 서로 무관심해서만은 아니다. 상사가 자신의 목표를 모호하게 전달했을 수도 있고 서로가 목표에 대한 의사소통이 모자랐을 수도 있다. 또는 상사의 목표가 여러 개라서 부하직원이 파악하기 힘든 경우도 있다. 따라서 상사의 목표를 이해하려는 충분한 노력과 함께 우선순위에 따른 중요성을 이해해야 한다. 부하직원이 상사의 목표를 제대로 알고 또 그런 사실을 상사가 알게 되면 서로의 신뢰가 생기고 친밀한 관계가 형성될 가능성도 커진다. 아리스토텔레스는 인간의 감정은 '소중하게 여기는 것'에서 나온다고 말했다.
- 상사의 성장을 돕는다.
  - *상사의 능력계발과 발전에 기여한다.*
  모든 사람은 일을 통해서나 어려운 과업수행을 통해서 잠재력을 발휘하고 새로운 기술과 능력을 얻는 존재다. 또한 모든 사람은 만능인이 아니다. 상사도 마찬가지다. 부하직원은 상사가 어려운 과업을 성공할 수 있게 돕거나 혹은 장애물을 넘을 수 있게 도와줄 수 있다. 예를 들면 어떤 상사는 치밀한 일처리에는 타의 추종을 불허하는데, 압박이 심한 상황에서는 감정을 통제하지 못하기도 한다. 다른 상사는 직관력과 현실감각은 좋으나 즉흥적으로 행동하는 단점이 있다. 부하직원은 세밀한 일정관리를 통해 상사의 약점을 보완하거나 또는 다양한 정보를 제공해서 상사가 보다 객관적인 판단을 하도록 도울 수도 있다. 그렇게 성공경험을 상사가 쌓을 수 있도록 힘을 보탬으로써 상사의 자신감과 능력계발에 귀중한 도움을 주게 된다.

• 다양한 상사를 경험한다.

  - *여러 상사들의 다양한 업무방식을 이해하고 그들의 방식을 배울 기회를 갖는다.*

  모든 상사들은 각자의 가치관, 신념, 스타일이 있다. 어떤 상사는 눈을 통해(읽기) 정보를 잘 인식하는 데 반해, 어떤 상사는 귀를 통해(대화) 상황을 이해한다. 어떤 상사는 부하직원에게 재량권을 부여하면서 일을 지휘하는 사람도 있지만, 꼼꼼하게 챙기면서 일하는 상사도 있다. 이런 업무방식의 차이는 옳고 그름과는 무관하다. 단지 선호도와 스타일이 다를 뿐이다. 상사의 스타일에 대해 평가를 하는 것은 도움이 안 된다. 상사는 성격도 그렇지만 오랜 경험을 통해, 그 자신에게 좋은 방식을 습득해온 것이기 때문이다. 바꾸기도 힘들고 또 바꿀 필요도 없는 것이다. 필자가 드러커의 이 조언을 신입사원 때 알았더라면 까다롭고 힘든 상사에 대해서 스트레스가 아니라 적응력을 배웠을 것이다. 현명한 부하직원은 상사의 고유한 운영방식을 이해하고 저마다의 장점을 수용하면서 일을 해나간다. 그렇게 함으로써 과업의 성공 가능성을 극대화시키면서 다양한 업무방식에 대한 자신의 적응 능력을 향상시킬 수 있다.

- 상사의 도전을 함께 수행한다.
  - *상사의 시간을 존중하고 상사가 어려워하는 문제를 파악하며 도움이 필요한 영역을 발견하고 지원한다.*

    상사의 목표달성을 제대로 돕기 위해서는 지혜가 필요하다. 단순히 상사가 지시한 대로 일을 수행하는 것은 진정한 도움이라 할 수 없다. 부하직원은 상사가 그의 목표를 달성하기 위해서 가장 필요한 도움이 무엇인지를 분별하고 그 일을 수행함으로써 도움이 되도록 노력해야 한다. 때로는 그 일이 상사가 어려워하는 문제일 수도 있고 부하직원의 능력을 벗어난 일일 수도 있다. 그러나 적극적으로 문제를 공유하고 해결의 기회를 찾는 노력을 통해 부하직원은 상사를 도우면서 자신의 능력과 공헌도를 향상시킬 수 있다. 현명한 부하직원은 자신의 일에 대해서도 충실하지만 상사의 문제와 목표도 자신의 일로 받아들이고 책임을 느낀다. 자신의 역할을 더욱 큰 목표에 귀속시키는 것이야말로 경영자의 올바른 자세다.

이처럼 상향관계의 정수는 상사가 목표를 달성하도록 돕는 것이다. 이것은 상사를 기분 좋게 하는 일도 아니고 인간관계를 형성하는 일도 아니다. 그렇지만 이런 관계에서 신뢰를 바탕으로 하는 진실한 관계가 만들어진다. 중요한 것은 조직 안에서 조직의 목표를 위해 서로의 책임을 다하면서 함께 성장하는 일이다.

▌수평관계

경영자는 여러 동료들과 함께 일하며 상호의존한다. 동료 각자는 자신만의 목표를 가지고 있으며 달성해야 할 책임이 있다. 경영자는 자신이 산출하는 성과에 의존하는 동료들이 있으며 자신이 제대로 일하기 위해 다른 동료들이 산출하는 성과를 필요로 한다. 생산담당 임원은 적시에 상품을 생산해야 하며, 마케팅 임원은 이 성과를 필요로 한다. 반면 마케팅 임원이 생산공정과 요건에 적합한 상품기획을 적기에 제공해주기를 생산 임원은 기대한다.

점점 더 많은 조직들이 수직적 위계 구조에서 수평적인 구조로 바뀌고 있기 때문에 동료 경영자들과 어떻게 일하는가는 경영자 자신과 조직의 중요한 과제가 되고 있다. 경영자와 동료와의 관계는 수평적 관계다. 수평관계의 바람직한 모습은 각자의 성과달성과 공동의 성과달성을 위해 상호의존하는 것이다. 드러커는 경영자가 자신이 담당하는 영역과 기능 범위 밖에 있는 경영자(전문가)와 제대로 협력해야 한다고 강조했다. 이 당연한 말을 새삼 강조한 이유는 많은 경영자들이 동료가 하는 일을 잘 모르고 있고 자신의 일을 동료가 이해할 수 있도록 제대로 소통하지 않기 때문이다. 자기가 하는 일을 동료와 소통하는 이유는 동료가 그 일에 대해 이해하고 있어야만 일의 결과를 동료도 제대로 활용할 수 있기 때문이다. 그 반대도 마찬가지다. 이는 조직의 목표달성을 위해서 필요한 과정이다.

수평관계를 제대로 형성하려면 먼저 자신이 담당하고 있는 분야만이 중요하다는 생각을 버리고 모든 경영자들이 중요한 일을 하고 있다는 열린 시각을 가져야 한다. 현대기업은 마케팅, 생산, 연구개발, 인사, 재무 등 다양한 전문분야와 전문가들이 함께 일하는 조직이다. 각 분야는 전체목표를 위해 공헌하는 책임과 가치가 있다. 그런데도 다른 분야에서 일하는 경영자와의 갈등과 대립을 발견하기란 매우 쉽다. 경영자들이 대체로 자기중심적이라는 것을 알 수 있는데 갈등은 기업의 목표달성 능력을 훼손한다.

드러커는 경영자의 가치는 자신이 산출한 결과와 그 결과물을 다른 동료가 얼마나 유용하게 활용하는지에 따라 달라진다고 했다. 이 말은 경영자의 성공이 동료의 성공을 위해 얼마나 협력하느냐에 달렸다는 뜻이기도 하다. 그 역도 진실이다. 결국 수평관계는 협력관계다. 경영자는 올바른 협력관계를 만들기 위해 동료들과 의사소통하고 필요한 지원을 위해 상호의존한다.

동료와의 올바른 상호의존은 서로 의존하고 도울 것이 무엇인지를 분별하는 것이다. 먼저 동료가 일하고 있는 분야를 파악해야 한다. 그 분야의 목표가 무엇이며 조직 내에서 어떤 역할을 수행하는지, 중요한 기술과 도구는 무엇인지, 현재의 상황과 가까운 미래에 어떤 변화가 예상되는지를 이해하고 있어야 한다. 그런데 다른 분야를 이해하는 것이 그 분야의 전문 지식과 기술 습득을 뜻하지는 않는다. 최소한 동료의 분야가 어떤 분야인지를 설명할 수 있을 정도의 이해라면 충분하다. 특히 현대조직은 전문화의 심화, 지식의 급증, 기술의 복잡성 증가로 인해 분야 간의 상호 이해와 소통이 어려워지는 만큼 이를 위한 의사소통과 학습이 더욱 중요해졌다. 다음은 상호의존과 상호책임을 수행하는 것이다. 자신의 업무를 수행하는 데 필요한 지원은 무엇인지, 언제 그리고 어떤 형태로 지원을 필요로 할 것인지, 누구의 지원이 필요한지, 누구에게 무엇을 지원하는 것인지를 명확하게 한다. 그리고 서로 필요할 때 필요한 지원을 한다. 예를 들어 재무담당 임원은 연구개발은 장기간의 투자, 성공의 불확실성 등 리스크를 관리하는 것이 매우 중요한 분야라는 것을 이해하고 있으며 적절한 투자관리와 위험관리에 대해 조언할 책임이 있다는 것을 알고 있고, 필요한 때 도움을 주는 것이다.

조직 안에서 각각의 전문분야는 그 어떤 것이라도 단독으로는 조직목표에 공헌할 수 없다. 모든 전문분야가 제대로 공헌하고 그것이 합쳐질 때만이 전체의 목표를 위한 의미 있는 성과가 만들어진다. 사실 부분이 전체를 위해 이바지하도록 하는 것이 조직의 본질적 목적이다. 영업은 마케팅과 생산에, 마케팅은 기획과 재무에, 고객 서비스는 인적자원 관리에 서로 의존하면서 각각의 공헌이 합쳐져서 조직의 성과가 나오는 것이다. 그러나 많은 경영자들이 분야와 동료 간 상호의존의 중요성을 잘 모르는 것 같다. 전문분야라는 자기만의 공간에서 자기 것만 열심히 할 뿐이다. 경영자가 다른 분야나 동료에 대해 모르면 절대 자신의 일을 제대로 수행할 수 없고 기업목표를 위해 공헌할 수도 없다. 마찬가지로 동료가 자신의 일에 대해 모르고 있어도 결과는 같다. 이처럼 상호의존은 조직 안에서 절대 조건이다. 현명하게 일하는 경영자는 상호의존을 구체적인 협력으로 바꾸는 일을 한다.

04

자기계발과 훈련

드러커는 『목표를 달성하는 경영자The Effective Executive(1967)』라는 그의 책에서 목표달성 능력으로 시간 관리, 공헌, 집중, 강점 활용, 의사결정의 다섯 가지를 주장했고, 2004년 「하버드 비즈니스 리뷰」에 기고한 글에서는 '공헌, 올바른 것에 초점, 행동, 의사결정, 커뮤니케이션, 기회집중, 효과적 회의, 우리에 초점 두기'의 여덟 가지 덕목을 말했다. 드러커의 주장은 그가 목표를 달성하는 경영자들에 대해 주의 깊게 관찰하고 이들이 공통으로 가지고 있는 목표달성 능력의 요소로서 통찰한 것이다. 드러커가 말한 요소들 중에서 본 장은 조직 안에서 조직을 위해 일하는 경영자로서 '일'의 선택과 실행과 관련된 요소들로 목표에의 공헌, 집중의 원리, 관계 속에서 일하는 원리를 설명한 것이다. 특히 관계 속에서 일하는 원리는 강점 활용의 원리와 의사결정, 커뮤니케이션과 연관된다.

목표달성 능력의 첫 번째 요소는 먼저 올바른 목표를 찾는 것이다. 경영자는 자신의 의도와 바람이 아니라 조직의 목표를 먼저 이해하고 선택한 후 자신의 목표를 세운다. 그리고 폐기와 집중의 원리, 관계 속에서 효과적으로 협력하는 핵심원리를 실천한다. 결국 경영자가 목표를 달성하는 것은 '일'을 통해서이다. 경영자는 목표에 공헌하기 위한 일, 함께 일하는 사람들 속에서, 사람들과 함께 조직 전체의 목표를 달성하는 일을 한다. 경영자의 일은 명확하고 복잡하지 않다. 그럼에도 목표를 달성하는 경영자는 왜 그렇게 적은 것일까? 지식과 재능의 차이, 여건의 차이인가? 드러커에 따르면 목표달성 능력은 오직 경영자 스스로의 훈련을 통해서만, 실천을 통해서만 습득할 수 있기 때문이다. 자기계발과 훈련은 목표달성 능력을 향상시키는 원천이다.

▌목표달성 능력은 훈련의 복합체

드러커는 경영자를 정의할 때 목표달성 능력부터 논했고 이 능력은 훈련의 복합체라고 했다.[16] 뛰어난 성과는 오랜 경험과 단련, 지속적 학습을 통해서 산출된다는 것과 경영자는 자신의 능력을 향상시키기 위해 부단하게 노력해야 한다는 것도 언급했다.

"나는 성과를 거둔 사람들을 많이 만나봤는데, 그들의 성격과 능력, 그들이 하는 일과 일하는 방식 그리고 그들이 가진 개성과 지식과 관심사는 천차만별이었다. 사실 모든 면에서 그들은 서로 달랐다. 그들의 공통점은 올바른 일을 해낼 수 있는 능력뿐이었다."[17]

-피터 드러커

드러커가 강조하는 경영자의 목표달성 능력은 자신이 가진 능력을 최선을 다해 성과로 연결시키려는 경영자의 의지와 실행력이라고 할 수 있다. 그리고 이 능력은 천부적인 자질이 아니라 반복적인 실행을 통해 올바른 태도와 능력을 습관처럼 갖추는 것이다. 경영자에게 필요한 능력이란 모차르트와 같은 천재들만이 소유할 수 있는 천부의 선물이 아니라 음계에 맞추어 연주하는 능력, 곧 조직이 요구하는 과업을 제대로 수행할 수 있을 정도의 능력이기 때문이다. 이것이 경영자의 자기계발이며 필수 과업이기도 하다. 경영자의 자기계발을 위한 과제는 두 가지 차원에 있다. 현재의 사업에 필요한 능력을 향상시키는 과제(현재 업무의 개선)와 미래의 도전에 대한 대응능력(미래 업무의 수행)을 배양하는 과제로 나눌 수 있다. 특히 미래의 도전에 대비하는 능력을 계발하는 것은 그 방향과 내용을 파악하기 어렵고 경영자가 지속적으로 노력하기가 쉽지 않은 과제다. 그러나 드러커는 이것에 대해서도 확실한 실천을 요구했다. 그는 새로운 지식과 태도의 습득, 새로운 기술의 숙련(의사결정, 팀 관리 등 경영을 실천하는 기술)을 위해서 꾸준히 노력해야 한다고 조언했다.

현대의 경영자들은 드러커의 조언을 당연하게 받아들일 것이다. 복잡하고 불확실한 환경에 대응하기 위해 새로운 지식과 기술을 배우는 것은 당연하다. 그런데 드러커의 조언은 특별하다. 자기인식을 바탕으로 하는 올바른 원리라는 점과 실용성에서 자기계발에 대한 드러커의 조언은 가치가 크다. 드러커는 무조건 지식과 기술을 얻으라고 하지 않았다. 그리고 자기계발에 앞서 스스로에게 아래와 같은 질문을 먼저

하라고 했다.

내가 일하는 조직이 나에게 요구하는 것은 10년 후에도 변함이 없을까?

내가 수행하는 과업이 미래에는 어떻게 변할까?

미래의 과업을 제대로 수행하기 위해 나는 지금부터 어떤 능력을 갖춰야 할까?

경영자의 자기계발은 자신을 한 차원 높이는 것이다. 조직을 위한 공헌을 지속하기 위해서 자신이 수행하는 과업을 찾아나가고, 과업을 제대로 수행하기 위한 능력과 지식을 판단하고, 이를 습득하기 위해 체계적인 노력을 한다는 것을 의미한다. 자기계발의 최종 목적은 자신의 목표달성 능력을 향상시키는 것이다.

이번 장의 핵심질문은 "경영자는 어떻게 일을 하는가?", 즉 "경영자
가 성과를 창출하는 원리는 무엇인가?"였다. 경영자의 성과창출은 경
영자의 목표달성 능력에 달려 있다. 이 목표달성 능력은 뛰어난 지식
이나 대단한 기술을 의미하는 것이 아니다. 목표를 달성하기 위해서
지식과 기술은 분명히 필요하지만 필수 불가결한 요소는 아니다. 목표
달성 능력은 보다 높은 차원의 실행능력이고, 경영자의 인식과 태도,
노력을 포함하는 총체적인 능력을 의미한다. 따라서 목표달성 능력은
조직이 부여하는 자신의 목표를 발견하고 이를 달성하기 위한 경영자
의 성찰과 일관된 노력을 통해 드러난다. 드러커는 자신이 만났던 경
영자들을 통해 목표달성 능력을 구성하는 핵심요소들을 파악했다.

- 자신의 과업이 무엇인지를 생각하는 것
- 무엇에 집중하며 무엇을 포기할 것인가를 결정하는 것
- 한정된 시간을 조직을 위한 가장 큰 공헌이 가능한 일에 집중하
  는 것
- 다양한 사람들과의 올바른 관계형성과 책임을 수행하는 것
- 지속적인 자기계발에 노력하는 것

드러커가 조언하는 목표달성 능력의 핵심요소들은 단순하지만 명확
하다. 하지만 실행은 절대 간단하지 않다. 경영자가 인간으로서 가지는
약점(오만, 오판, 두려움과 희망 등)과 조직에 늘 존재하는 장애요인들이 실

행을 어렵게 만들기 때문이다. 따라서 진지하고 정직한 경영자의 자문과 성찰은 목표달성 능력을 구축하는 출발점이다. 드러커는 경영자의 목표달성 능력을 향상시키기 위해 다음과 같은 실천적인 질문을 해보라고 조언했다.

- 내가 이해하지 못하면서 하고 있는 일에는 어떤 것들이 있는가?
- 전혀 해서는 안 될 일을 배우는 데 많은 시간을 사용하고 있지는 않는가?
- 오늘은 하고 있지만 내일은 중단하게 될 한 가지 쓸모없는 일은 무엇인가?
- 지난 3년에서 5년 사이에 나는 어떤 기여를 했는가?
- 오직 나만이 할 수 있고, 그 결과를 다른 사람과 분명하게 차별화시킬 수 있는 한 가지 일은 무엇인가?[18]

■ Action Point

- 내가 현재 집중하고 있는 일은 조직에서 어떤 의미를 가지는가?
- 가치가 없는 일을 폐기하려면 지금 무엇을 해야 하는가?
- 내가 상사와 맺고 있는 관계는 상사의 목표달성에 어떤 공헌을 하고 있는가? 더 큰 공헌을 위해서 무엇을 해야 하는가?
- 동료 경영자들에게 내가 제공할 수 있는 가장 큰 기여는 무엇인가? 이를 위해 나는 무엇을 해야 하는가?

- 나의 목표달성 능력을 향상시키기 위해 당장 해야 할 일은 무엇인가?

■ Business Case ■■■■■■■■■■■■■■■■■■■■■■■■

나의 책임은 무엇일까, 요헨 차이츠Jochen Zeitz

경영자의 일은 책임에서 시작한다. 책임은 목표로 구체화되는데, 기업의 경영자인 경우에 "돈을 번다."라는 생각은 틀린 것은 아니지만 너무나도 협소하다. 또한 기업은 걸리버가 우연히 방문한 릴리풋 같은 섬이 아니다. 기업은 사회 속에서 사회와 함께 살고 있는 유기체이다. 목표에 대한 경영자의 사고는 좀 더 깊어야 하고, 포괄적이어야만 하는 이유이다. 따라서 결과를 만들어야 하는 책임이 어디에 있는가를 발견하는 경영자의 고민과 성찰이 반드시 필요하다.

32살의 나이에 독일의 세계적인 스포츠 기업인 푸마Puma CEO가 되어 파산 직전의 푸마를 부활시키며 2004년 영국 「파이낸셜타임즈 Financial Times」가 선정한 '올해의 경영 전략가'에 선정되었던 요헨 차이츠가 경영자의 책임에 대해 다음과 같이 말했다.[19]

미국의 철학자 로렌 코드Larrine code는 '인식적 책임'에 대해 이야기한다. 같은 제목의 책도 쓴 그는 인간에게는 사고할 책임, 그것도 더 큰 맥락에서 중요한 것을 사고할 의무가 있다는 명제를 내세운다. 예를 들어 북아메리카에 사는 사람이 영국을 여행한다면 영국에서는 좌측 차선에서 자동차를 운전해야 한다는 사실을 알 책임이 있다. 반대로 영국에 살던 사람이 캐나다로 가면 우측 차선에서 자동차를 운전해야 한다는 사실을 알 책임이 있다. 원자력발전소를 세우려고 한다면, 그 책임자는 이 발전소에서 노심 용해가 발생할 경우 그것이 발전소 주변 지역 환경에 어떤 영향을 미칠지 알 책임이 있다.

경영인들은 여러 관점에서 '인식적 책임' 앞에 서 있다. 예를 들어 내가 푸마의 제품을 생산하기 위해 특별히 재배된 목면을 사용할 경우, 나는 목면 재배방식 그리고 수확방식을 잘 알아야 한다. 그러므로 나에게는 목면 재배와 수확과정에서 살충제가 사용되는지 미성년자나 저임금노동자가 일하고 있는지에 대해 부분적인 책임이 있다. 내가 브라질의 특정지역에서 생산되는 소가죽을 사용할 경우, 나는 축산업을 위해 열대림 파괴에 일부분 책임져야 한다.

"나의 책임은 어디에서 시작되며 어디에서 끝나는가? 최저임금만 지불하면 나는 책임감 있게 행동하는 것인가? 친환경적 원자재와 그런 원자재를 납품하는 업체를 선택하지 않고 다른 가능성을 선택함으로써 생산비용을 절감하려 할 때 나는 과연 책임감 있게 행동하는 것인가? 아니면 훨씬 더 높은 이윤을 얻기 위해 생산과정 개선의 속도를 늦출 경우 나는 책임감 있게 행동하는 것인가? 나의 책임은 내가, 나의 행위가 초래할 결과를 의식하는 정도에 따라 점점 더 커지는 것이 아닌가?"

나 같은 경영인에게 더 큰 책임을 의식하는 일이 항상 간단한 것은 아니다. 내가 푸마라는 밭을 경작하라는 과제가 주어졌을 때 그 밭에는 무성한 잡초와 싸움을 일삼는 농부들이 있었다. 시장에서 이미 오래전부터 푸마의 존재는 극히 미미했다. 롤프 헤르베르트 페터스Rolf Herbert Peters는 그의 책 『푸마 리턴Puma Return』에서 1980년대 중반의 우리 브랜드의 비참한 상태를 정화하게 표현했다. 그는 한 테니스 시합 중계방송에서 보리스 베커Boris Becker의 라켓에 푸마 로고가 붙어 있는 것을 보고 깜짝 놀랐다고 했다. "푸마라니, 푸마가 아직 있나?"라고 했다. 내가 푸마에 들어왔을 때 푸마는 수년간 적자를 겪고 있었고 그야말로 몰락 위기에 놓여 있었다. 내게 주어진 유일한 책임은 밭에 물을 대고 밭에서 다시 수확을 할 수 있도록 조처하는 일처럼 보였다. 지난 수년 동안 나의 책임의식은 더 커졌다. 나의 책임은 처음에는 나 자신과 가족에 대한 책임이었다. 그 후 취업과 출세에 대한 책임이 뒤따랐다. 오늘 나는 더 큰 범주에서 다른 사람들과 공동의 책임을 지고 있다고 느낀다. 우리의 공동체와 우리나라 그리고 우리가 살고 있는 지구에 대한 책임이 그것이다.

경영자의 성공원리

일관리: 목표에 의한 관리(MBO)

목표관리에 의한 경영Management by Objectives을 위해서는
엄청난 노력을 기울여야 하고, 또한 특별한 수단을 가지고 있어야 한다.
경영자들의 노력이 저절로 공동의 목표를 향해 집중되는 일은
좀처럼 일어나지 않기 때문이다.

－피터 드러커

목표관리의 진정한 의미

—

올바른 경영의 첫 번째 요건은 경영자의 올바른 의사결정과 행동이다. 그렇다면 경영자는 어떻게 해야 올바른 결정을 내리고 효과적인 행동을 할 수 있을까? 드러커는 이 두 가지에 대한 보편적인 수행원리와 성공원칙을 이야기했다. 먼저 출발점은 올바른 목표에 있다. 그것은 경영자의 노력을 집중시키고 기업 전체의 목표에 공헌하도록 만든다. 콩 심은 데 콩 나고 팥 심은 데 팥 나듯 경영자의 존재요건이 되는 목표는 기업의 존재요건을 만든다. 그런데 기업의 현실을 보면 목표를 기반으로 하는 기업운영과 경영자의 목표실현을 위한 역할수행이 절대 쉽지 않다. 먼저 사람들의 노력이 하나의 목표로 쉽게 모이지 않는다는 문제가 있다. 기업 구성원들의 노력이 한 방향으로 정렬되고 목표를 달성해야 하는데도 방향의 혼선, 노력의 중복, 각자의 기여에 대한 갈등이 생긴다. 왜 이런 문제가 발생할까? 단지 경영자의 태만이나 실수가 원인은 아니다. 오히려 조직이라는 특성이나 구조가 더욱 큰 원인으로 작용한다.

- 조직규모의 복잡성: 복잡한 것은 소음과 혼선의 주범이다.
- 계층구조의 복잡성: 사람이 많을수록 시간과 노력이 더 든다.
- 사업범위의 확장(다각화, 국제화 등): 새로운 문제, 새로운 위기가 닥친다.
- 다양한 가치관과 특성을 가진 구성원들: 조정과 통합을 위한 부담이 크다.

위의 사항들은 기업이 성장함에 따라서 필연적으로 갖게 되는 구조적 특성이다. 그렇지만 목표달성이라는 관점에서 보면 부정적인 영향을 미치기도 한다. 경영자의 목표 파악이나 그가 추구하는 목표가 기업의 성공에 기여하는지에 대한 확신을 어렵게 만들기 때문이다. 그래서 목표를 기반으로 하는 올바른 경영원리와 실행원칙의 실천이 중요하다. 현대의 기업은 지식근로자 조직으로 변모하면서 목표 기반의 경영이 거센 도전을 받고 있다. 지식근로자는 많은 사람들을 관리하거나 큰 권한을 행사하지는 않지만 자신의 영역에서 만큼은 성과달성의 책임과 권한을 가진 경영자이기도 하다. 이에 따라 중요한 경영문제가 제기된다. 전통적인 기업 경영의 도구였던 명령과 통제가 더 이상 효과적이지 않은 기업 조직에서 어떻게 하면 이들이 올바른 과업을 수행하고 높은 생산성을 발휘하면서 기업 전체의 목표에 이바지하도록 할 수 있을 것인가? 이들의 노력을 어떻게 전체를 위해 모을 것인가? 이 문제는 기업의 목표달성을 위한 핵심이자 성장을 결정하는 중요한 과제다. 그러므로 기업은 목표를 달성하는 가장 효과적이면서도 체계적인 경영의 구조와 방식을 만들어야 한다.

이 말은 경영자들이 목표를 위해 효과적으로 일할 수 있게 지원하는 환경과 정책, 제도, 문화를 구축해야 한다는 뜻이기도 하다. 이 문제가 기업의 본질적 과제이면서 경영자의 본질적 과제라는 것을 가장 먼저 파악한 사람은 드러커이다. 드러커는 그의 첫 번째 저작인『경영의 실제』에서 이 문제를 다뤘다. 이 책을 통해 기업 경영에서 목표가 차지하는 의의와 기업의 현실을 들여다보고 '목표관리Management by Objectives에 의한 경영'을 해법으로 내놓았다. 드러커의 목표관리는 경영자들이 자신의 목표를 기업 전체의 목표와 정렬하고 그것을 중심으로 경영하는 방식인데, 이것은 기술Technic이라기보다는 사람과 기업에 대한 올바른 인식을 바탕에 담은 경영원리이자 올바른 실행을 추구하는 경영 방식이다. 목표관리는 경영의 필수원칙으로 경영자들이 기업의 성공에 기여하기 위해 사용하는 방식으로써 가치가 있다.

▌목표관리가 담고 있는 것

드러커에 의해 목표관리라는 용어가 지금처럼 익숙해지기는 했어도 여전히 많은 경영자가 목표관리를 잘못 이해하고 있다. 목표관리에 대해 생각하는 몇 가지 내용들을 보자.

- 야망으로써의 목표관리
  - 목표관리는 과감한 목표를 설정하고 이를 통해 사람들이 더욱 열정적으로 일하도록 만든다.
- 이념뿐인 목표관리
  - 목표관리는 목표설정과 관리를 통해 운영한다는 원리로써 구체적인 방식에 대해서는 별로 말할 것이 없다.
- 배분장치로써의 목표관리
  - 목표관리는 목표의 구조(전체목표 – 부문목표 – 부서목표 – 개인목표)로 운영해나가는 경영방식이다.

　모두 잘못된 생각이다. 목표관리는 개념만 가지고 형식적으로 목표를 정렬하는 방식이 아니다. 드러커가 말한 목표관리는 개념과 원리와 경영자의 행동방식이 담겨 있다. 그가 목표관리를 경영의 필수원칙이자 경영자들의 도구로 제시한 것은 경영이란 모든 사람의 노력의 집합이라고 보는 철학에 기반이 있다. 기업이 사명을 달성하기 위해서는 사람들의 노력을 한 방향으로 집중시킬 수 있어야 하는데, 노력의 집중은 사람들이 기업의 사명과 연계된 목표를 가질 때 가능해진다. 목표는 공동으로 달성할 대상이자 결과물로써 사람들이 수행하는 일을 가치 있게 만들고 조직을 조직답게 하는 유일한 수단이다.

　경영자 미팅에서 자주 인용하는 이야기로 세 명의 석공에 관한 일화가 있다. 드러커의 저작에 나오는 이야기이다. 석공들에게 지금 무엇을 하고 있느냐는 질문을 했다. 첫 번째 석공이 이렇게 대답했다. "저는 생계비를 벌고 있습니다." 두 번째 석공은 이렇게 말했다. "저는 지금 우리 고장에서 가장 멋진 일을 하고 있습니다." 세 번째 석공은 비전에 가득 찬 눈빛으로 이렇게 말했다. "저는 지금 대성당을 짓고 있습니다." 여기서 경영자는 세 번째 석공이다. 첫 번째 석공은 조직의 비전이나 궁극적 목표에 대해서는 관심이 없고 단지 자신의 이해에만 관심이 있다. 두 번째 석공은 목표를 이해하고 있지만 자신의 전문성에만 관심을 두고 있다. 자신만의 좁은 시야로 자신의 역할을 생각한다. 짧은 이야기지만 오늘날의 조직에도 이런 사람들은 많다. 드러커는 『경영의 실제』를 쓰기 전에 경영자들을 관찰하면서, 회계 임원은 숫자에만 집중하며 오로지 손익계산서밖에 읽을 줄 아는 것이 없고 마케팅 임원은 대차대조표를 보지 않는 일이 비일비재하다는 것을 알았다. 과연 현대 기업은 이런 사람들이 사라졌을까?[20] 목표가 중요하다고 모두가 인정하면서도 목표에 대한 자유분방한 해석이 얼마나 많은지를 이해할 수 있을 것이다. 목표관리는 추상적 이념이나 실천과는 거리가 먼 공허한 주장이 아니다. 목표관리는 인간의 노력을 결집함으로써 결과를 달성하는 실천원리다. 따라서 목표관리를 이렇게 정리할 수 있다.

- 조직의 사명과 연계된 목표를 경영자들이 이해하도록 하고 이를 통해 경영자로서 공헌하게 한다.
- 제대로 된 목표만이 조직을 조직답게 하고 경영자를 책임지는 경영자로 공헌하게 할 수 있다.

다음으로 목표관리는 하나의 원리일 뿐 실제적인 도구로서 가치가 없다고 평가하는 의견이 있는데, 이 생각은 전적으로 틀린 생각이다. 드러커는 목표관리에 대해 처음으로 설명하면서 '목표에 의한 관리Management by Objectives'가 아니라 '목표와 자기통제에 의한 관리Management by Objectives and Self Control'라고 명명했다. 드러커가 말한 대로 목표에 의한 관리와 자기통제(자율적) 관리는 한 쌍이다. 드러커는 처음부터 목표와 자율성을 하나로 파악했다. 따라서 자율이라는 조직 운영의 실질적 원칙을 구현하면서 목표를 관리한다는 실제성이 담겨 있다. 만약 목표에 의한 관리만을 얘기한다면 목표관리는 개념적 차원에 머무르는 추상적 원리로 이해되기 쉽다. 무엇을 통해 목표가 관리되게 할 것인가에 대한 실질적인 원칙과 지침이 없다면 조직의 현실을 다룰 수 없다. 그래서 드러커는 목표를 통해 자율성을 구현하고 이것에 기반을 둔 책임을 부여하며 목표를 달성하는 것이 목표관리라고 주장한 것이다. 따라서 목표관리를 이렇게 정리할 수 있다.

- 목표에 의한 관리는 자율적으로 책임을 지는 경영자를 통해 구현된다.
- 목표에 의한 관리는 자율적 책임경영(분권화)을 통해 구현된다.

드러커가 '명령과 통제에 의한 관리'를 '자율과 분권에 의한 관리'로 대체하는 경영원칙이자 조직운영의 도구로 목표관리를 제시했다는 것은 중요한 사실이다. 이 점이야말로 목표관리의 핵심이다. 이것을 이해하고 나서 목표관리의 실제적인 의미와 가치를 판단해야 한다.

사람들이 각각의 영역에서 자신의 강점과 전문성을 기반으로 일을 하면서 조직의 사명을 달성할 수 있게 하려면 어떤 관리도구가 좋은

가? 산업시대의 기업은 군대의 명령과 통제를 사용했다. 미리 정해진 직무와 책임 규정은 거기서 채택한 장치이다. 하지만 이제 그것은 유효하지 않다. 분권화와 자율의 경영원칙을 담고 있는 드러커의 목표관리는 어떤가?

여기에 담겨 있는 핵심사상은 두 가지다.

첫째로 자율성에 의한 경영이다. 기업 구성원은 자신의 지식과 기술을 사용해서 성과를 창출하며, 그 성과는 전체의 목표를 위해 자신의 공헌을 정의하고 선택한 후 거기에 노력을 집중할 때 나온다. 목표는 자율성을 보장하는 요소이며 자율성을 통해 목표달성을 위한 최선의 노력을 하게 된다.

둘째로 조화와 균형을 위한 장치다. 기업은 가장 중요한 자원인 사람의 노력을 한곳으로 집중하면서 개개인의 공헌이 전체의 목표달성에 최대한 기여하게 만든다는 분명한 방침을 가지고 있어야 한다. 그렇다면 다양한 활동을 하는 여러 영역의 목표들이 제각각 목표를 달성하면서 전체의 균형도 유지해야 한다. 또 단기적인 성과를 내면서도 장기적인 성과를 내다볼 수 있어야 한다.

▌ 자율성에 의한 경영

자율성에 의한 경영에서 먼저 주목할 것은 그 안에 있는 인간관이다. 자율성을 인정하려면 인간이 자율적 존재라는 것을 받아들여야 한다. 드러커가 말한 목표관리는 인간은 스스로의 의지로 일을 선택하고 성과를 창출하기 위해 노력하며 공헌하고 자신을 개발하는 주체적인 존재라는 인간관이 바탕에 있다. 반면에 목표관리의 대척점에 있는 통제에 의한 관리는 이런 인간관을 부인한다. 인간이란 본래 수동적인 존재로서 자율적인 공헌의 가능성과 주체적인 성장 가능성을 인정하지 않는다. 통제에 의한 관리가 개개인의 작업에 대한 명령과 통제에 의해 성과를 달성하려는 경영원리라면, 드러커의 목표관리는 스스로가 부여하는 책임감과 자율적 선택을 통한 동기부여에 의해 성과를 달성하는 원리다. 그리고 목표를 추구하는 인간의 자율성과 책임을 바탕에 둔 조직운영으로 조직의 효과성도 확보할 수 있다는 것이 목표관리의 중심에 있는 사상이다. 이런 인간에 대한 이해를 바탕으로 하기 때문에 목표관리는 '자기통제에 의한 관리'를 의미한다. 전체가 추구하는 목표를 알고 그 목표와 정렬된 자신의 목표를 아는 경영자가 스스로 책임을 부여하고 주체적인 의사결정으로 전체에 공헌하기 위해 자신을 통제하며 일한다.

드러커는 이처럼 목표관리를 자기통제에 의한 관리로 봄으로써 기존의 지배적 경영원리였던 통제에 의한 관리에서 벗어난 새로운 경영원리의 가치를 부여했다. 또한 목표관리는 인간의 자율성에 대한 기본 신념을 바탕에 두고 있기 때문에 행동 과학자들이 중시하는 심리학적 처방과는 본질적으로 다르다. 인간의 성격이나 동기에 대한 과학적 분석을 통해 인간을 움직일 수 있다고 주장하는 것이 그들의 주장인데 드러커는 특히 강력한 동기부여 장치를 통해 헌신하도록 만들 수 있다는 주장을 강하게 부정한다. 드러커와 오랜 기간 교류하며 드러커 사상의 전문가로 인정받는 존 플래허티John E. Flaherty 교수가 쓴 『현대 경영의 정신Peter Drucker』에는 다음과 같은 드러커의 발언이 있다.

나는 근대 심리학자들이 말하는 것과는 정반대로 인간이 지식을 축적하고 기술을 습득할 수는 있지만 절대 그의 인성을 바꿀 수는 없다고 확신한다.[21]

우리는 개개인이 성공의 습관을 획득할 수도 있지만 실패의 습관을 획득할 수도 있다는 사실을 알고 있다. 이것 역시 X이론이나 Y이론으로는 설명할 수 없다.[22]

타인을 통제하고 지배하고 조작할 목적으로 심리학을 사용하는 것은 지식을 자기 파괴적으로 사용하는 것이다. 이것은 전제주의가 또 다른 불쾌한 형태로 둔갑한 것이기도 하다. 과거에 주인은 노예의 몸까지 통제했다.[23]

이제 목표관리가 도구나 방법론이 아니라는 점이 명확해졌을 것이다. 일부 경영자들이 목표를 설정하기 위한 방법론이나 혹은 조직 전체의 목표를 부문별 목표로 할당하는 기술적 도구로서 목표관리를 이해한다는 점은 틀렸다. 목표관리는 인간의 자율성에 바탕을 두고 책임을 통해 사람의 능력과 노력을 결집시키는 실질적인 조직운영의 원리다.

▌조화와 균형을 위한 장치

　목표관리는 기업 내 구성원들의 노력과 활동이 조화롭게 구심력을 갖도록 만드는 장치다. 오늘날의 기업들은 마케팅, 생산, 인사관리, 연구개발, 재무, 유통, 고객서비스 등의 다양한 활동영역을 가지고 있다. 기업은 이런 전문화된 각각의 영역에서 최선의 성과를 달성해야 한다. 그런 영역을 담당하는 전문가가 바로 경영자다. 따라서 경영자들이 자신의 영역에 대해 어떤 생각을 갖는지가 중요한 문제가 된다. 경영자는 우선 자신이 담당하는 영역에서 최고의 성과를 올리려고 한다. 그런데 경영자의 관심과 노력이 전체를 위한 최고의 성과로 이어지지 않는 경우가 있다. 전체의 성과보다는 자기가 담당하는 부문의 성과에만 치중하는 이탈의 문제, 경영자끼리 서로를 잘 이해하지 못하거나 충돌하는 분리의 문제 그리고 경영자끼리 희소 자원을 서로 확보하려는 갈등의 문제 때문이다. 이런 문제들은 반복되기 쉬운 구조적인 문제로 기업을 위험에 빠뜨린다.

　드러커는 기업의 목표는 단 하나가 아니라고 하면서 전문화에 따른 문제들을 지적하고 목표관리야말로 그 위험을 방지할 올바른 경영원리라고 강조했다. 목표관리를 통해 기업의 핵심목표와 경영자의 목표를 수립하며 전체와 부문, 개인목표의 조화를 달성함으로써 전체의 목표를 달성하게 되는 것이다.

목표 간의 조화와 균형은 왜 필요한가?

엔지니어링 임원은 최고 수준의 품질과 완벽성을 가진 제품을 설계하는 것을 목표로 하고 있다. 신속한 제품공급을 통한 점유율 확대를 목표로 하는 마케팅 임원의 목표를 알고 있을 때 이 엔지니어링 임원의 목표는 적절한 것인가? 시장경쟁에서 승리하는 것이 절실한 마케팅 임원의 목표는 품질의 완벽성을 절실하게 생각하는 엔지니어링 임원의 목표와 어떻게 조화를 달성할 수 있을까? 장인정신은 뛰어난 제품을 개발하는 데 없어서는 안 될 원료이자 에너지의 원천이다. 그런데 제품의 성과를 결정하는 것은 언제나 시장이고 고객이다. 따라서 신속한 시장출시와 마케팅 성공은 제품의 혁신 못지않게 기업이 발휘해야만 하는 핵심역량이다. 엔지니어링과 마케팅은 어떻게 목표를 조율하고 또 협력할 수 있을까? 만일 마케팅 임원이 현재의 뛰어난 제품을 좀 더 단순하게 변경하고 싶다면(기술적 탁월성을 조금 낮추겠지만 보다 경쟁력이 있는 가격대의 제품을 만드는 것) 이 엔지니어링 임원의 목표는 어떤 것이 돼야 할까?

이런 사례는 지금도 일어나고 있는 일이며 희귀한 이야기도 아니다. 각 부문의 목표에서 혼란과 충돌은 쉽게 일어날 수 있는 현상이다. 그리고 이런 일은 기업이 다양한 영역에서 경영활동을 수행하는 조직이므로 불가피한 특성이다. 경영자들이 자동적으로 공동의 목표를 향해 노력하는 것은 아니기 때문이다. 모든 활동을 한 방향으로 정렬하는 것은 매우 어려운 일이다. 오히려 기업은 마치 자연계에 적용되는 엔트로피의 법칙처럼 방향을 잃고 중심을 흐트러뜨리는 속성을 가지고 있다. 대부분의 경영자가 각자의 분야에서 일한다는 점, 계층적 구조 안에서 일한다는 점, 그리고 서로의 비전과 직무가 다르다는 점으로 인해 조직 전체로 보면 분야 간, 계층 간 단절현상이 쉽게 벌어진다. 그래서 쉽게 공동의 목표 추구에 대한 방향을 잃게 된다. 따라서 목표관리는 기업 전체의 비전을 바라보는 목표의 정렬과 각자의 노력을 한 방향으로 모으는 세심하고도 지속적인 실천이 반드시 필요하다. 또한 기업은 영역 간의 갈등과 혼란을 최소화하면서 전체의 조화를 달성하려는 특별한 노력을 해야 한다.

이처럼 자율성에 의한 경영과 조화와 균형을 확보한다는 사상은 목표관리를 지탱하는 두 개의 축이며 조직의 현실을 바탕에 둔 경영방식으로서도 분명한 의의를 가지고 있다. 물론 이런 의의는 자기통제를 통해 과업을 수행하고 목표를 달성하는 경영자를 통해 실현된다. 드러커가 목표관리와 자기통제에 의한 관리를 하나로 제시한 것은 바로 이점 때문이다. 목표관리는 곧 자기통제에 의한 관리다. 그렇다면 경영자는 자기통제에 의한 목표관리를 어떻게 실천할 수 있을까? 이제 원리에서 실천의 영역으로 넘어가보자.

02

목표관리의 실천원칙

드러커는 "경영자란 자기가 하는 일을 통해서 전체의 목표에 기여할 책임을 지는 사람이다."라고 말했다. 책임이란 언제나 자율성을 동반한다. 따라서 경영자가 책임을 질 수 있으려면 반드시 자율적으로 일할 수 있어야 한다. 스스로 목표를 설정하며 자신의 성과를 스스로 관리할 수 있어야만 한다. 경영자는 자율성과 책임을 가지고 일하는 사람이다. 이 말은 곧 모든 경영자가 자기통제에 의한 관리를 할 수 있고 또 해야만 한다는 것을 의미한다. 드러커는 목표관리가 중요한 이유는 그것을 통해 자기관리가 가능하기 때문이라고 했다.

목표에 의한 관리가 주는 가장 큰 혜택은 관리자가 자신의 성과를 스스로 관리할 수 있는 것이다. 자기관리는 보다 강한 동기부여가 되었다는 것을 의미한다. 적당히 넘어가지 않고 스스로 할 수 있는 최선을 다 한다는 의지다. 자기관리는 자신의 성과목표를 높게 설정하고 보다 큰 비전을 가지는 것을 의미한다.[24]

▌목표관리는 자기를 통제하는 것이다

목표관리는 자기통제에 의한 관리다. 스스로 동기를 부여하는 가치를 통해 자기통제가 이루어지고 이를 통해 목표관리는 제대로 작동한다. 그러나 자율성과 방임이 가까이 있는 것처럼 자기통제에 의한 관리는 쉽게 길을 잃을 수 있다. 목표설정의 혼선 또는 오류, 전체목표보다는 자기목표에 대한 지나친 집중, 자기관리에 따른 책임의 경시 등 부정적인 문제가 언제든 나타날 수 있다. 따라서 자기통제에 의한 관리가 진정한 의미를 가지려면 구체적인 행동의 원칙을 실행해야 한다.

이를 위한 세 가지 원칙이 있다.

첫 번째로 경영자는 자신이 책임지는 목표를 스스로 개발해야 한다. 목표를 스스로 만들어야 진정한 의미에서 책임을 질 수 있고 또 물을 수 있다. 드러커는 경영자는 자신이 관리하는 영역에서 자신이 달성해야 하는 목표를 스스로 개발해야 한다고 조언했다. 자신의 능력과 강점을 활용할 수 있는 자원을 토대로 스스로 목표를 수립할 때 이 목표는 자기가 책임지는 목표가 된다. 물론 경영자가 정한 목표를 상위 경영자나 조직은 승인하거나 거부할 수 있다. 여기서 중요한 점은 경영자의 주체적인 참여를 통한 목표수립과 기업이 지향하는 전체목표에 대한 공감대 형성이다. 이런 그의 조언이 조금은 이상적이라고 반론할 수 있다. 그런 사람들은 현실을 근거로 한다. 기업 현장에서는 목표가 상의하달 방식으로 전달되는 경우가 많고 스스로 목표를 세우는 것이 생소하기 때문이다. 이 방식이 관행으로 굳어지면서 그 효과에 대해서는 의문을 제기하지 않는다는 점과 하의상달 방식으로 목표를 수립하는 것과 효과에 대해서는 진지한 검토를 하지 않았다는 점을 주목해야 한다. 드러커도 기업의 그런 관행을 잘 알고 있었다. 그래서 그는 스스로 목표를 선택하는 과정에서 전체목표와 자신의 목표를 정렬시키고, 달성에 대한 진지한 책임감을 부여하는 과정이 가능한 것임을 경영자 레터Management Letter[25]라는 프로그램을 통해 제시했다.

경영자 레터를 통한 목표관리

- 경영자는 1년에 2번 상위 경영자에게 보내는 경영자 레터를 작성한다.
- 이 레터에는 다음과 같은 내용이 포함된다.
  - 상사가 달성할 목표와 자신이 달성할 목표 정의
  - 자신의 직무에 적용할 성과표준
  - 목표달성을 위해 자신이 수행할 과업들
  - 목표달성의 장애요인들(자신이 관리하는 조직범위 내)
  - 목표달성과 장애요인 극복을 위해 상사와 조직이 도와줄 일들
  - 목표달성을 위해 다음 1년 동안에 수행할 주요 과업들
- 상사가 부하 경영자의 레터를 검토하고 승인한다.

• 경영자가 자신의 일을 수행하는 과업 기록서로 레터를 활용한다.

  필자는 경영자 레터를 두 개의 조직에서 실천해본 적이 있다. 드러커의 조언을 그대로 적용해서 실행해보았다. 처음에 중간 관리자들은 레터 작성에 어려움을 토로했다. 내용을 채우기가 어렵다는 것이다. 그들은 상사의 목표에 따라 자신의 목표를 생각하는 것과 목표와 과업의 우선순위를 선택하는 것이 가장 어렵다고 했다. 그리고 내용을 검토하는 상사로서 필자는 중간 관리자와는 다른 부분에서 어려움을 느꼈다. 상사의 설명이나 지시에 의한 목표는 언제나 부하직원이 생각하는 그것과는 다를 수밖에 없다. 이 점이 필자가 얻은 중요한 교훈이었다. 그래서 상향식으로 목표를 수립하는 과정은 옳다고 본다. 실천할 사람이 제기하는 내용만이 100퍼센트 책임을 부여할 수 있기 때문이다. 또한 부하직원이 먼저 목표와 우선순위를 제기할 때 상사는 자신의 생각과 다른 점을 설명하고 설득할 기회를 가질 수 있다. 상사가 제시하는 목표에 대해 얼마나 진정으로 부하직원이 동의하고 헌신할지를 확신하기는 매우 어렵다. 경영자 레터를 활용해보기를 권한다. 점점 더 많은 기업들이 하향식의 목표수립 방식에서 벗어나 상사와 부하의 대화와 합의를 강조하는 추세인데 이는 책임에 기반을 둔 경영에 대한 인식이 바탕에 있다.

  두 번째로 모든 경영자가 달성해야 할 목표는 아래가 아니라 위로 향해야 한다. 이 원칙은 경영자의 일에 대한 지혜로운 통찰이 담겨 있다. 경영자는 대체로 자신의 일을 생각할 때 아래를 본다. 부하직원의 업무에 대한 감독, 지시와 통제를 자신의 직무로 혹은 자신의 책임이라고 생각하고 있는데 이 생각은 틀렸다. 드러커가 말한 경영자의 중요한 책임은 경영자가 속한 상위부문의 목표에 공헌하는 것이다. 그것이 가능할 때 비로소 그의 목표와 기업 전체의 목표가 연계되고 경영자의 성과가 기업 전체의 사명에 기여할 수 있기 때문이다. 따라서 경영자는 상위조직이 자신의 목표를 개발할 때 능동적으로 참여할 수 있어야 한다. 참여를 통해서 상위조직의 목표를 이해하고 목표달성에 기여하는 자신의 목표를 알 수 있다. 사장은 임원에게, 임원은 팀장에게, 팀장은 팀원에게 자신의 목표설정에 참여하라고 요구해야 한다.

세 번째로 경영자의 목표는 좀 더 높은 성과목표와 폭넓은 비전을 가진 것이어야 한다. 경영자는 자신이 할 수 있는 최고 수준의 목표를 지향해야 한다. 평범함을 넘어서는 것이 조직의 목적이고 경영자의 평범한 성과로는 절대 조직 전체의 사명에 연계되는 공헌을 할 수 없기 때문이다. 그리고 탁월성을 추구하는 것은 조직의 정신이기도 하다. 투입보다 더 큰 결과를 창출할 때만이 조직의 성장과 존속이 가능하기 때문이다. 경영자는 크고 원대하며 실현 가능한 목표를 지향해야 한다. 특히 조직의 혁신 자체가 생존의 기본조건이 되는 지금은 비전과 원대함이 있는 목표설정의 중요성이 더 커졌다. 경영자는 주어진 역할을 완수하는 관리자의 역할과 함께 기업가 정신을 가진 혁신가의 역할도 해야 한다. 일본의 패션 기업 유니클로를 만든 야나이 다다시의 정신을 배워야 한다. 그는 이렇게 말했다.

"쉽게 도달할 수 있는 목표는 의미가 없어요. 제가 시골 양복점에서 시작할 때만 해도 지금 같은 규모의 회사로 키울 수 있으리라고는 아무도 상상하지 못했지요. 상상할 수 없는 목표를 세우지 않으면 성장할 수 없어요. 달성하기 어려운 목표를 세우는 게 저의 성공원동력입니다. 높은 목표가 있어야 자신을 바꾸고, 회사를 바꾸는 혁신의 결의가 생깁니다."[26]

또한 보다 높은 목표는 경영자가 자기통제(자율)에 의한 목표관리를 가능하게 만드는 필수 원료다. 자율이라는 단어는 '자自'와 '율律'을 합친 말인데 스스로 방향을 정하고 행동하며, 스스로를 다스리고, 그럼으로써 책임을 진다는 뜻이 담겨 있다. 그래서 자율이라는 말은 전혀 기쁨을 주는 말이 아니다. 목표를 수립하고 달성하는 일에 대해 경영자 각자가 책임을 진다는 것은 열정적인 동기와 자발적인 노력을 요구하기 때문이다. 높은 목표는 경영자의 자존감과(나는 조직에 진정으로 공헌하고 있다) 동기(나는 최선의 노력을 발휘한다)를 유지할 수 있는 강력한 내면의 힘을 제공한다.

▌목표관리와 조직의 현실

지금까지 목표관리의 실천원칙을 정리했다. 실천원칙은 단순하고 명확하다. 그렇지만 실천이 만만치 않은 것은 조직의 현실에서 원칙의 실행을 가로막는 잘못된 관행이 있기 때문이다. 대표적으로 목표 쪼개기가 있다. 이것은 기업에서 가장 흔한 목표수립 방식이다. 회장이나 사장이 기업 전체의 목표를 세우면 임원들은 그것을 달성하기 위한 자신의 목표, 즉 부문의 목표를 수립한다. 그 다음 부서와 팀 단위로 목표가 내려가고 담당자 별로 세부목표가 정해진다. 큰 것을 나눈다는 개념에서 일견 합리적으로 보이는 이 방식은 과도하거나 과소한 목표가 만들어지기 쉽다. 각 부문의 고유한 상황을 제대로 반영하지 못하기 때문이다. 이 같은 방식은 현장 관리자들이 빠지기 쉬운 안전주의를 막을 수 있다는 점 때문에 환영받는다. 하지만 이 방식으로는 최선의 목표와 최고의 헌신을 끌어내지 못한다. 위로부터의 압력에 의해 목표에 접근하기보다는 자신의 판단과 확신을 갖고 달성 가능한 목표를 발견하는 것이 현명하다. 경영자는 안전주의가 아니라 전체를 위한 자신의 공헌에서부터 출발해야 한다.

드러커가 조언하는 목표관리의 실천원칙을 제대로 적용하려면 조직의 잘못된 관행을 바꾸고 경영자의 고정관념을 바꿔야 한다. 메마른 사막에서 꽃을 피울 수는 없다. 따라서 경영자는 목표관리를 위한 비옥한 토양을 조직 안에 만들어야 한다.

03

목표관리를 뿌리내리기

목표관리를 제대로 실천하는 출발점은 경영자의 인식을 점검하고 올바른 이해를 정립하는 일이다. 드러커가 제시한 목표관리는 인간관을 담은 철학적 바탕 위에서 경영자의 올바른 경영활동을 지도하는 원리로 이해돼야 한다. 동시에 이 원리는 실제 현장에서 구현되는 결정과 행동의 원칙이 돼야 한다. 드러커는 목표관리의 의의에 대해 다음과 같이 기술했다.

기업이 필요로 하는 것은 경영의 원칙이다. 경영의 원칙은 개인의 역량과 책임을 충분히 인식하게 만든다. 동시에 구성원들의 비전과 노력을 공동의 방향으로 향하게 하며 나아가 팀워크를 만들고 개인의 목표와 전체의 성공 사이에 조화를 이루게 한다. 이렇게 할 수 있는 유일한 경영의 원칙이 하나 있다. 그것은 목표와 자기통제에 의한 관리다. 이 원칙은 모두의 번영이 모든 관리자들의 공동목표가 되게 한다. 이 원리는 외부로부터의 통제를 대체하여, 내부로부터의 더 엄격하고 정확하고 효과적인 통제로 바꾸어 놓는다. 이 원리는 관리자에게 동기부여를 하여 누군가가 시켜서 일을 하는 것이 아니라 자기의 업무를 객관적으로 보고 스스로 일을 하도록 만든다.

오늘날 '철학'이라는 단어는 경영에서 너무나 함부로 사용되고 있다. 나는 어느 회사의 부사장이 '구매 요청서 관리철학'이라는 문서에 서명한 것을 보았다. 이 문서의 내용은 구매 요청서를 쓸 때는 한번에 세 부를 작성하라는 것이었다. 목표와 자기통제에 의한 관리는 마땅히 경영철학이라고 할 수 있다. 그것은 경영자에게 요구되는 역할의 개념을 명확히 해주고 경영자가 필요한 것들과 이겨내야 할 장애물을 말해준다. 또 인간의 행동과 동기에 대해 말해주며, 객관적 필요를 나의 개인적 목표로 바꾸어줌으로써 큰 성과를 가져다준다. 이는 지위와 분야에 상관없이 모든 관리자와 크기에 관계없이 모든 기업에 해당된다.[27]

▌ 방법 이전에 신뢰가 먼저다

진정한 목표관리의 씨앗은 신뢰를 통해 발아한다. 최고경영진은 경영자의 능력과 성장 가능성에 대한 신뢰를 확실히 보여야 한다. 각 경영자들을 그의 영역에서는 의사결정을 수행할 자유와 행동의 책임을 지는 최고경영자로서 존중하고, 또 실제로도 행동할 수 있는 기반(권한과 자원)을 부여해야 한다. 최고경영진의 전적인 신뢰가 있을 때 경영자들에게 자율과 책임을 요구할 수 있다. 그 다음은 경영자들의 몫이다. 경영자는 자신이 책임져야 하는 목표에 대해 치열하게 성찰해야 한다. 목표는 조직 상부의 몫이고 나는 실행만 한다는 안이함을 던져야 한다. 자신의 공헌을 통해서 전체의 목표달성이 영향을 받는다는 점을 받아들이고 자신이 온전하게 책임져야 할 목표가 어떤 것인가를 고민하고 결단하는 것이다. 최고경영진의 자세와 태도는 매우 중요하다. 조직의 정신과 문화를 만드는 기반이기 때문이다. 그들이 보여주는 모든 행동은 언제나 조직 전체에 강력한 영향을 미친다. 목표관리를 항해에 비유하자면 최고경영진은 항로를 결정하는 조타수와 같다.

필자는 입으로는 자율과 혁신을 말하지만 실제로는 통제권의 상실을 두려워하고 경영자를 믿지 못하는 최고경영진을 많이 경험했다. 이들은 목표수립의 자율성을 인정하길 꺼려한다. 물론 자신의 안전지대에서 나오지 않으려는 많은 경영자들이 있다는 것도 알고 있다. 대부분의 경영자들은 달성 가능한 쉬운 목표만을 추구하려는 태도를 보인다. 그러나 이율배반적인 태도는 전적인 통제나 전적인 방임보다 더 나쁘다. 이런 상황에서는 경영진 간의 불신이 조장되고 목표관리를 실천할 수 있는 문화적 기반은 점점 취약해진다. 드러커의 목표관리에 담긴 "인간은 자율적 존재이고, 보다 큰 비전과 목표를 추구할 때 성장하고 공헌한다."는 신념을 깊이 생각해야 한다.

▌목표관리는 시스템이 필요하다

최고경영진과 이하 경영자 모두에게 목표관리에 대한 명확한 인식이 정립되고 신뢰가 형성되면 다음은 제도와 시스템의 영역으로 넘어간다. 제도와 시스템은 목표관리가 온전하게 실행될 수 있는 현실적 기반, 즉 경영자의 목표달성 과정을 효과적으로 지원하는 프로세스를 만드는 모든 방식을 뜻한다. 이 두 가지는 목표 자체만큼 중요하다. 목표는 그것을 달성하기까지는 언제나 좋은 의도에 지나지 않는다. 실제로 목표를 달성하기 위한 활동을 체계적으로 지원하고 관리하지 않으면 목표달성이란 매우 어렵다. 따라서 다양한 제도적 기반이 필요하다.

가장 중요한 것은 명확한 평가척도의 수립과 성과정보를 적시에 제공하는 경영시스템이다. 기업에서는 이 시스템을 '목표관리 시스템' 혹은 '성과관리 시스템'으로 부르는데, 뛰어난 성과를 달성하는 기업들이 특히 이것을 효과적으로 운용하는 데도 뛰어나다. GM, 맥도널드, GE, 삼성, 현대처럼 19세기에서 20세기의 산업에서 시작한 대기업뿐만 아니라 마이크로소프트, 애플, 구글, 아마존, 소프트뱅크, 유니클로 같은 신경제의 신산업을 개척한 기업들도 고도의 목표관리 시스템을 운영하는 점에서는 같다. 목표관리 시스템은 기업들마다 형태는 다르지만 핵심요소는 다음의 세 단계로 이루어진다.

- 성과목표 수립(성과지표와 목표정의)
  - 어디까지 갈 것인가?
  - 목표를 설정하는 성과영역의 선택, 성과영역별 목표수준의 결정

- 성과측정 프로세스(주기적 성과측정 및 보고)
  - 얼마나 왔는가?
  - 목표달성 결과에 대한 성과측정의 기준, 주기, 보고체계
- 성과평가 프로세스(최종 결과분석, 평가, 개선피드백)
  - 어떻게 더 잘할 것인가?
  - 최종 결과분석, 문제점 파악, 개선기회 도출, 평가, 보상 피드백 등

목표관리의 실천과제

이처럼 목표관리는 경영자의 목표에 대한 전적인 투신을 바탕으로 기업 전체로는 목표관리에 대한 체계적인 관리 노력과 역량이 필요하다. 드러커가 여러 번 지적한 것처럼 조직 내에서 저절로 모든 노력이 목표를 향해 모이지는 않는다. 전체목표에 대한 혼선, 부문 간 목표의 충돌, 목표에 헌신하지 않는 경영자의 나태함, 상황변화에 따른 목표의 유효성 감소, 예상하지 못했던 사건과 사고 등. 목표관리의 장애물은 도처에 널려 있다. 따라서 경영자는 목표관리를 위해서는 목표에 대한 철저한 의식과 상당한 관리적 역량이 동시에 필요하다는 것을 항상 주지해야 한다. 목표관리의 효과적 실천을 위한 드러커의 조언을 바탕으로 기업 조직에서 목표관리를 정착시키기 위한 실천과제를 정리하면 다음과 같다.

목표의 수립

- 모든 경영자가 전체 기업의 목적과 정렬된 분명한 자신의 목표를 가지고 있도록 한다.
- 모든 경영자가 자신이 책임져야 할 목표를 스스로 개발하도록 노력한다.
- 경영자가 책임지는 목표는 기업 전체의 목적에 기여하면서 상위 조직의 목표에 공헌하는 것이어야 한다.
- 모든 목표는 분명하고, 모호하지 않으며, 측정 가능한 결과를 포함해야 하며, 달성일정과 책임을 분명하게 정한 것이어야 한다.

목표의 관리

- 기업은 명확한 성과척도와 성과정보를 경영자에게 적시에 제공하는 시스템을 가지고 있어야 한다.
- 목표를 달성하기 위한 과정에서 발생할 수 있는 경영자 간의 갈등과 혼선에 대응하기 위한 조정체계가 있어야 한다.
- 목표의 달성과정은 주기적으로 점검돼야 하며, 때로는 목표를 수정·변경하는 절차를 미리 가지고 있어야 한다.

실천과제는 그다지 많지 않지만 실행과정은 절대 쉽지 않다. 노련한 경영자는 이 사실을 잘 알고 있다. 필자도 기업의 기획부서에서 일하면서 목표수립(연간 경영계획 혹은 중장기 경영계획), 목표관리(주기적 성과보고, 대책회의, 경영평가 등)를 전체적으로 조정하는 업무를 오랫동안 수행해 봤는데 그 업무가 절대 만만치 않았다. 특히 최고경영자와 부문경영자 간의 목표에 대한 공감대 형성, 목표와 성과와의 차이에 대한 평가, 목표달성을 돕는 지원 측면에서 어려움을 겪었다. 그러다 보니 이 어려움을 극복하기 위한 방법에 대해 많은 관심을 가지게 되었고 선진기업의 정책이나 시스템을 연구하기도 했다. 그런데 부서장이나 임원들은 이런 필자의 관심을 지지하지 않았다. 참 의아한 일이었다. 목표를 세우고 이를 달성하기 위해 노력한다는 말이 당연하기 때문이었을까? 아니면 목표를 달성하는 것이 원래 어려우니 목표관리도 그럴 것이라는 단순한 생각 때문이었을까? 그러나 목표를 달성하는 과정이 본질적으로 왜 어려운 것인지를 제대로 알고 있어야 한다.

목표관리는 본질적으로 현재에서 미래로 가는 변화를 끌어내는 과정이다. 그리고 조직이 목표로 삼는 중요한 결과(기업인 경우 매출액, 고객 점유율, 혁신, 브랜드 가치 등)는 조직의 내부가 아니라 외부에 있다. 드러커가 지적한 것처럼 조직에는 단지 노력과 비용만 있을 뿐이다. 외부세계는 기업의 의도와는 전혀 무관하게 변한다. 따라서 기업이 목표를 달성하는 과정은 변화를 의도적으로 일으키는 것이면서 사람의 동기, 조직을 운영하는 시스템, 상황의 변화에 따른 영향 등 조직의 내부와 외부의 거의 모든 요소가 관여하는 복잡한 과정이다. 따라서 올바른 실천이 매우 어렵고 복잡한 노력이 요구된다는 것을 이해하고 이에 맞게 최선의 노력으로 헌신해야 한다.

마지막으로 목표관리에 대한 드러커의 주장은 이론적 탐구만을 통해서 나온 주장이 아니라는 점을 강조하고 싶다. 그의 주장은 현실에 대한 실증적 관찰을 통해 나왔다. '지금 일어나고 있는 것'을 큰 맥락에서 파악하는 드러커의 통찰이 바탕에 있다. 대규모의 복합기업이면서도 분권적으로 운영되었던 1940년대 GM에 대한 18개월의 컨설팅, 제 2차 세계대전 이후 세계적인 규모를 가진 기업들이 성장하고 있던 현실, 경제발전의 핵심자산이 지식으로 전환되고 지식근로자들이 조직의 중심으로 등장하는 지식사회로의 전환 등을 목격하고 이런 새로운 현실의 의미를 그만의 혜안으로 해석한 것이다. 인간의 본질로서 주체성과 능동성을 신뢰한 드러커가 협력을 위한 조직을 만드는 핵심기관으로서 경영의 실제를 분석하고 핵심적인 경영의 실천원리로 목표관리를 제시한 것이다.

드러커는 수많은 기업의 현장에서 경영자의 노력을 쓸모없게 만들고 경영자의 목표달성을 방해하는 관행들이 뿌리 깊이 존재하고 있음을 목격했다. 특히 명령과 통제에 의한 관리는 조직의 적이자 자율적으로 일하는 경영자의 적이었다.

"모든 것을 통제하려고 하면 실제로는 아무것도 통제할 수 없게 된다. 성과와 관련이 없는 것을 통제하려는 시도는 언제나 사람들을 잘못된 방향으로 이끈다." 드러커는 이처럼 기업의 현실을 지적하고 목표에 의한 자율적이고 능동적인 경영의 실천을 기업과 경영자에게 요구했다. 목표관리를 통해 경영자는 스스로 공헌하기 위해 최선을 다함으로써 보람과 인정을 얻고 책임지는 사람으로 성장한다. 목표관리를 통해 기업은 각자가 자율적으로 일하면서도 강력한 조화와 균형을 토대로 전체목표를 달성하는 경영방식을 확립한다.

필자는 드러커의 '목표관리와 자기통제에 의한 관리'를 상기할 때마다 경영의 깊이에 전율을 느낀다. 이 안에는 인간에 대한 이해와 조직의 현실에 대한 냉정한 분석, 경영이라는 집단적 노력에 대한 현명한 원리가 담겨 있다.

드러커가 조언한 목표관리의 원칙은 단순하다. 그러나 실천은 어렵다. 목표의 소속은 미래이고 외부이기 때문이다. 그러나 경영자는 오직 현재의 일을, 현재의 자원을 이용해서 수행할 뿐이다. 미래가 가진 불확실성은 예상하지 못한 어려움을 던지기도 하고(행운도 있긴 하지만) 자원은 언제나 부족하다. 따라서 경영자는 계획을 바꾸고, 상황을 판단하고, 필요한 대응을 하고, 문제를 해결하고, 다시 또 문제를 마주한다. 이 과정은 반복된다. 드러커의 목표관리는 경영자에게 이런 동적인 과정을 헤쳐나갈 수 있는 흔들리지 않는 힘을 제공한다. 목표를 제대로 만들고, 사람들과 공유하고, 성과를 점검함으로써 행동의 경로를 제대로 관리하라는 것이다. 동시에 이 과정은 명령과 통제가 아니라 각자가 자신의 목표를 관리하는 자기통제를 바탕으로 한다. 즉 자율성을 바탕에 둔 경영자의 활동은 목표를 통해 협력하도록 만들고 조직이 목표를 향해 나아가게 하는 것이다. 경영자로서 목표관리를 제대로 실천하고 있는가를 파악하기 위해 다음 질문을 해보라.

- 우리 조직의 전체목표는 무엇인가? 이것은 명확하게 정의되어 있는가? 모든 경영자가 제대로 이해하고 확고하게 공유하고 있는가?
- 목표를 자율적으로 관리할 수 있다는 주장을 받아들일 수 있는가? 그렇지 않다고 생각한다면 왜 그렇게 생각하는가?
- 우리 조직의 경영자들은 목표를 중심으로 제대로 일하고 있는가? 그렇지 않다면 무엇이 경영자들을 가로막고 있는가?

경영자에게 목표는 자신의 유효성을 검증하는 유일한 잣대다. 경영자는 목표를 수립하고 전달하고 실행과정을 관리함으로써 자신의 일을 수행한다. 경영자라면 당연히 자신이 어떻게 목표관리를 실천하고 있는지를 제대로 알고 있어야 하며 체계적이고 효과적으로 목표관리를 하기 위해 끊임없이 노력해야 한다. 결국 경영자에게 목표는 '경영 자체'며 '일하는 방식'이다.

■ Action Point

- 조직의 전체목표와 각 경영자들의 목표를 정렬하고 연계하기 위해서 무엇을 할 수 있을 것인가?
- 경영자를 포함한 모든 직원들이 자율적으로 목표를 중심으로 일하게 하려면 무엇이 필요한가? 어떻게 하면 목표를 기반으로 효과적으로 일을 수행하도록 도울 수 있을까?
- 우리 조직이 제대로 목표관리를 하기 위해서는 무엇부터 바꾸고 개선해야 하는가?
  - 목표의 정립, 목표의 전달과 공유, 목표의 수정과 변경, 성과측정과 개선활동, 자원배분 방법, 경영자의 역량계발 등

목표에 대한 다양한 생각들

현대기업의 목표는 하나가 아니다. 기업의 전체목표를 달성하기 위해서는 다양한 영역, 혹은 기능에서 탁월성을 얻어야 하기 때문이다.

- 드러커의 핵심 성과영역
  - 드러커는『경영의 실제』에서 기업 전체 차원에서 목표수립이 필요한 분야로 여덟 가지 성과영역(결과영역)을 제안했다. 다음 영역을 살펴보고 당신이 일하는 조직과 대비해보라. 업종은 다르지만 모든 기업에 공통되는 생존과 존속에 반드시 필요한 핵심영역을 정의한 것이다.
  - 기업의 목표영역
    · 시장점유율, 혁신, 생산성, 물적자원 및 화폐자원, 수익성, 경영자의 성과와 경영자의 육성, 근로자의 성과와 태도, 사회적 책임
- 복수목표가 필요한 이유
  - 기업의 생존과 번영에 직접적으로 그리고 결정적으로 영향을 미치는 모든 분야에서 탁월한 성과를 얻는다.
  - 핵심분야 목표의 요건
    · 사업과 관련된 전반적인 환경을 몇 가지 일반적인 선언문 형식으로 구성하고 설명한다.
    · 선언문을 실제 경험으로 검증한다.
    · 필요한 행동을 예측한다.

· 의사결정을 내리는 과정에 그 결정들의 타당성을 평가한다.
· 실무에 종사하는 경영자들이 자신들의 경험을 분석할 수 있도록 하고, 그 결과 그들의 성과를 개선할 수 있도록 한다.

드러커가 수치측정이 곤란한 목표영역 세 가지(경영자의 성과와 경영자의 육성, 근로자의 성과와 태도, 사회적 책임)를 제시한 것을 유의하라. 드러커는 이 세 가지가 다른 다섯 가지 영역에 실질적인 영향을 미치는 영역들이고, 만일 이런 영역에서 성과가 없다면 궁극적으로 기업의 생명을 위태롭게 할 것이라고 경고했다. 기업은 사람들의 공동체다. 따라서 기업의 성과는 사람들의 성과다. 공동체는 공통의 신념에 기초하여 설립돼야 하고, 공통의 원리를 준수함으로써 그들이 단합하고 있음을 표현해야 한다. 그렇지 않으면 공동체는 마비될 것이고, 활동하지 못할 것이고, 그 구성원들에게 노력해줄 것을 그리고 성과를 올릴 것을 요구하지도 또 획득하지도 못할 것이다.

목표와 균형

1992년 1~2월 「하버드 비즈니스 리뷰」에 기업의 성과관리에 대한 획기적인 논문이 발표되었다. 로버트 캐플란Robert S. Kaplan과 데이비드 노턴David P. Norton은 「The Balanced Scorecard – Measures that Drive Performance」라는 논문에서 균형성과표Balanced Scorecard라는 성과관리 도구를 제안했다. 이후 기업의 목표관리와 성과관리에 있어서 이것을 도입하려는 열풍이 불었다. 논문의 초점은 전략 – 목표 – 성과관리 간의 불일치를 해결하는 것이었지만 균형성과표라는 이해하기 쉬운 프레임을 통해 오직 재무성과(목표)만을 추종했던 단면적 시각을 극복한다는 아이디어에 많은 경영자들이 호응했다. 기업은 돈만이 아니라 고객, 내부효율성, 혁신과 미래성장 등 상호 연관된 종합적인 영역에서 성과를 창출하고 관리할 수 있어야 한다.

- 균형성과표
  - 기업의 성과를 판단하는 종합적 관점에 따른 성과목표·성과지표
    - 재무적 관점(주주, 투자자의 시각. 경제부가가치(EVA), 주가 관련지표, ROI, ROE, 순이익 등의 자산 수익성지표 등)
    - 고객 관점(기업가치 창출의 가장 큰 원천은 고객, 이 고객을 파악하고 고객 지향적 프로세스를 만듦. 시장점유율, 고객만족도, 고객충성도, 브랜드인지도 등)
    - 내부 비즈니스 프로세스(성과를 창출하는 기업의 핵심 프로세스 및 핵심 역량에 대한 관점. 생산성, 원가효율, 공정혁신수준, 신제품비율, 신기술수준 등)
    - 학습과 성장(가장 미래 지향적인 관점으로 다른 세 가지 관점의 성과를 끌어 내는 원동력임. 기업의 정보 시스템에 대한 투자, 직원역량수준, 리더십수준, 혁신역량수준, 지식경쟁력 등)

기업 내부와 사회를 모두 고려하는 목표

기업은 사회 속에 고립된 섬이 아니라 사회를 구성하는 핵심적인 기관이다. 그러나 많은 경영자가 기업을 사회와 경계선을 긋고 있는 독립적 실체라고 생각한다. 오직 재무적 성과만을 추종하고 불법이나 탈법을 서슴없이 저지르는 경영자들이 있다는 사실은 그들의 마음속에 부족한 윤리의식이 아닌 고립주의가 있다고 필자는 생각한다. 드러커

는 철저하게 기업을 사회를 위해 공헌하는 조직으로 바라본다. 기업은 경제라는 영역에서 고객에게 상품을 통해 가치를 제공하는 조직이기 때문이다. 즉 드러커의 시각에서 기업의 사회적 책임은 사회를 위해 기업이 무엇을 마땅히 해야 한다는 윤리적 책임이 있어서가 아니라(책임을 부여하는 실체는 어디에도 없다) 기업이 본질적으로 사회에 영향을 미치는 조직이기 때문에 부여된 것이다. 기업은 사람을 고용하고 자연에서 자원을 획득하고 지역사회에서 활동하며 상품생산과 공급과정에서 다양한 사람, 조직과 거래한다. 사회에 영향을 미치는 다른 모든 조직과 마찬가지로 모든 기업은 사회에 긍정적 영향을 미쳐야 한다. 비록 자기 자신의 이기심을 위해서라도 인간의 모든 활동은 인간을 위해 바람직해야 한다는 절대적 윤리가 근거에 있다. 따라서 기업의 목표는 기업 내부와 외부를 포괄적으로 포함해서 생각해야 한다. 목표가 부여되지 않는다면 경영자는 관심을 기울이지 않고 노력하지 않기 때문이다. 필자는 다양한 조직에서 일하면서 오직 목표로 선택한 것만이 달성된다는 철칙을 배웠다. 기업이 기업으로서 역할과 책임을 다하려면 자신을 포함한 전체 사회에 대한 목표를 세워야 한다. 목표는 기본신념과 조직의 존재의의에 토대를 둔 것이지 마케팅이 아니기 때문이다.

- 필자의 신념과 사례를 바탕으로 포괄적인 기업목표 프레임을 제시한다.
  - 빈칸은 독자가 채우기 바란다.

기업의 목표(기업–사람–사회 목표)

$ 돈	人 사람	行 운영과정	顧客 고객	社會 사회
매출액	인재확보	품질수준	고객만족	신뢰
영업이익	리더십 계발	혁신수준	시장점유율	사회적 책임
순이익	조직문화	성장률	고객유지율	지역사회 기여
시장가치	경력개발	생산성	고객신뢰도	문제해결
현금흐름		글로벌 진출		

경영자의 성공원리

사람관리: 인사결정

경영자의 임무는 인간을 개조하는 것이 아니다.
그보다는 성경에서 달란트의 비유를 통해 우리에게 말해주는 것과 같이
개인이 갖추고 있는 강점, 건강, 그리고 야심을 어떻게든 이용함으로써
전체의 성과능력을 높이는 것이다.

－피터 드러커

01

—

인사결정은 왜 어려운가?

—

많은 경영자들은 다양한 의사결정을 한다. 결정은 곧 경영자의 일상이다. 그런데 대부분의 경영자가 가장 피하고 싶고 어려워하는 것은 인사에 관한 결정이다. 그렇지만 인사결정을 제대로 하는 것은 경영자의 목표달성 능력을 좌우한다. 먼저 경영자가 수행하는 다양한 인사결정을 살펴보자.

- 신입사원을 채용한다. 기업의 가치와 인재상에 부합하는 잠재력 있는 인재를 채용한다. 이들 중에서 미래의 관리자, 경영자가 나올 것이다.
- 신설되는 중요한 팀을 이끌어갈 관리자를 선발한다. 기업의 미래를 위한 중요한 자리다. 여러 후보자 중에서 탁월한 실적을 달성해 온 사람이면서 신규 조직을 잘 정착시키고 새로운 직무를 잘 수행

할 수 있는 유능한 사람을 선발해야 한다. 검증된 기준은 없지만 가능성을 보고 판단해야 한다.

- 높은 실적을 달성해온 임원이 최근 슬럼프에 빠졌다. 그가 담당하는 조직성과가 급격하게 떨어졌고 직원과도 많은 갈등을 겪고 있다. 미래의 경영자로 높은 평가를 받아온 이 임원을 어떻게 해야 할까? 계속 현재의 직무를 담당하기에는 문제가 너무 많다는 지적이다. 부서이동이나 휴가, 경고조치, 혹은 해고가 필요한 것인가?

- 올해 노조와 단체교섭을 해야 한다. 회사의 적절한 기준과 정책은 무엇인가? 노조와의 협상에서 양보할 것과 관철해야 할 것은 무엇인가? 매년 단체교섭이 한 번도 평화적으로 타결되지 않았는데 장기적으로 기업과 근로자 모두에게 도움이 되는 노사관계를 어떻게 형성해야 하는가?

- 본격적인 세계시장 진출을 위해 몇몇 지역은 단독으로 진출하고 경쟁이 치열한 지역에는 현지기업과 합작법인을 설립했다. 성공적으로 사업을 수행하고 장기적인 성장 기반을 구축하기 위해 현지 경영진을 어떻게 꾸려야 하는가? 현재 기업이 보유한 인재로는 부족한데 외부에서 새로운 인재를 어떻게 영입해야 하는가?

이처럼 인사결정의 내용은 다양하다. 선발, 전환, 평가, 관계 등 다양한 영역에 걸쳐 있고 조직의 현재와 미래라는 두 가지 시야를 요구한다. 모든 결정이 사실 미래에 관한 결정이기는 하지만 인사결정은 매우 장기적인 영향을 미친다는 점에서 특별하다. 직무배치에 대한 사례로 이 점을 잠시 살펴보자.

어느 한 부서에서 직무를 맡게 되면 특별한 사정이 없는 한 장기간 그 직무를 수행한다. 그런데 특별히 잘하는 사람은 승진의 기회를 얻거나 중요한 직무로 이동하게 된다. 반대로 못하는 사람은 다른 직무로 전출되거나 심한 경우에는 퇴사를 당한다. 그렇다면 대단히 잘하지도 않고 못하지도 않는 직원의 경우는 어떤가? 이들은 대체로 매우 오랜 기간 처음 맡았던 일을 수행한다. 기한이 차면 승진도 하고 책임도 커지지만 거의 한 가지 일만 하면서 평생을 보낸다. 조직은 탁월한 성과를 요구한다는 점을 생각하면 이런 평범함은 조직의 잠재력을 훼손하고 그 사람의 능력도 훼손한다.

█ 인사결정은 원래 불확실하다

인사결정의 어려운 점은 불확실성 때문이다. 인사결정을 하면서 그것이 올바르다고 자신하는 경영자가 그리 많지 않은 것도 이 때문이다. 이 불확실성은 사람이라는 존재 자체가 복잡하고 그 성과는 일과 조직의 상황과 환경 등 다양한 변수의 영향을 받기 때문에 생긴다. 또한 경영과 관련해서 사전에 제대로 배우거나 연습할 수도 없는 것이 이 '사람에 관한 결정'인데, 그래서 경영자가 겪는 어려움이 충분히 이해된다. 탁월한 창업자가 세운 기업이 2세, 3세 경영으로 넘어가면서 부진에 빠지거나 망하는 경우가 종종 있다. 이는 인사결정의 실패가 중대한 이유가 된다.

어려움이 있다고 해서 효과적인 인사결정을 포기할 수는 없다. 인사결정은 조직의 현재 그리고 미래에 큰 영향을 끼치기 때문이다. 올바른 인사결정은 조직의 운명을 결정한다. 인사결정에 대한 모범 사례가 있다. 바로 스웨덴 발렌베리가의 경영권 세습방식이다.[28]

영국의 경제전문지인 「파이낸셜타임즈」가 '유럽 최대의 산업왕국'이라고 평가한 스웨덴의 발렌베리가는 일렉트로룩스Electrolux, 에릭슨Erickson, 아시아브라운보베리ABB, 스카니아Scania, 아스트라제네카AstraZeneca를 포함하여 항공, 산업공구, 제지, 베어링, 금융, 의료기 등 산업 각 분야에서 글로벌 경쟁력을 확보하고 있는 14개의 자회사를 거느린 가문이다. 특히 창립 이후 150년 동안 다섯 대에 걸쳐 세습경영을 펼치면서 국민적 지지와 사회적인 존경을 받고 있는데, 가족 중에서 가려 뽑은 후계자를 능력 있는 전문경영인으로 키운 후에 경영권을 승계하는 방식이 성공요인의 하나로 평가받는다. 발렌베리가의 자녀들은 어릴 때부터 '강인한 의지와 국제감각을 가진 유능한 경영자'가 되기 위해서 해군사관학교에 입학하여 험난한 바다 생활을 경험하거나 외국 금융회사에서 경험을 쌓음으로써 자연스럽게 국제감각을 기른다. 이런 과정을 거쳐야 승계 자격을 얻는다. 이런 방식은 창립자인 앙드레가 정했다. 발렌베리가는 장자승계 방식 대신 항상 2명의 리더를 두는데, 이는 독단에 의한 판단 실수의 가능성을 줄이고 경영 능력을 배가시키기 위함이다. 즉 그룹 최상층부에서 '견제와 균형'의 원리가 작동하도록 한 것인데, 각각의 리더는 적절한 역할분담을 통해 자신의 영역을 전문화한다. 대개의 경우 한 명은 금융을 맡고 다른 한 명은 산업을 책임진다. 이 가문이 금융과 산업을 소유하는 것은 기회이면서 커다란 위험 요인이 될 수 있는데, 두 부문이 한 가지 논리로만 움직일 경우 재앙이 발생할 가능성이 커질 것이다. 그러나 발렌베리가는 투 톱 경영을 통해 그 위험을 줄였고 150년 동안 기업을 유지할 수 있었다.

▌ 인사결정은 두렵다

그렇다면 인사결정의 어려움을 어떻게 극복하고 효과적으로 할 수 있을까? 드러커는 인사결정의 성공확률은 매우 낮으며 결정 자체의 어려움 때문에 경영자의 능력과는 무관하다고 했다. 실제로 인사결정의 어려움은 결정의 어려움보다도 결정의 실패에 대한 두려움에서 야기되는 측면이 많은데 경영자는 이 점을 우선 직시해야만 한다. 그런 뒤에 올바른 인사결정을 위한 원칙과 기준을 배워야만 할 것이다. 실패에 대한 두려움을 느끼게 하는 요인에는 다음과 같은 것이 있다.

- 원칙의 혼란
  - 움직이지 않는 잣대를 적용한 결정인가?
  - 올바른 결정을 하기 위해 최우선으로 적용할 기준은 무엇인가? 이 원칙들은 언제나 유효하고 타당한가? 흔히 적재적소와 신상필벌은 올바른 원칙이라고 얘기하는데 정말로 그러한가? 다른 신뢰할 만한 원칙은 없는가?
- 주관과 편견의 개입
  - 누가 보더라도 수긍할 만한 결정인가?

- 결정 과정은 객관적이고 타당한가? 다른 사람이 봐도 공정하다고 할 수 있는가? 잘못된 선입관과 편견이 적용되지 않았는가?
- 잘못된 관행
  - 과거의 올바른 결정이 지금도 유효한가?
  - 이런 결정을 하는 조직의 관행은 아직도 유효한 것인가? 현재의 유효성이 장래에도 이어질 수 있는가?
- 결정이 미치는 영향에 대한 확신
  - 이 결정의 결과를 받아들일 수 있는가?
  - 내가 이런 결정을 내리고 나면 어떤 반응이 나타날 것인가? 결정에 대한 사람들의 평가는 긍정적일지, 만약 부정적이라면 되돌릴 수 있는가?
- 시간과 충분한 고민의 부족
  - 고려할 만한 모든 요소를 검토하고 내리는 결정인가?
  - 충분한 고민 없이 시간에 쫓겨 급하게 결정한 것은 아닌가? 판단해야 할 사람에 대한 정보가 부족한데도 결정을 내려야 하는가? 결정을 내리기보다 유보하는 것이 올바르지 않은가?

이처럼 인사결정을 두렵게 만드는 요인은 다양하고 강력하다. 드러커는 사람에 관한 주제에 많은 관심을 가졌고 인사결정에도 현명한 통찰을 제시했다. 그는 사람의 목표달성 능력을 극대화하는 것이 기업의 성공을 위한 가장 중요한 기회이며 인사결정은 이 기회를 살리는 근본이라고 생각했다. 인사결정에 대해 드러커의 통찰은 다음과 같이 요약된다.

모든 경영자는 사람에 대한 올바른 이해 – 사람은 책임감을 가진 존재로서 공헌하기를 바라는 주체적 존재다 – 를 철저하게 견지하는 것과 인사결정의 본질을 제대로 이해하는 것, 명확한 인사결정의 원칙을 일관되게 실천하는 것을 통해 올바른 인사결정을 내릴 수 있다.

이 말을 제대로 이해하기 위해 인사결정의 본질적 특성을 먼저 살펴보고 그가 말한 올바른 원칙이 무엇인지를 살펴보자.

02

인사결정의 복잡성

인사결정은 경영에 관한 다른 의사결정과는 본질적으로 다르다. 단순하게 정의할 수 없는 존재인 사람을 다루고 사람에게 영향을 미친다는 점에서 그렇다. 인사결정이 사소하든 중요하든 모든 결정은 조직이라는 실체에 영향을 미친다. 따라서 경영자는 가장 먼저 어렵다는 것을 인정하고 겸손하고 신중하게 인사결정을 생각해야 한다는 것이 드러커의 지적이다.

그 자신이 사람을 제대로 판단할 수 있다고 믿음을 가지고 인사결정을 하는 경영자는 최악의 결정을 내리게 될 것이다. 사람을 판단하는 것은 유한한 운명을 가진 인간이라는 존재에게 부여된 힘이 아니다. 인사결정에 있어서 거의 1000분의 1 정도의 평균승률을 가진 경영자들은 매우 간단한 전제를 가지고 결정에 착수한다. 자신은 사람들을 판단하는 판관이 아니다. 이들은 분석적인 과정을 철저하게 수행하면서 결정을 내리려고 한다. 의학계의 교육자들은 자기들이 풀어야 할 가장 중대한 문제는 좋은 눈을 가진 명석하고 젊은 의사들이라고 얘기한다. 그리고 이들 젊은 의사들은 자신의 능력만이 아니라 진단을 위한 지루한 과정을 밟아나가는 것을 배워야 한다. 그렇지 않다면 이들은 사람들을 죽이게 될 것이다. 경영자도 마찬가지로 직관과 사람에 대한 지식에 의존하는 것이 아니라 평범하고 지루하며 성실하게 모든 단계의 과정을 거치면서 배워야 한다.[29]

드러커가 말한 인사결정의 복잡성은 세 가지로 요약할 수 있다.

첫째, 인사결정의 양면성이다. 기업은 사람이 가진 능력을 고용한다. 자원으로서 사람을 확보한다는 의미다. 그 어떤 기업도 사람의 팔 하나만 고용하는 것은 불가능하다. 고용이란 인간을 온전히 통째로 고용하는 것이다. 인간은 여러 욕구를 가진 복합적인 존재다. 따라서 인적자원 관리는 '자원으로서의 인간의 활용'과 '인간으로서의 기업 내 인간의 삶(공헌, 보람, 성취감)'을 동시에 고려해야만 한다. 이 두 가지 측면은 서로 다른 요구의 조화라는 숙제를 기업에 준다.

둘째, 인사결정의 균형이다. 사람에 관한 의사결정은 기업이 사람(근로자)에게 요구해야 할 것(성과의 달성, 헌신, 조직구성원의 윤리)과 사람(근로자)이 기업에 요구해야 할 것(임금, 성취감, 보람, 자부심)을 조화시키는 문제다. 어느 한쪽의 요구사항만을 반영하는 결정은 불가능하다. 기업과 근로자의 요구사항이 조화를 이루지 못하면 기업의 심각한 균열이 시작될 것이고 사람은 불만족하게 된다.

셋째, 경제적 요구사항의 조정이다. 사람에 관한 결정에는 상호 다른 경제적 시스템(기업과 근로자) 간의 조정이라는 경제적 차원의 문제가 있다. 기업과 근로자는 일종의 경제적 시스템으로서 서로 금전과 노동을 교환하는데 여기서 문제가 생긴다. 금전이란 기업이 근로자에게 지불하는 임금이다. 임금은 기업에게는 원가이고 근로자에게는 소득이다. 따라서 임금을 둘러싸고 기업과 근로자라는 각각의 경제 주체들은 다른 관점으로 저마다의 요구사항을 가지게 된다. 기업은 되도록 적게 근로자는 되도록 많게.

만약 임금에 관한 결정이 어느 한쪽의 요구에 치우치면 어떻게 될까? 기업의 균형은 무너질 것이고 이에 따른 부정적 결과가 나타날 것이다. 기업 시스템의 목표는 수익성과 지속성이고 근로자 시스템의 목표는 안정적 생활의 유지와 향상이다. 따라서 기업은 최소한의 수익성과 지속성을 확보한다는 기업의 목표를 달성하면서 두 가지 차원의 경제 시스템을 조정해야 한다.

이처럼 인사결정은 그 자체로 복잡하다. 그런데 이를 찬찬히 들여다보면 결국 조직의 요구와 사람의 요구를 동시에 고려하고 균형을 맞추는 것이 인사결정이라는 것을 알게 된다. 조직이기 때문에 안게 되는 고유성이자 영원히 조화와 균형을 확보해야 하는 복잡성을 가진 문제다. 따라서 효과적인 인사결정이란 복잡성에 대한 이해를 바탕으로 올바른 결정의 원칙들을 일관되게 적용하는 것이다. 그리고 경영자는 승률을 100퍼센트가 아니라 0퍼센트로 놓고 인사결정을 시작하려는 자세를 갖춰야 한다. 자신이 하는 일이 무엇인지를 아는 것은 현명한 사람의 공통점이다. 그런 사람은 외양과 형식에 감춰져 있는 일의 본질과 한계를 이해한다. 인사결정은 특히 그런 지식이 필요하다. 결정이 제대로 이루어질 때 기업이 얻게 되는 효과는 크다. 가장 어려운 것이 가장 큰 성과의 원천이라는 역설이 인사결정에도 해당된다. 인간의 동기와 의지만큼 큰 성과의 원천은 없다. 그래서 올바른 인사결정의 원칙이 그만큼 더 중요하다.

03

인사결정의 올바른 원칙

"예외 없는 원칙은 없다."라는 말은 인사결정의 원칙 앞에서는 예외다. 사람에 관한 의사결정에서 원칙의 예외가 있다면 그것의 가치는 없다고 봐야 한다. 인사결정은 신뢰를 통해 가치가 생기는데 그 신뢰는 일관성에서, 일관성은 예외 없는 원칙을 통해서만 만들어지기 때문이다. 따라서 항상 모든 사람들에게 동일한 인사원칙을 검토하고 적용하고 구현해야 한다. 예를 들어 채용이나 배치, 성과평가, 보상 등의 다양한 인사결정을 수행할 때, 경영자는 우선 결정에 적용할 원칙을 생각해야 하고 최선을 다해 원칙을 적용한 결정을 내려야 한다. 그리고 자신이 정한 기본원칙들이 제대로 구현되는지를 점검해야 한다. 그리고 만약에 그 결정이 옳지 않다고 판단할 경우 언제든 취소할 수 있는 용기도 발휘해야 한다. 드러커는 인사결정의 원칙으로 강점 활용의 극대화, 책임을 통한 동기부여, 사람과 일의 적합성 구현, 지속적인 적재적소

찾기, 높은 성과수준 요구, 성장기회 확대를 들었다. 드러커의 조언이 모든 원칙을 말한 것은 아니지만 필자는 이 여섯 개의 원칙보다 더 올바르고 효과적인 원칙을 아직까지 찾지 못했다. 드러커의 원칙은 비록 한 인간이 경험한 것이지만 인간의 실제와 조직의 실제가 바탕에 있다.

▌모든 인사결정은 그 사람의 강점을 바탕으로 한다

드러커는 그의 저작이나 강연에서 모든 인사결정은 사람의 '강점'에 기반을 두어야 한다고 조언했다. 그 어떤 조직이든 경영의 목표는 바람직한 성과의 창출이어야 하는데 약점에 기반을 두어서는 어떤 사람도 성과를 창출할 수 없다고 생각했기 때문이다.

미켈란젤로가 그림 대신 작곡을 하고 모차르트가 작곡 대신 그림을 그렸다면 어땠을까? 사람은 오직 그가 가진 강점을 바탕으로 무엇인가를 할 때만 좋은 성과를 낼 수 있다.

드러커는 그의 경험을 통해서 오직 강점만이 그 사람의 성과를 결정한다는 것을 이해했다. 프로이트Sigmund Freud, 슘페터Joseph Alois Schumpeter, 폴라니Karl Polanvi를 포함한 오스트리아의 뛰어난 학자들과 관료들, 1940년대 GM의 부흥을 이끈 슬로안 2세를 포함한 다양한 조직의 리더들 또는 평범하거나 무능했던 많은 사람들을 통해 드러커는 강점의 가치를 깊게 체험했다.[30] 그도 자신의 강점을 놓고 고민했고 그것을 가장 잘 발휘할 수 있는 일과 공헌을 극대화하는 삶을 선택했다.

이십대 초반에 드러커는 런던의 금융회사에서 금융 분석가로 좋은 성과를 냈다. 하지만 그는 돈과 숫자가 아니라 사람에 관심이 있음을 깨닫고 안정된 직장을 떠나 연고가 없는 미국으로 갔다. 그리고 삶의 가치에 대한 신념을 바탕으로 자신의 강점인 글을 쓰고 가르치는 일에 평생을 헌신했다.

드러커는 다양한 조직을 컨설팅하면서 강점이 제대로 발휘되는 조직이 창출하는 탁월한 결과와 그렇지 않은 조직이 보여주는 불행한 결과를 수없이 목격했다. 그는 사람의 약점을 토대로 결정을 내리는 조직을 신랄하게 비판했다. 약점을 중시하는 조직은 조직의 성과뿐만 아니라 인간의 가능성과 성장의 가능성도 파괴하기 때문이다. 사람의 성장과 공헌을 위한 강점활용의 원칙은 가장 중요하게 실현돼야 한다. 그것이 인사결정의 가장 중요한 목적이다. 그런데 드러커가 지적했듯이 실제 현장에서는 강점을 바탕으로 하는 인사결정이 제대로 실천되지 않고 있다. 드러커의 말을 냉정하게 새겨야 할 것이다.

어떠한 조직도 그 조직을 구성하는 사람보다 더 잘할 수는 없다.
인적자원이 산출하는 결과는 실제로 조직의 성과를 결정한다.[31]

강점우선의 원칙을 무시하는 기업에서는 무엇을 잘했는가보다는 무엇을 못했는가에 초점을 맞춘 평가관행을 흔하게 볼 수 있다. 이런 관행은 성과평가 미팅에서 쉽게 확인할 수 있다. 그런 미팅에서 경영자는 성과가 부진한 일, 목표달성에 미치지 못한 결과를 따진다. 물론 부진한 결과에 대한 평가는 필요하다. 문제는 직원이 잘한 일이나 탁월한 성과를 낸 일을 통해 그의 강점을 보려는 의식이 없기 때문에 성과평가는 잘하지 못한 일만 따지는 책임의 추궁으로 끝난다는 점이다. 강점을 의식하지 않는 조직은 직원이 더 잘할 수 있게 돕는 일에 무관심하다. 그 대신 부진한 결과에 대한 책임을 물을 뿐이다.

이런 조직 대부분이 보이는 현상은 다음과 같다.

첫째, 우수한 성과를 산출하는 직원을 문제가 있는 분야에 투입한다. 어느 조직이나 성과가 부진하거나 문제가 있는 분야, 프로젝트, 업무가 있다. 모든 활동을 탁월하게 할 수 없는 것이 조직의 한계이기도 하다. 그런데 많은 조직을 보면 가장 우수한 직원을 문제분야에 투입해서 결국은 문제도 해결하지 못하고, 그 직원마저 망치는 일이 빈번하다. 실패 앞에 장사는 없다. 우수한 직원이 평범한 직원보다는 문제해결에 뛰어나리라는 기대는 할 수 있지만 위험한 생각이다. 모든 문제를 해결할 수 있는 인재는 매우 드물기 때문이다. 인간이 가진 강점을 제대로 이해하는 경영자는 인재가 해결사가 아님을 잘 알고 있다. 그리고 문제가 있는 곳이 아닌 기회가 있는 곳에 인재를 투입하는 데 더 신경을 쓴다. 그것이 조직성과를 극대화하는 길이기 때문이다.

둘째, 능력보다는 학위나 자격증을 높이 평가한다. 학위나 자격에 대한 맹신과 과신은 경영자의 의식을 지배하는 병이다. 조금만 생각해도 학위나 자격증은 어떤 일을 수행하는 자격기준이 될지는 몰라도 그 일을 성공적으로 수행할 수 있다는 근거가 아님을 쉽게 이해할 수 있다. 많은 경영자들이 걸린 이 병을 치료하기란 쉽지가 않다. 학벌중시의 사회문화적 영향과 학위와 자격증이 가진 객관성이라는 근거 때문이다. 오직 사람의 강점에 대한 철저한 인식만이 약이다. 물론 어느 정도의 지식과 기술이 요구되는 일에서는 우수한 학력을 가진 직원이 그 일을 잘할 수 있다는 것은 사실이다. 그런데 탁월한 성과를 지향한다면 학력과 자격증에 대한 맹신을 버리는 게 좋다. 어려운 일은 인간의 총체적인 능력과 함께 특별한 강점을 요구하기 때문이다. 경영자는 일의 성공을 위한 강점과 능력에 초점을 맞춰 부지런히 직원의 강점과 능력을 찾아야 한다. 강점과 능력은 쉽게 드러나기도 하지만 대부분은 숨겨져 있기 때문이다. 단순히 학위, 자격증, 추천서만 의존하는 경영자를 게으르다고 하는 이유는 이 때문이다.

셋째, 경영자 개인의 취향에 맞는 성격과 자질을 좋게 평가한다. 경영자의 주관, 성격, 가치관, 선호도 등은 잘못된 인사결정을 내리는 주요인이다. 자신과 비슷한 사람들에 대한 편향적인 판단과 호감은 사람의 본능에 기인한다. 이 점을 잘 알았던 경영자 중에 알프레드 슬로안 2세가 있다. 1940년대 GM의 CEO로 회사의 부흥을 이끌었던 그는 전문 경영자로서의 책임을 다하기 위해서 조직의 누구와도 사적인 관계를 맺지 않았고 이를 의식적으로 노력했던 냉정한 경영자로도 유명하다. 냉정한 경영자라는 평가가 그의 원래 성격도 냉정하다는 의미는 아니다. 경영자는 슬로안처럼 자신의 편견이 잘못된 인사결정을 내리지 않도록 늘 경계해야 한다.

넷째, 직원의 강점과 부합하는 분야를 판단하지 못한다. 특정한 분야, 과업, 일은 각각 다른 적성과 능력을 요구한다. 예를 들어 정보분석 업무에는 높은 언어이해력과 개념적 사고가 필요하고, 고객 서비스는 높은 대인감수성과 상황파악능력이 필요하다. 그런데 그런 강점을 무시하고 사람을 배치하면 그는 업무수행에 부적합 판정을 받고 조직에 공헌할 수 있는 기회도 놓치게 된다. 물론 강점이 부족한 분야라도 열심히 노력하면 최소한의 성과 이상을 달성할 수 있다. 하지만 강점과 과업의 부조화는 절대 조직의 목적과 인사결정의 목적을 달성하는 데 도움이 되지 않는다. 조직은 가지고 있는 자원으로 최고의 성과를 달성하고 사람이 최대한 공헌하도록 하는 것이 목표이므로 경영자는 이에 맞게 직원의 강점을 파악하고 발휘되도록 이끌어야 한다. 직원에 대한 인간적인 관심과 배려도 소중하지만 경영자는 우선 직원의 공헌 가능성에 관심의 초점을 맞춰야 한다. 이력서가 아니라 강점기술서를 파악해야 한다.

강점 기반의 인사결정을 위한 경영자의 과제

강점에 기반을 두지 않는 인사결정은 조직을 생산적으로 만들 수 없다. 인간의 동기를 훼손하고 성장을 멈추게 만들고 가장 소중한 자원을 낭비한다. 반反인사관리를 하고 있다고 해도 틀린 말이 아니다. 드러커는 강점에 기반을 둔 조직운영이 곧 조직의 목적이라고 할 만큼 중요하게 여겼다.

이를 위해 경영자는 다음의 원칙을 실천해야 한다.

첫째, 직원이 보유한 강점을 바탕으로 적정한 직무를 배치한다. 적재적소의 원칙은 오래전부터 가장 중요한 원칙이었다. 다만 이를 어떻게 이해하고 무엇을 실천할지는 조직마다 다르다. 하지만 개념은 단순하다. 그가 가장 잘할 수 있는 일을 맡겨라. 따라서 사람에 대한 올바른 이해와 직무에 대한 철저한 분석은 이를 실현하기 위한 최우선 과제가 된다. 잘 되는 기업에 뛰어난 인재가 많은 것은 우수한 인재의 채용보다는 사람을 적재적소에 배치하는 탁월한 인사가 만들어낸 결과이기도 하다. 프로 스포츠는 이런 인사의 모범 사례. 프로야구단을 보면 투수의 경우, 선발과 중간계투 그리고 마무리 투수가 있다. 기업이 이렇게 까지는 못 하더라도 개인의 강점에 대한 철저한 분석과 활용은 배워야 한다.

둘째, 우수한 직원을 기회가 큰 곳에 배치한다. 인적자원의 강점을 활용한 조직성과의 극대화가 궁극의 조직 목표이므로 인재와 기회의 연결은 경영자의 의무에 가깝다. 그런데 많은 경영자들이 문제해결을 위해 인재를 활용하는 실수를 범하고 있다. 드러커는 그런 실수가 인재를 파괴하고 조직의 성과를 훼손한다고 했다. 어떤 인재라도 모든 문제를 해결할 수는 없으며 특히 귀중한 인재를 문제해결에 투입하면 보다 큰 성공의 기회를 날릴 수 있기 때문이다. 현명한 경영자는 인재의 소중함을 알고 기회가 있는 곳에 인재를 투입한다는 태도를 견지한다. 그리고 인재를 절대 남용하지도 않는다. 정보통신산업의 혁신을 이끌어간 인텔의 앤디 그로브, 마이크로소프트의 빌 게이츠, 애플의 스티브잡스는 전혀 다른 개성을 가진 경영자들인데 지위와 나이를 불문하고 인재를 탐식하고 중요한 프로젝트에 이들을 투입해 성공을 이끌어갔다는 공통점이 있다.

셋째, 약점만으로 직원을 평가하지 않는다. 모든 사람은 각자의 능력을 가지고 있다. 능력을 타고 났든 후천적으로 길러졌든 모든 인간은 능력이 다른 존재다. 능력의 다양성은 곧 강점의 다양성이다. 따라서 탁월한 성과를 산출하는 조직은 사람의 다양한 강점을 조직이 필요한 부분에 연결시켜서 좋은 결과를 만드는 데 집중한다. 이런 조직은 능력의 우열보다는 다양성을 중시하고 능력과 과업의 적합성을 예민하게 파악한다. 그리고 비록 직원이 어떤 과업에 실패하더라도 새로운 기회를 주려고 노력한다. 강점과 과업의 조화는 짧은 기간에 파악하기 어렵다는 사실을 그런 조직은 알고 있기 때문이다. 약점도 파악하고 있어야 할 사항임에는 틀림없으나 그것이 강점을 훼손하고 기회를 없애도록 하지 않는 선에서 그쳐야 한다.

넷째, 직원의 강점을 신장시킬 기회를 제공한다. 조직의 자원 중에서 가치를 바꿀 수 있는 유일한 자원이 사람이다. 기업에서는 사람만이 성장하는 유일한 자원이기 때문이다. 드러커는 직원의 강점 계발을 위한 기회제공의 중요성을 강조했다. 모든 경험과 과업이 기회이자 발전의 계기가 된다. 특히 어떤 일을 하는지(직무), 누구와 일하는지(관계)는 자기계발의 중요한 요소이다. 강점을 활용하는 일을 통해서 성공을 경험하면 이를 계기로 더 큰 발전을 도모하는 새로운 기회와 동기가 생기기 때문이다. 따라서 모든 인사결정의 과정 – 채용, 직무배치, 평가, 보상, 교육훈련 등 – 에서 강점계발을 위한 원칙을 실천해야 한다. 경영자는 "어떻게 해야 이 사람의 강점이 더 계발되는가?"를 모든 결정을 내리기 전에 물어야 한다.

다섯째, 강점이 발휘될 수 있는 조직환경을 조성한다. 당신이 일하고 있는 조직에 대해 몇 가지 질문을 해보자. "우리 조직에서는 직원 스스로가 자신이 성장하고 있다고 인식하는가? 직원들은 자신이 도전할 만한 일을 하고 있다고 느끼는가? 최근 5년 동안 우리 조직이 배출한 리더십과 인재들은 충분한가? 최근에 달성한 성과에 대해 직원들은 자신이 기여했다고 자부심을 가지고 있는가? 경영자는 부하직원의 성장을 돕는 것을 자신의 책임으로 생각하고 있는가?" 이런 질문에 자신 있게 대답할 수 있는 조직은 직원의 강점을 제대로 발휘시키는 구조와 운영방식을 가진 조직이다. 조직문화, 분위기, 구조와 운영방식, 상사와의 관계 등 이들 모두가 조직환경을 구성하는 요소로 직원들이 성과를 산출하는 데 많은 영향을 끼친다. 특히 도전과 보람, 자부심과 소속감 등은 직원이 자신의 강점으로 조직에 공헌하고 있음을 보여주는 요소다. 현명한 경영자, 뛰어난 조직은 조직환경에 대한 예민한 감각이 있으며 끊임없이 바람직한 조직환경을 형성하도록 노력한다.

강점에 기초한 인사결정의 실천 다음으로 직원의 동기부여와 유지를 고민해야 한다. 이는 경영자가 많은 관심을 두고, 때로는 많은 스트레스를 받는 사안이다. 동기부여의 기술을 배우기 위해 교육을 받는 경영자도 적지 않다. 그런데 드러커가 말하는 동기부여는 흔한 조언과는 다르다.

▌동기부여는 만족이 아니라 책임에 의한 것

직원이 동기를 갖게 만드는 일은 경영자의 중요한 과제다. 여기서의 동기란 조직과 자신의 일 그리고 성과달성에 대한 동기를 뜻한다. 경영자들은 늘 이 문제를 고민한다. "어떻게 하면 구성원들이 열정, 책임감, 몰입 등 높은 동기를 유지하게 만들 수 있을까?" 특히 현대적인 기업의 등장으로 동기부여는 더 중요해졌다. 이제는 명령이 아니라 스스로의 판단에 따라 일하는 사람들이 대다수를 차지하기 때문이다. 그래서 경영자들이 이 주제에 대해 많은 관심을 가지고 동기부여 기술을 계발하려고 열심히 노력하는 것이다. 그런데 드러커는 이런 관심과 노력에 대해 다음과 같이 냉소했다. "책방에 가보면 항상 많은 인기를 누리고 있는 두 종류의 책이 있는데 하나는 요리책이고 다른 하나는 동기부여에 관한 책이다."[32]

드러커는 경영자들이 들이는 시간과 노력에 비해 성과가 없다는 사실을 발견했다. 경영자들이 동기부여를 위해 들이는 노력이 오히려 동기를 훼손하는 경우가 많다는 것이다. 그는 동기부여에 대한 경영자의 오해와 오만함이 그런 모순을 낳았다고 파악했다. 동기부여는 직원의 만족감을 높이는 것이라는 오해와 경영자의 행동이 직원의 동기를 좌우할 수 있다는 오만함을 지적한 것이다. 먼저 만족감은 동기를 부여하는 데 그리 중요한 게 아니다. 드러커는 만족감이 소극적인 동기부여의 원천으로 필요한 것은 인정하지만 올바른 동기부여의 원천은 책임이어야 한다고 주장했다.

만족감, 동기부여, 성과의 관계

만족감, 동기부여, 성과의 관계는 사실 명확하지 않다. 이 세 가지가

정Positive의 관계에 있다는 주장의 진위를 가려보면 된다. 이 주장을 조금만 깊이 생각해보면 이들의 관계가 잘 설명이 되지 않음을 알 수 있다. 무엇에 대한 만족감인지가 명확하지 않기 때문이다. 만족감이 큰 근로자가 더 큰 성과를 낸다고 치자. 이때 조직에 대한 만족감, 자신의 일에 대한 만족감, 동료 등 인간관계에 대한 만족감, 보상에 대한 만족감 등의 여러 만족감 중에서 어떤 것이 얼마나 그의 최선을 다하려는 동기에 영향을 미쳤을까? 명확한 설명은 어렵다. 인간의 심리는 매우 복잡하기 때문이다. 또 반대의 증거도 있다. 만족한 근로자가 적당한 선에서 결과를 달성하려는 태도, 어렵고 힘든 도전을 회피하거나 실패를 무릅쓰지 않으려는 태도를 쉽게 발견할 수 있다. 만족한 근로자가 반드시 이런 행동을 하는 것은 아니지만 이런 행동이 나타난다는 사실은 높은 동기부여를 위해 만족감을 높이려는 노력이 유효하지 않을 수도 있다는 점을 시사한다. 그러므로 근로자의 만족감을 동기부여의 핵심요인으로 생각하는 것은 맞지 않다. 또 만족감이 반드시 긍정적인 영향을 미친다는 주장도 사실로 받아들이기 어렵다.

동기부여는 내부요인에 달려 있다

동기부여의 요인은 간단하게 내부요인과 외부요인으로 나눌 수 있다. 내부요인은 감정, 의식, 의지, 깨달음 같은 요인이고 외부요인은 타인의 인정, 금전적 인센티브와 보상 같은 것들이다. 그런데 이런 외부요인이 진정한 동기를 제공할 수 있을까? 예를 들어 상당한 액수의 보너스나 상사나 동료의 인정과 칭찬이 열정과 몰입을 줄 수 있을까? 물론 그것은 동기에 영향을 미친다. 그러나 모든 사람은 자신의 생각과 감정에 있어서 전적인 자유와 책임이 있다. 그러므로 외부요인은 결국 수동적으로만 영향을 미친다. 동기는 그 자체로 인간의 마음속에만 존재하기 때문이다. 경영자가 동기부여를 위해 직원의 만족감을 신경 쓰는 것이 잘못은 아니지만 만족감을 높이기 위해 외부의 수단만을 사용하는 한 만족감을 높이려는 경영자의 노력은 부분적인 영향에 그칠 수밖에 없다. 그래서 외부수단으로 인간의 동기를 크게 좌우할 수 있다는 생각은 위험하다. 경영자가 사람을 조종할 수 있다는 생각을 갖게 만들기 때문이다.

인간의 동기를 추동하는 것은 만족보다는 불만족이다

드러커는 성과를 지향하는 최선의 노력을 촉발하는 것은 만족보다는 목표와 현실의 차이에 대한 강한 불만족이라고 보았다. 즉 더 좋은 것과 더 높은 목표를 달성하려는 사람의 의지는 불만족에 달려 있다는 뜻이다. 꿈과 현실의 차이, 자신이 할 수 있는 기여와 결과의 차이에 의해 사람은 강한 불만족을 느끼며 이때 최선의 노력을 다하려는 의지가 생긴다. 인류사에서 탁월한 업적을 달성한 사람을 예로 들어보자.

14세기 이탈리아 시스티나 성당의 천장벽화(천지창조)를 그렸던 미켈란젤로는 허리가 불구가 될 정도로 오랜 기간 작업을 했다. 그런데도 미켈란젤로는 그의 작품에 대해 불만이었다고 전해진다. 조각을 위한 대리석을 도제에게 맡기지 않고 직접 채석장을 뒤졌다는 미켈란젤로였으니 완벽에 대한 그의 헌신은 이해가 된다. 그 성당을 가본 사람이라면 얼마나 힘든 작업이었을지 짐작할 수 있다. 또 스티브 잡스는 전 세계의 가장 열성적인 고객을 가졌으면서도 '가장 창의적이고 유일한 제품'을 만들기 위해 항상 불만에 차 있었다고 한다.

책임에 대한 의지(공헌의지)를 통해 사람은 노력하고 성과를 만든다

사람에게 동기란 무엇인가? 최선을 다해 무엇인가를 추구하려는 의지는 어떻게 만들어가는가? 조직의 리더로서 경영자가 반드시 답을 찾아야 하는 질문들이고 인간에 대한 통찰로부터 답을 찾아야 한다. 드러커는 '사람은 의미를 추구하고 이를 실현하기 위해 스스로 노력하는 존재'라고 했다. 사람을 조직의 구성원이라는 관점에서 보면, 그 의미는 결국 사람이 가진 책임을 통해서 확인할 수 있다. 책임은 사람과 조직이 관계를 맺게 하는 가장 중요한 매개이기 때문이다. 책임은 조직의 필요와 구성원의 자격이 만나는 지점이다. 따라서 책임의 수행은 조직에 공헌함으로써 결국 자신의 의미를 실현하는 일이다. 자연히 책임을 수행하려는 의지는 일을 하고 성과를 내려는 진정한 동기를 만든다. 이때 결과로부터 만족감이 얻어지며 자신이 달성한 업적으로부터 또는 자신이 얻은 보상으로부터 만족감이 확인되며 진정한 만족감을 느낄 수 있다.

'만족보다 책임'이라는 드러커의 주장 속에는 주체적이고 능동적인 존재로 목표와 비전을 공유한 근로자는 기업이 부여하는 책임을 받아들이고 책임을 다하기 위해 자발적으로 노력한다는 믿음이 있다. 따라서 동기가 높든지 낮든지, 동기에 대한 책임은 나에게 있다. 즉 동기부여란 근로자 스스로가 자신의 동기를 형성하고 높이는 것이고, 모든 사람은 자신의 동기에 대해 책임을 진다. 그렇다면 경영자와 조직의 역할은 무엇일까? 근로자가 스스로 동기를 관리하는 것을 단지 도와줄 수 있을 뿐이다. 즉 드러커의 표현대로 '책임지는 근로자Responsible Worker'로 모든 근로자를 신뢰하고 인정하는 것이다. 결국 사람은 자신의 동기를 '책임'을 통해서 관리한다.

동기부여를 위한 경영자의 과제

근로자의 만족감이 아니라 책임으로써 동기를 유발시키는 경영자의 과제에는 다섯 가지가 있다.

첫째, 기업의 비전과 목표를 공유하도록 한다. 비전과 목표를 알지 못하고 또 그것이 자신과 연계된 것임을 알지 못하는 근로자가 올바른 동기를 가지기란 불가능하다. 자신이 무엇을 위해, 왜 공헌해야 하는지를 이해할 수 없기 때문이다. 물론 많은 보상, 일 자체의 즐거움 등 다른 측면에서 약간의 동기를 얻을 수 있다. 그러나 자신이 하는 일의 의미와 가치와 목적을 알고 또 이것을 자신과 관계된 것으로 받아들이는 근로자는 최선을 다해 좋은 결과를 내려는 동기를 갖게 된다. 경영자는 사람들이 일에 대한 분명한 비전을 갖도록 도와야 한다. 의미는 자신에게 중요한 어떤 것이고, 가치는 타인과 세계에 대해서 중요한 어떤 것이다. 그래서 의미와 가치는 인간에게 근본적으로 소중한 것이다.

둘째, 근로자의 역할과 책임을 명확히 한다. 사람들은 조직에서 각자의 위치가 있다. 각각의 전문성과 분야는 다르지만 모두 자기의 역할을 통해서 조직에 공헌한다. 그런데 자신의 역할이 어떻게 조직에 공헌하는지를 아는 사람과 모르는 사람은 행동이 다르다. 아는 사람은 자신의 역할을 이해하고 있기 때문에 맡은 책임을 다하고자 노력하고 동료와의 협력에도 진지하게 접근한다. 역할과 책임이 명확할 때 사람은 노력을 위한 동기를 갖게 된다. 따라서 경영자는 직무기술서나 형식적 노력에 그치지 않고 진심 어린 대화와 조언을 통해 구성원들이 조직에서 자신이 필요한 이유를 명확하게 인식할 수 있도록 도와야 한다.

셋째, 높은 성과표준을 요구한다. 사람은 자신에 대해서 긍정적인 생각을 가지고 있으며 이런 자기긍정은 인간에게 있는 생리적인 감정이다. 이런 본성은 목표 또는 과제와 동기의 관계에서 중요한 시사점을 준다. 즉 사람은 쉬운 목표보다는 어려운 목표에 직면했을 때 잠재력을 최대한 발휘하고 그 목표를 달성하려고 최선을 다한다. 따라서 높은 성과표준을 요구하고 이를 달성하도록 격려하는 것은 더 큰 동기를 만든다. 직원에게 과제를 제시하고 그의 도전을 돕는 것은 경영자의 과업이다. 신뢰라는 연료로 책임감과 열정의 불을 지피는 행동이다. 드러커는 탁월한 성과를 추구하는 경영자의 정신이 조직정신의 핵심요소라고 말했다.

넷째, 도전을 통해 도약하고 성취할 수 있는 기회를 준다. 도전은 강한 동기를 유발하는 효과적인 장치다. 사람은 현실을 바꿀 수 있는 도전적인 과제에 직면했을 때 최고의 수행동기를 갖기 때문이다. 물론 포기나 체념할 수도 있지만 그런 경우는 도전과제가 상당히 어려울 때

뿐이다. 따라서 적절한 도전과 과제의 제안은 조직의 성공을 위한 필수 요소다. 도전은 성공의 가능성을 높이는 중요한 장치다. 사람들이 과제에 몰입하도록 돕기 때문이다. 미국의 저명한 심리학 교수인 미하이 칙센트미하이Mihaly Csikszentmihalyi는 최고의 성과를 달성하는 사람의 비결은 몰입이라고 했는데, 그가 말한 몰입은 '어떤 일을 하고 있을 때 시간의 흐름을 잊을 정도로 그 일에 푹 빠지는 정신상태'를 말한다. 그는 철저히 하는 일에 몰두하면 최고의 능력이 발휘된다고 말했다. 그리고 몰입의 조건으로 능력과 과제의 적절한 조합을 제시했다. 이때 적절한 조합이란 과제의 난이도가 과제를 수행할 사람의 능력을 넘어서는 수준이지만 그가 최선을 다하려는 동기를 잃지 않을 정도로 적절하게 어려워야 한다는 뜻이다. 그런 수준에서 사람은 몰입할 수 있고 최고의 능력을 발휘하며 성공의 가능성을 높일 수 있다.

다섯 째, 동기를 훼손시키는 경영자의 행동, 제도, 관행을 제거한다. 사람의 주체성을 인정하는 경영자는 직원에게 언제든지 동기를 불어넣을 수 있다고 생각하지 않는다. 다만 올바른 동기를 가질 수 있도록 돕는다. 이때 중요한 것은 경영자가 직원의 동기를 좌우할 수는 없지만 동기를 훼손시키기는 매우 쉽다는 사실이다. 직원에게 능력이나 역할에 맞지 않은 직무를 맡기거나, 직무수행의 자율권을 주지 않거나, 관계에 치우친 인사결정을 하거나, 직원이 달성한 성과를 인정하지 않거나, 책임만 맡기고 권한을 주지 않거나, 부정적인 언행을 일삼거나, 공사 구분을 못하는 행위를 하거나, 혹은 말과 행동이 일치하지 않는 행위 등으로 경영자는 언제든 직원의 동기를 훼손할 수 있다. 드러커는 이처럼 동기를 훼손하는 현상을 조직의 병리현상이라고 비판했다.

그만큼 심각하고 만연한 조직의 현실이었기 때문이다. 경영자는 직원들의 동기를 훼손시키는 경영자의 행동, 조직의 제도, 관행을 과감하게 제거해야 한다.

드러커가 분석한 조직병리현상[33]을 살펴보고 만약 당신의 조직에도 비슷한 현상이 있을 경우 과감하게 제거할 것을 권한다.

조직병리현상

드러커는 눈에 드러나지는 않지만 실제로 존재하며 생산성을 저해하는 조직병리현상의 목록을 다음과 같이 열거했다.

- 미래보다는 과거, 중요한 일보다는 당면한 일을 강조하는 것
- 정책보다 절차를 강조하는 것. 이 때문에 투입과 산출을 혼동함
- 결과보다는 합의를 추구하고 의미 있는 목표보다는 좋은 의도를 더 선호하는 경향
- 보편적인 관리를 희생하는 특별 관리를 강조
- 비용만 고려함으로써 많은 기회를 놓침
- 일의 수행에만 집착하며 옳은 일을 하는 필요성을 인식하지 못함
- 일을 지혜롭게 하지 않고 열심히만 하려는 성향
- 성취보다는 승진을 더 중시하는 성향
- 변화에 저항함으로써 혁신적 활동의 기능을 약화시킴
- 관료주의적 행정을 선호하여 동기부여보다 동기발탁을 유발함
- 인성의 차이 및 권력의 관계에 대한 지나친 관심을 두고 생산성에

초점을 맞추지 못함

- 명확한 정의와 측정이 불가능한 항목을 무리하게 정량화하려고 함
- 중요한 업적보다는 관행적인 업무수행에 더 큰 보상을 제공함
- 혼란을 통한 창조적 긴장은 부정적인 의미의 갈등과 다르다는 사실을 인식하지 않는 것

▌사람과 일의 적합성을 구현한다

전술한 대로 인사결정은 복잡하다. 이 복잡성은 대부분 조직이란 결국 사람과 일의 결합체계라는 점에서 기인한다. 많은 일과 많은 사람들의 결합체가 조직의 본질이다. 조직의 본질상 복잡성을 없앨 수는 없으므로 조직은 올바른 사람이 올바른 일을 하도록 일의 적합성을 확보해야 한다. 이를 위해 경영자는 근로자관리와 작업관리라는 과제를 제대로 수행해야 한다.

2장에서 설명한 것처럼 드러커는 '근로자관리와 작업관리'를 하나로 묶어서 경영자의 역할이라고 설명했다. 이 두 가지는 근로자의 목표달성 능력 제고에 같은 목적을 두고 있기 때문이다. 그의 통찰은 옳다. 인사결정은 사람만 다루는 게 아니기 때문이다. 인사결정은 사람에 관한 것이되 사람이 일을 통해서 조직의 목표달성에 공헌하고 책임을 완수할 수 있는 것이 돼야 한다. 즉 모든 인사결정은 사람이 최고의 성과를 달성할 수 있도록 일과 사람의 적합성을 구현함을 의미한다. 그렇다면 어떻게 일과 사람의 적합성이 구현될까? 적합성을 파괴하는 잘못된 결

정이 무엇인지를 알아보고 올바른 원칙과 접근방법을 알아볼 필요가 있다. 우선 일과 사람의 적합성을 무시하는 잘못된 관행에 대해 알아보자.

대표적으로 그런 관행에는 다섯 가지가 있다.

첫째, 직무요구(달성목표, 요건)와 사람의 특성(능력, 자질)이 적합한지를 묻지 않는다. 모든 사람의 능력과 자질, 적성은 다르다. 그런데 조직은 종종 이 사실을 잊고 각자의 개별적 특성을 고려한 직무배치를 제대로 하지 않는다. 대체로 직원을 선발하거나 승진시킬 때는 주로 그 사람의 경험(전공, 근무경력 등)을 반영하여 인사결정을 하는데, 문제는 과거의 경험이 그 사람이 현재 가지고 있는 특성을 정확히 반영하지는 않는다는 점이다. 자신의 특성을 제대로 인지하는 사람도 적은 편이지만 특별한 전공과 기술, 경험이 저절로 직무와 연결되는 것은 아니기 때문이다. 예를 들어 뛰어난 소프트웨어 설계자가 어느 정도 경력을 쌓고 관리직으로 승진하는 경우, 그가 관리자로 성공할지는 불확실하다. 관리직은 대인관계, 의사소통, 목표관리 스킬 등 예전 직무와는 다른 능력이 필요하기 때문이다. 그러나 일정한 경력이 되면 거의 자동으로 관리직으로 직무가 바뀌는 경우는 흔하게 일어난다. 직무와 사람의 적합성을 구현하려면 경험에만 의존해서는 안 된다. 직무에 대한 명확한 분석과 평가를 거친 후에 이 직무를 성공적으로 수행하기 위해서 어떤 능력과 자질이 필요한지 명확히 해두어야만 한다. 직무의 요구조건을 알게 되면 적합한 사람을 찾기가 훨씬 쉽다. 사람은 언제나 성장하는 존재라는 사실을 경영자는 반드시 잊지 말아야 한다.

둘째, 능력을 뛰어넘는 성과를 요구하는 직무에 우수한 사람을 배치한다. 이런 경우는 그 반대의 경우보다 더 잘못된 일이다. 그 사람을 실패자로 만들 가능성이 크기 때문이다. 만일 우수한 인재를 배치했다면 그런 위험은 더 커지고 조직에 많은 공헌을 할 수 있는 인재를 잃게된다. 뛰어난 사람이라도 실패의 가능성은 있다. 직무가 잘못 설계됐을 수 있고 직무수행에 필요한 자원이 부족할 수도 있기 때문이다. 특히 골치가 아픈 직무가 있을 때 인재를 잘못 활용할 위험이 있다. 경영자는 우수한 인재가 다국적 기업의 해외사업, 지연된 신상품의 재개발, 처음 진출하는 시장의 사업전개처럼 어떤 어려운 직무라도 성공시킬 것이라는 생각이 근거가 없음을 철저히 인식해야 한다.

셋째, 개인의 자질이나 적성과 맞지 않는 직무에 배치하고 높은 성과를 요구한다. 모든 직무에는 성과를 달성할 수 있는 특정한 자질과 적성을 가진 직원이 필요하다. 만남과 대화를 좋아하는 사람은 회계보다는 영업이 더 적합한 것처럼 말이다. 그런 적합성에 대한 면밀한 고려 없이 직무를 배치하는 경우에는 성과달성에 실패할 확률이 높아진다. 이것은 직원과 조직 모두를 실패로 이끄는 경영자의 오만이다. 어떤 직원의 성과가 부진할 때는 직무에 필요한 자질과 적성을 갖추고 있는지를 먼저 따져야 할 것이다.

넷째, 몰입과 헌신, 도전을 요구하지 않는 직무체계가 있다. 직무에 대한 직원들의 태도, 즉 몰입도는 그들이 직무를 어떻게 정의하느냐에 따라 다르다. 직무를 생계의 수단으로만 생각하는 직원이라면 그가 직무에 투여하는 동기와 헌신은 그다지 높지 않다. 이와는 달리 직무를 자아실현의 매개로 여기고 의미를 두는 직원은 몰입과 헌신을 아끼지 않는다. 필자의 경험으로 대부분의 조직에는 양쪽의 중간 지점에 대다수의 직원이 있는 것 같다. 때로는 한 사람의 의식 속에서도 생계수단과 자아실현이라는 양극단을 오가는 것처럼 보인다. 그렇다면 경영자가 관심을 가져야 할 것은 어떻게 직원이 직무를 의미 있는 것으로 받아들이고 동기를 갖게 하느냐이다. 경영자는 직원에게 자신의 직무를 성심성의껏 대하도록 요구해야 한다. 그리고 직무체계를 잘 구성해서 직원의 몰입과 헌신, 도전을 분명히 해야 한다. 이를 위해 과업의 범위를 가능한 한 넓게 구성하고 책임을 부여하고 직무수행을 위한 자율권을 충분히 주고, 적절한 시기에 새로운 직무를 수행할 기회를 주는 게 도움이 된다. 직무에 대한 태도는 직원 스스로가 책임지는 것이다. 그렇지만 조직과 경영자의 태도와 요구도 그것에 분명한 영향을 끼친다. 높은 몰입과 헌신을 요구하지 않는 직무로는 그 어떤 직원들도 자발적으로 직무에 헌신하지 않는다. 높은 성실성과 자세를 가진 직원도 어느 순간에는 그렇게 될 것이다.

다섯째, 명령과 통제로 과업을 관리하는 업무관행이 있다. 사람과 직무의 적합성은 최고의 성과를 산출하는 결합을 만드는 게 목적이다. 그래서 조직은 직무를 분석하고 직원의 자질과 특성을 면밀하게 따진 후 이를 종합적으로 고려하여 직원을 배치한다. 하지만 그것만으로는 적합성이 충분히 확보되지는 않는다. 직원이 제대로 일을 하기 위한 핵심요건으로서 자율성이 반드시 뒤따라야 하기 때문이다. 만약 과업수행의 목표설정, 직무수행 과정의 설계, 과업수행을 위한 수단과 자원의 활용에 있어서 직원 스스로가 판단하고 행동하는 권한 대신에 상사의 명령과 통제를 따라야 한다면 그 사람의 성과에 어떤 영향을 미치게 될까? 이 질문에 대해 드러커의 판단은 명확하다. "자율성이야말로 일에 대한 몰입과 헌신을 낳는 최고의 수단이다."라고 했다. 명령과 통제는 기껏해야 직원들의 실수나 잘못된 판단을 막을 수 있을 뿐이며 그것은 산업시대에나 통용되던 관리원칙이다. 지금은 지식근로자가 대다수인 지식경제, 지식사회의 시대다. 명령과 통제로 직원을 관리할 수 있다는 생각은 착각이다. 명령과 통제는 단지 문제를 만들지 않을 뿐이다. 조직에게 중요한 것은 문제가 아니라 성과다. 탁월한 성과를 위해 사람이 직무에 온전하게 몰입하도록 하는 원칙이 우선이다.

이와 같이 사람과 직무의 적합성을 훼손하고 조직에서 가장 소중한 자원인 인간의 능력을 헛되게 만드는 관행은 흔하고 다양하다. 경영자가 일과 직무를 제대로 구성한다는 과제를 올바른 원칙과 접근방법을 통해 체계적으로 수행하지 않으면 아주 쉽게 이런 관행들이 조직을 갉아먹는다. 적합성을 구현하는 원칙과 접근방법을 살펴보자.

일과 직무 적합성 확보를 위한 경영자의 과제

적합성 확보를 위해 많은 요소가 적재적소를 찾아야 하는데 이를 위해 중요한 여섯 개의 요소가 있다.

첫째, 유예기간. 일정기간 일을 수행한 후에 근로자의 적성을 파악한다. 근로자의 경험을 기준으로 직무를 부여했더라도 일정기간을 두고 현재의 직무배치가 올바른지를 관찰한다. 근로자의 적성이 무엇인가를 이해하는 것은 배치의 적합성을 따져보고 올바르지 않을 경우 바로잡을 수 있는 유일한 기회가 된다.

둘째, 자기인지. 근로자가 적성과 자질, 기업의 직무체계를 알도록 한다. 이것은 올바른 직무배치를 위한 효과적인 방법이다. 과거에 잘했던 직무라고 해도 특정한 조직에서는 그 성격이 변한다. 조직구조가 다르고 직무를 수행하는 과정이 다르기 때문이다. 따라서 근로자 스스로가 자신과 조직에 대해 깊이 이해하는 것은 성공적인 직무의 발견을 돕는 지름길이다.

셋째, 선택권. 근로자가 스스로 자신의 직무를 선택할 수 있는 융통성을 부여한다. 자기의 적성과 자질을 가장 잘 아는 사람은 근로자 자신이다. 근로자에게 직무 선택의 자유가 있다면 스스로의 책임을 다하기 위해서 최선을 다해 직무를 선택할 수 있다. 물론 조직은 다양한 직무와 책임으로 이루어진 직무체계를 통합해서 전체의 목표를 달성해야 하므로 모든 근로자가 임의로 직무를 선택하는 것은 불가능하다. 그러나 조직체계의 안정적인 운용이 침해받지 않는 선에서는 융통성을 발휘하는 것이 훨씬 효과적이다.

넷째, 다양함. 하나의 직무가 아니라 다양한 직무를 경험할 수 있는 경로를 개발한다. 모든 근로자는 하나가 아니라 다양한 자질과 능력을 가지고 있다. 또 배움과 경험을 통한 다양한 계기들을 바탕으로 다양한 자질과 능력을 계발한다. 기업 조직에서 가장 중요한 계발의 계기는 직무수행이다. 따라서 기업은 근로자들에게 다양한 직무를 경험하는 기회를 제공해야만 한다. 여러 직무의 다양한 관점과 전문지식, 과업을 수행하는 과정을 통해 근로자는 자기가 가장 잘할 수 있는 직무를 파악하게 되고 이 과정에서 높은 성과를 산출할 수 있는 전문적인 역량을 기를 수 있게 된다.

다섯째, 경력개발. 경력개발의 경로를 다양하게 구성하고 훈련과 실습 기회를 부여한다. 적재적소를 찾는 과정은 시간이 필요한 일이다. 기업은 근로자가 현재의 직무만 수행하는 것이 아니라 더욱 어렵고 중요한 직무를 수행할 수 있도록 성장하기를 기대한다(요구해야 한다). 경력개발 계획의 운영은 적재적소의 원칙과 근로자의 성장, 미래의 직무 필요성을 충족시키는 효과적인 방안이다. 근로자의 적성과 자질에 맞춰 여러 직무를 단계적으로 수행할 기회를 근로자 개인별로 수립하고 운영하는 방법이다. 그런데 경력개발의 과정은 실험이 아니라는 점을 유념해야 한다. 그것은 단순한 직무이동이 아니라 해당 직무를 성공적으로 수행하는 과정을 통해서 근로자의 역량을 계발하고 미래의 직무를 준비하는 일이다. 따라서 교육과 훈련의 기회를 적절하게 제공하는 것은 필수다.

여섯째, 꾸준함. 지속적으로 적재적소를 찾는다. 근로자에게 적절한 직무를 할당하는 것은 한 번으로 끝날 일이 아니다. 사람의 능력이나 적성은 변하기 때문이다. 사람은 기업의 자원 중에서 유일하게 확대가 가능한 자원이라는 드러커의 말은 이 점을 명쾌하게 일깨워준다. 조직은 근로자가 언제나 최대의 공헌을 할 수 있게 관리해야 한다. 따라서 사람과 일을 적합하게 맞추는 체계적이고 지속적인 노력이 필요하다. 드러커는 최적의 직무를 찾는 과제는 한 번이 아니라 꾸준히 검토되고 실행돼야 한다고 조언했다.

지금까지 적합성의 원칙에 대해 살펴보았다. 요점은 사람과 직무가 서로를 돕도록 점검하고 바꾸고 시도하는 노력을 계속하는 것이다. 하지만 현장을 보면 대부분의 근로자들이 채용 당시 혹은 경력 초기에 맡게 된 직무를 끝까지 수행하는 경우가 많다. 경력의 초기 시점에서 자신이 평생 하게 될 일을 결정하는 것이 성장하는 존재인 인간에게 올바른 것일까? 드러커는 최적의 직무배치는 절대 입사 시점에 결정되는 게 아니며 '일을 이해하는 시간을 가지고 기업이 그를 파악한 후에 결정하는 것'이라고 말했다. 그의 조언대로 근로자가 최고의 공헌을 할 수 있는 직무는 절대 쉽게 결정할 수 없다는 점을 경영자는 깊이 새겨야 한다. 적합성을 구현하는 원칙과 방법은 절대 단 한 번의 적용으로 끝나지 않는다. 적합성은 평생의 근로기간 동안에 구현돼야 하는 원칙이다.

▎높은 성과를 요구한다

당신이 경영자라면 혹은 몇 명의 부하직원을 관리하는 일을 하고 있다면 평상시 당신은 직원에게 어느 정도의 성과를 요구하는가? 항상 더 높은 성과를 요구하고 있는가?

어제보다 오늘, 오늘보다 내일, 더욱 더 생산적이고 효율적이 되라는 것은 기업의 당연한 요구다. 그런데 더 나은 성과에 대한 요구는 보다 잘하는 것 이상의 의미가 있다. 근로자를 몰아붙이라는 말이 아니다. 이 요구는 근로자에 대한 존중의 표현이며 경영자의 책임을 정의한 말이기도 하다. 근로자는 자신이 만든 성과로 조직에 공헌할 책임이 있다. 이 책임이 있기 때문에 근로자는 조직의 부속품이 아니라 조직의 구성원으로서 자격을 인정받는 존재가 된다. 즉 행동의 권한을 받았다는 뜻이다. 따라서 높은 성과에 대한 요구는 책임과 권한을 가진 근로자에 대한 당연한 요구이자 가치 있는 구성원으로서의 행동에 대한 요구이다. 그리고 경영자가 근로자에게 더 좋은 결과를 요구하는 것은 경영자의 책임에 포함된다. 책임과 권한을 가진 근로자를 존중하고 장인정신과 성취감으로 목표의 달성을 고취하는 행동이기도 하다.

"문제만 일으키지 마라, 네 할 일만 해라, 네 몫을 해내라."는 말처럼 평균 이하의 성과에 대해 요구하는 것은 근로자의 책임과 권한을 인정하지 않는 것과 같다. 그리고 도전과 성취에 대한 근로자의 의지도 훼손된다. 물론 근로자의 입장에서 볼 때 불합리한 요구가 고성과라는 미명으로 포장되는 경우도 있다. 누가 보더라도 무리한 성과를 요구하거나 최소한의 자원도 없이 과거 수준의 성과를 내라는 요구가 그렇다. 이것은 성과에 대한 요구라기보다는 압박이고 질책이다. 탁월한 성과에 대한 요구는 근로자의 능력과 책임, 조직의 역량과 자원을 감안할 때 어렵지만 달성이 가능한 성과의 요구를 말한다. 높은 성과에 대한 요구는 근로자의 능력과 책임에 대한 경영자의 신뢰의 표현이고 조직의 비전에 대한 공감대를 형성하며 근로자가 최고 수준의 성과를 올릴 수 있도록 지원하는 것이다.

그런데 이 원칙의 구현을 방해하는 요인들이 있다. 예를 들어 탁월함에 대한 도전보다는 쉽고 안정적인 목표를 추구하는 위험회피 성향, 근로자가 달성할 수 있는 최대한의 성과에 대한 경영자의 무지나 무관심, 성과수준에 대한 경영자와 근로자 간의 공감대 형성의 어려움, 일방적으로 근로자의 성과를 정하는 관행, 성과를 달성하기 위한 체계적인 지원의 부족 등이 그것이다. 모든 게 사람이 가진 약점과 조직의 결함 때문에 생기는 어려움이다. 성과를 달성하기 위해 만들어진 조직이 그것의 장애요인을 낳는 게 모순이지만 이것이 현실이다. 따라서 이 원칙을 구현하려면 조직의 현실을 냉정하게 파악하고 장애요인을 없애려는 경영자의 현명함과 용기가 필요하다.

올바른 성과목표를 통한 경영자의 과제

드러커는 높은 성과표준을 통해 근로자와 조직의 목표달성 능력을 높이는 올바른 관행을 다음과 같이 조언했다.

첫째, 기업 전체의 목표, 근로자의 강점, 조직의 자원을 제대로 이해하는 것이다. 높은 성과표준을 찾기란 의지만으로는 어렵다. 그것이 일정한 논리적 근거를 갖춰야만 근로자가 공감하고 수용하며 실현에 대한 명확한 책임이 주어지기 때문이다. 중요한 것은 기업 전체의 목표, 근로자가 가진 강점, 성과달성을 위해 활용할 수 있는 자원의 유무와 정도이다. 기업의 목표에 대한 정의와 수준은 근로자가 공헌할 수 있는 성과의 범위를 정한다. 그 다음은 근로자가 가진 강점을 파악하여 이를 최대한도로 발휘했을 때의 달성 예상치를 파악하고 이를 근로자의 성과표준으로 삼는다. 마지막으로 자원의 유무와 정도는 성과표준의 달성 가능성을 제한하는 요소로 자원의 상태에 따라 성과표준을 조정하여 현실성을 높이게 된다.

둘째, 성과표준에 대한 공감대를 형성하기 위한 경영자와 근로자의 의사소통이다. 근로자가 달성해야 하는 성과수준에 대해서 경영자와 근로자가 같은 생각을 하는 것은 쉽지 않다. 서로가 다른 기대를 가지기 때문에 갈등도 발생한다. 부하의 성과에 대해 경영자가 실망하기도 하고 제대로 평가하지 않는 경영자에 대해 부하직원이 반감을 갖기도 한다. 기업에서 이런 일은 매우 흔하다. 성과표준에 대한 경영자와 근로자 간의 소통이 질적, 양적으로 매우 취약하기 때문이다. 경영자가 일방적으로 성과표준을 지시하는 관행 혹은 형식적으로는 표준에 대해 협의하는 기회를 갖더라도 소통을 소홀이 하는 경우가 그렇다. 또 근로자는 성과표준에 대한 이의가 있어도 제기하지 않거나 충분한 고민 없이 표준을 제시하는 경우가 있다. 공감대가 좁으면 달성에 대한 책임이 모호해지고 실현을 위한 적극적인 동기를 갖기가 매우 어렵다. 반면 뛰어난 기업은 성과를 놓고 많은 대화를 한다. 열린 자세로 근로자의 성과표준에 대해 논의하며 양자의 실천을 위한 강한 책임감을 공유한다. 공감하지 못하는 목표는 누구도 최선을 다하지 않음을 명심해야 한다.

셋째, 탁월성의 추구를 방해하는 요인을 없애기 위해 체계적으로 노력하는 것이다. 드러커는 조직을 조직답게 만드는 원천으로 조직정신을 강조했다. 조직정신이란 눈에 보이지는 않지만 구성원의 태도와 행동을 이끌어가는 정신적 기반이다. 그가 조직정신에서 가장 중요하게 여긴 것은 탁월한 성과달성을 위해 최선을 다하는 동기다. 그런데 이 가치를 훼손시키는 많은 장애요인이 있다. 드러커는 올바른 성취동기를 훼손하는 조직 내 관행을 조직의 병이라는 말로 강하게 비판했다. 조직이 탁월한 성과를 내는 사람을 제대로 인정하지 않거나 평범한 성과를 문제 삼지 않는다면 이 병에 걸린 것이다. 경영자는 조직을 좀먹는 그런 병에 대해 민감한 촉각을 가지고 이를 고치려는 지속적이고 체계적인 노력을 해야 한다.

▌성장을 돕는 역량계발의 기회를 제공한다

경영학에서는 인사관리를 인적자원관리HRM와 인적자원개발HRD로 구분한다.[34] 인적자원관리는 주로 직무(작업)의 조직화, 채용과 배치, 평가와 보상이라는 관리영역을 다룬다. 사람과 직무의 적합성 확보를 통해 근로자의 공헌을 최대화하는 게 목적이다. 인적자원개발은 사람의 잠재력, 역량, 지식을 관리영역으로 삼는다. 주로 사람의 역량계발이 목적이다. 즉 기업을 위한 공헌과 더불어 인간의 잠재력 실현과 성장을 추구한다. 결국 역량계발은 조직의 구성원에 대한 책임이기도 하다.

역량계발은 사람이 대상이므로 사람을 어떻게 바라보는가에 따라 내용이 달라진다. 드러커는 사람을 성장하는 존재로 보라고 조언했다. 간단한 말이지만 이를 통해 역량계발의 진짜 의미를 파악할 수 있다. 역량계발에 대한 일반적인 견해는 사람이 가진 능력을 활용하는 더 좋은 방법을 찾는 것인데 이는 성장의 의미에서 볼 때 올바르지 않다. 특정한 방법이나 기술을 익히고 능숙해진다는 것이 성장은 아니기 때문이다. 성장은 종합적이며 목표달성 능력의 향상이라는 통합적인 전체적인 의미가 있다. 세계와 인간을 바라보는 관점, 능력과 기술을 통해 무엇인가를 해결하고 창조하는 역량 등 총체적으로 이전과는 질적으로 다른 목표달성 능력을 향상시키는 것이야말로 진정한 의미에서의 성장이다.

그렇다면 조직 안에서 진정한 역량계발을 수행하려면 어떻게 하면 될까? 해답은 근로자의 직무를 통해 목표달성 능력을 향상시킬 수 있는 경험을 쌓고 훈련을 지속하는 것이다. 직무수행과 역량계발을 결합하는 것은 반드시 구현돼야 하는 원칙이다. 일에 대한 책임이야말로 개발의 동기를 만들고 유지하는 원천이며 일의 결과를 만들어내는 과정에서 목표달성 능력의 향상을 이루기 때문이다. 일을 수행하는 과정에서 근로자는 지식과 기술을 익히고 문제를 해결하는 능력을 키우며 조직의 목표에 기여할 수 있는 결과를 만들어낸다. 반면 목표달성을 위한 책임과 분리된 프로그램이나 훈련은 결과에 대한 책임과는 거리가 생기기 때문에 근로자의 잠재력을 최대한 끌어내는 동기를 만들 수 없다. 그러면 진정한 역량계발도 어렵게 된다.

진정한 개발이란 근로기간 전체를 통해서 일을 하며 책임을 수행하는 과정에서 목표수행 능력이 향상되도록 경험과 훈련을 제공하는 것이다. 이것이 확실하게 이루어질 때 근로자는 자신의 공헌을 지속적으로 높이는 성장의 경로를 개척한다. 또한 총체적인 목표달성 능력을 지향하는 역량계발은 자기주도의 역량계발을 명확하게 할 때 비로소 실현된다. 자기 주도성은 인간을 성장시키는 가장 빠른 길이다. 즉 역량계발의 주체는 근로자 자신이라는 것, 성장에 대한 책임이 근로자에게 있다는 점을 명확하게 해야만 하는 것이다. 이 원칙은 "오직 자신만이 스스로를 개발할 수 있다."라는 인간존재의 본질과 조건에 부합한다. 성장을 위해서는 스스로를 바꾸려는 최선의 동기와 노력을 투입해야 한다. 오직 사람의 마음속에 있는 동기요인 – 성장의 이유에 대한 강한 신념, 변화의 필요성에 대한 절박함, 성장의 목표와 방향에 대한 신념 등 – 만이 성장의 씨앗이 되고 열매를 맺는다.

역량계발은 곧 자기계발이다. 근로기간에 스스로가 완수해야 하는 책임이며 기회다. 자기주도적인 근로자 개발을 위해 경영자는 어떤 도움을 줄 수 있을까? 몇 가지 효과적인 접근방법이 있다.

근로자 개발을 위한 경영자의 과제

첫째, 일(직무, 과업, 과제 등)을 통한 성장방향을 제시하고 장려한다. 직무수행의 경험과 역량계발 경험의 분리는 절대 자기계발에 도움이 되지 않는다. 역량계발은 근로자가 성과를 달성하기 위한 능력의 계발을 뜻하기 때문이다. 경영자는 근로자가 현재 하고 있는 일과 앞으로 할 일을 통해 근로자의 능력이 신장되도록 힘써야 한다. 직무수행의 경험이 근로자가 현재수준을 넘는 지식과 기술을 얻는 기회가 되도록 하고 직무수행에 도전적이고 긍정적으로 접근하도록 격려해야 한다. 그리고 좀 더 어렵고 도전적인 과업을 수행하도록 지원하고 더욱 광범위한 책임을 맡기고 실패에 대한 문책보다는 성공을 위한 태도를 보이도록 격려해야 한다.

둘째, 탁월한 성과를 올리는 근로자로의 개발을 목표로 한다. "높은 목표는 보다 큰 노력을 이끌어낸다."는 인간의 성장에 대한 오래된 교훈이 있다. 경영자가 근로자의 능력과 성과에 대해 높은 기대를 표현하면 근로자의 동기도 더 큰 수준을 지향한다. 경영자는 진정한 믿음을 담아 자신과 함께 일하는 근로자에게 탁월성을 요구해야 한다. 신뢰가 없는 요구는 압박과 강요로 받아들여지기 때문이다. 근로자의 강점을 파악하고 자신이 기대하는 성과수준을 설명하고 탁월성을 요구해야 한다. 그리고 어려움을 이해하고 격려하며 지원해야 한다.

셋째, 근로자가 자기계발에 전적인 책임을 지게 한다. 이 원칙은 역량계발에 관해서 경영자와 근로자가 지켜야 하는 가장 중요한 원칙이지만 현장에서 가장 무시받는 원칙이기도 하다. 많은 경영자들은 근로자들에게 좀 더 발전하고 능력을 계발하라고 요구하면서도 노력을 게을리하는 근로자까지도 품는다. 이는 모순이다. 그리고 근로자들은 자신의 능력이나 지식이 발전하지 못하는 상황을 쉽게 외부의 탓으로 돌린다. 상사의 지원이 부족하거나 무관심하고 기회가 적다고 변명하는 데 익숙하다. 하지만 자기계발의 최종 책임은 근로자에게 있다. 경영자는 근로자에게 자신의 능력계발에 대한 책임이 있음을 이해시키고 조직은 기회만 제공할 뿐임을 명확히 인식시켜야 한다. 만일 근로자가 자신의 능력부족에 대한 책임을 인정하지 않을 때, 그 책임은 경영자에게로 돌아간다. 역량계발에 대한 요구만 있고 올바른 지원과 격려가 부족할 때 근로자는 변명한다. 경영자는 말과 행동의 일치 – 근로자의 자기계발에 대한 격려와 합리적이고 실직적인 지원 등 – 를 보여야 한다.

넷째, 훈련은 버리는 능력과 배우는 능력의 습득에 초점을 맞춰야 한다. 지속적인 변화를 통한 혁신이 필요한 현재의 경영환경에서는 이 요건이 더욱 절실하다. 변화와 혁신은 상품과 서비스의 혁신만을 뜻하지 않는다. 본질적인 변화와 혁신은 기업을 구성하는 사람들의 인식과 태도, 행동의 변화가 확실할 때 이루어진다. 따라서 구성원이 지속적으로 스스로를 바꾸려는 의지와 태도를 가져야 하는데 이것은 곧 버리는 능력의 습득을 통해 가능하다. 과거에 성공했던 지식과 경험을 버리지 않고서는 절대 새로운 지식과 경험을 받아들일 수 없기 때문이다. 혁신이란 기업의 필수 기능이고 불가피하다는 것을 이해하도록 하고 지금껏 성공을 이끌었던 사업과 상품에 새로 도전하도록 격려해야 한다. 3M사는 최근 5년 이내에 개발한 신제품매출이 전체의 20퍼센트가 되도록 체계적으로 과거와 결별한다. 구글은 전 직원들이 자신의 아이디어를 자유롭게 내놓고 토론하는 과정을 장려하는데 다른 면으로 보면 이것은 혁신에 대한 참여의 의무다. 자신이 일하는 기업에 맞는 방식으로 구성원이 도전하는 과정을 조직화하라. 버리는 능력의 습득은 배우는 능력의 습득으로 이어진다. 전혀 해보지 못했던 일, 과제, 프로젝트를 통해 배우려면 먼저 과거와 단절하도록 과감하게 행동해야 한다.

경영자가 올바르고 효과적인 인사결정을 하는 것은 올바른 경영을 위한 핵심과제이다. 경영자는 진정성을 다해 이 과제를 수행해야만 한다. 출발점은 사업, 조직, 사람에 대한 통합적인 이해와 일관된 자세로 정직하게 접근하려는 경영자의 자세다. 인사결정은 그것이 잘된 것이든 아니든 사람들에게 중대한 영향을 미친다. 기업현장을 보면 인사결정에 대한 불만과 불평, 비난이 끊임이 없다. 그렇다고 해서 경영자와 기업이 그런 상황의 해결을 위한 노력을 게을리 하는 것은 아니다. 하지만 인사결정은 투입대비 효과가 매우 적은 영역이라서 경영자에게는 참으로 곤란한 과제다.

전술한 대로 인사결정의 효과가 낮은 것은 인사결정이 원래 내포하고 있는 복잡성 때문이다. 조직과 근로자의 요구조건을 맞추기가 힘들고 모든 사람의 동의를 얻는 것도 애초부터 어렵기 때문이다. 게다가 기존의 관행과 기업문화를 한 번에 바꾸는 것도 매우 어렵다. 많은 노력이 든다. 그렇지만 그렇다고 인사결정의 효과를 높이는 노력을 안할 수는 없다. 인사결정을 통해 사람들이 제대로 된 동기를 갖게 하고 기업목표에 공헌하도록 한다는 인사결정의 목적은 너무나 중요하기 때문이다. 드러커가 말한 대로 분명하고 일관된 원칙을 바탕으로 결정을 내리려는 노력 말고는 다른 방법이 없다고 생각한다. 경영자는 분명한 인사결정의 원칙과 기준을 갖고 이를 구현하기 위해 매 순간 노력해야 한다.

다음은 결정의 정당성과 효과성 확인을 위해 유용한 질문이다.

- 나는 같이 일하는 사람들을 어떤 존재로 생각하는가?
- 나는 직원의 강점을 잘 이해하고 그것을 기초로 직원을 보고 있는가?
- 나는 직원의 강점을 활용할 기회(일, 프로젝트)를 찾고 그 일에 직원을 배치하는가?
- 나는 직원의 성과가 낮은 이유를 파악하고 있는가? 잘못된 배치로 인해 성과가 나쁜 직원을 비난하고 있지는 않은가?
- 내가 했던 최근 2~3년 동안의 인사결정은 직원의 성과를 높이는 데 기여했는가?

■ Action Point

- 최근 12개월 동안 내가 결정한(혹은 상급 경영자가 명령한) 인사결정을 돌아보고 그 결과를 생각해보라.
- 내가 책임져야 할 인사결정이 무엇인지를 정리해보고 앞으로 어떤 원칙과 기준으로 결정을 내릴지 생각해보라.
- 함께 일하고 있는 직원들 각각에 대한 강점명세서를 작성하고 그들의 강점에 기초한 업무수행에 어떤 도움을 줄지 생각해보라.

리더로부터 배우기

뛰어난 기업을 만들고 이끌어온 리더는 언제나 주목을 받아왔다. 그런 리더는 인사결정에 헌신한다. 인재에 대한 리더의 일관된 관심과 행동, 인사결정은 리더십의 증표와도 같다.

스티브 잡스는 다방면에서 뛰어난 재능을 보인 리더였다. 작가 월터 아이작슨Walter Issason은 잡스가 남긴 가장 중요한 리더십 교훈 중의 하나가 'A급 플레이어만 허용하는 것'이라고 했다.

1995년 잡스는 이렇게 말했다.

"사람들은 사람의 문제나 조직의 문제를 기술로 풀 수 있는 세상이 올 거라고 말한다. 하지만 그것은 희망일 뿐 사실이 아니다. 인사문제는 근본부터 공략해야 한다. 인사의 근본은 인재다. (중략) 조직의 수준을 최상으로 유지하는 것이 내 역할의 일부라고 생각한다. 그것이 내가 사회에 기여할 수 있는 하나의 방법이다."

그리고 그는 어떤 한 분야에서 최고 인재와 나머지 조직원 사이에 역량의 격차가 크게 존재함을 간파했다.

"택시로 맨해튼을 달리고 있다고 칩시다. 최악의 택시기사와 최고의 택시기사의 차이는 15분이 넘습니다. 최악의 택시기사는 목적지까지 30분이 걸리지만 최고는 15분 안에 도달합니다. (중략) 평범한 개발자와 탁월한 개발자는 50대 1의 차이를 만듭니다. 나는 세계 최고의 인재를 확보하는 것이 결국 남는 장사임을 알았습니다. 이는 소프트웨어 개발을 비롯해 내가 해봤던 모든 일에 해당됩니다."

잡스가 채용한 사람들은 그를 모질지만 엄청난 영감을 주는 보스로 평가한다. 잡스는 이렇게 말했다.

"그동안 내가 깨우친 것이 있다면 정말로 탁월한 사람은 어르고 달랠 필요가 없다는 것이다. 탁월함을 기대하는 것만으로 그들의 탁월함을 이끌어낼 수 있다."

다른 기업에 비해 애플의 톱 플레이어들은 재직기간이 길고 높은 충성도를 보였다. 그것이 잡스가 행한 인재경영의 결과다. 잡스는 기준미달의 사람을 조직에서 내보내는 데도 망설임이 없었다.

"최고 인재가 아닌 사람들과 일하는 것도 고통스럽지만 그들을 솎아내는 것도 고통스럽다. 하지만 기대에 못 미치는 사람을 걸러내는 것이 내가 리더로서 해야 할 역할이다. 최대한 인간적인 수단을 취하지만, 어쨌거나 내가 해야 할 일이고 어떻게 해도 즐겁지 않은 일이다."

인간관과 인사결정

경영자의 인사결정은 그의 인간관을 반영한다. 어떤 경영자는 사람의 선한 면을 주로 보고 어떤 경영자는 악한 면을 본다. 경영자가 인간관에 따라서 일을 하는 게 잘못은 아니다. 오히려 자신의 인간관이 무엇인지를 모르는 게 잘못이다. 경영자는 자신의 인사결정이 어디에서 기인하느냐에 대한 기준을 가져야 한다. 또 실패와 성공으로부터 배우면서 자신의 인간관을 정의하고 대체로 올바른지를 따져야 한다. 만약 인사결정의 실패를 반복한다면 자신의 인간관에 허점이 있다고 보고 스스로 재조명해야 한다.

고대의 현자들은 '인간과 인간성'의 보편적인 정의를 내리기 위해 많은 고민을 했다. 현자의 인간관을 자신의 인간관과 비교해보라. 무엇이 같고 무엇이 다른가? 어떤 점에서 자신의 인간관을 올바르다고 믿을 수 있겠는가? 인사결정의 유효성은 일관성에 있다는 점에서 경영자의 인간관에 대한 고민과 판단이 필요하다. 중국 전국시대의 현자인 순자荀子는 성악설性惡說을 주장했다. 사람의 본성은 착하다는 맹자孟子의 성선설性善說의 반대로 악한 본성을 예禮로써 선하게 변화시켜야 한다는 개념이다. 순자는 사람의 본성은 악하여, 날 때부터 이익을 구하고 서로 질투하고 미워하기 때문에 그대로 놔두면 싸움이 그치지 않는다고 보았다. 그러므로 이것을 고치기 위해서는 예의를 배우고 정신을 수련해야만 한다고 주장하였다. 순자의 가르침을 보면 인간의 교화와 예의를 중시했음을 알 수 있다. 즉 인간본성의 규정보다는 올바른 삶과 사회에 대한 관심이 중요하다는 것이다. 한편으로 순자와 대비되는 맹자는 인간의 본성을 선하다고 했지만 인간이 욕심 때문에 악해질 수 있다고 보고 이를 예방하기 위한 도덕실천(호연지기 등)을 강조했다. 이처럼 옛날의 현자들은 인간본성의 탐구를 통해 이상적인 삶과 사회의 건설을 위한 실천적 행동에 주목했다.

드러커는 인간은 나약함과 강함을 모두 가지고 있고 선할 수도 악할 수도 있는 다소 모순적인 존재로 본다. 실존주의 철학자인 덴마크의 키에르케고르의 사상을 높이 평가하고 유년기와 청년기를 인류사에 유래가 없던 혼란과 갈등, 전쟁과 파괴의 시대를 살았던 드러커로 보면 이해가 된다. 따라서 인간에 대한 절대적인 신뢰, 다른 말로 하자면 절대적인 인간, 슈퍼맨에 대한 믿음은 올바르지도 않고 위험한 것이다. 그러나 인간이 존중받아 마땅한 존재라는 신념은 굳건하게 바탕에 있다. 모순적인 생각과 행동을 하고 갈팡질팡하는 존재가 인간이지만, 또한 인간은 삶의 의미와 목표를 통해 자신을 실현할 수 있는 존재이기 때문이다. 따라서 책임은 인간을 인간답게 만든다. 신에게서 부여받았든 조직에서 요구하든 혹은 사회가 요구하든지 책임은 인간에게 자신의 삶에 의미를 제공하고 자신의 능력이 지향해야 하는 방향을 가리켜주고 궁극적으로는 자신을 완성하게 만든다. 현대 조직사회에서 경영자가 책임지는 사람으로서 자리매김된 것은 이런 의미가 있다. 나아가 모든 지식근로자가 책임지는 근로자로서 자신을 자리매김해야 하는 것이다.

경영자의 인간관은 빙하를 움직이는 해류와 같다. 그들의 인사결정에 영향을 미치며, 결국 조직 구성원 모두에게 영향을 준다. 중요한 것은 결정을 통해서 이루려는 목표다. 여기서 경영자가 명심할 것은 목표는 한 가지가 아니라는 것과 결정은 사람과 조직 모두에게 긍정적인 것이 돼야 한다는 점이다. 만일 사람과 조직 모두에게 도움이 되는 결정이 아니라면 올바른 결정이 아니기 때문이다. 따라서 경영자는 자신의 인간관을 점검하고 결정을 내리게 된 동기와 결정의 유효성을 점검하면서 보다 올바른 결정을 내릴 수 있도록 꾸준히 인간관을 연마해야 한다.

리더십

리더십의 요소는 책임과 공헌

리더십은 리더십 자질들과는 거의 관계가 없으며 '카리스마'와는
더욱 관계가 없다. 리더십은 평범한 것이다.
그다지 낭만적이지 않으며, 오히려 매우 지루한 것일 수도 있다.
리더십의 본질은 오직 그것이 달성한 성과에 있다.

－피터 드러커

리더십에 관한 진실

이번 장의 주제는 리더십이다. 앞장에서는 경영에 대한 올바른 이해, 경영자의 역할과 과업, 성과를 달성하는 경영자로 일하는 원칙과 원리를 살펴보았다. 경영의 의미와 목적, 효과적인 경영의 원칙은 경영자의 신념과 철학이자 행동의 닻이 된다. 리더십은 이 모든 것이 한 사람의 경영자로 그의 인격과 행동을 통해서 결과로 드러나게 하는 원천이다. 리더십을 모르고 리더십이 없이는 경영자는 올바른 경영을 실천할 수 없다.

경영자에게 리더십은 까다롭지만 가까이 해야 하는 친구와도 같다. 리더십의 발휘는 자신과 조직을 위해 반드시 필요하기 때문이다.

드러커도 "리더십이 없다면 모든 자원은 제품이 될 수 없다."고 하며 리더십을 강조했다. 리더십은 사람을 통해 조직의 가치를 창출하도록 만든다. 오늘날 리더십의 중요성에 대해서는 누구도 이의를 달지 않는다. 모든 조직이 리더십을 갖춘 경영자를 키우고 확보하기 위해 상당한 투자를 하고 있다. 경영자들도 많은 시간을 들여 리더십을 배우고, 훈련하고, 경험하기 위해 노력한다. 하지만 최고경영자나 인적자원관리 책임자들에게 물어보면 그런 노력과 투자에 비해 효과가 있다고 대답하는 경우는 드물다. 또 리더십은 경영자로 성장하고 싶은 많은 사람들에게 좌절감과 스트레스를 제공하는 원흉이다. 리더로서 행동하라는 요구는 커지고 있지만 그 많은 훈련과정에도 불구하고 자신의 리더십에 대한 확신을 얻는 사람은 드물다. 인재가 희소한 것처럼 제대로 리더십을 갖춘 경영자도 희소하다.

▮ 리더십은 자질이 아니다

리더십은 계발에 드는 투자에 비해서 성과가 매우 저조한 영역이다. 이 사실은 무엇을 의미할까? 다양한 계발방식(교육훈련, 프로젝트 파견, 순환근무, 리더십 평가, 코칭, 멘토링 등)에 결점이 많다거나 경영자의 노력이 부족하다는 뜻일까?

드러커의 시각으로 보면 답은 "아니오."다. 낮은 성과는 리더십에 대한 그릇된 인식이 원인이다. 쉽고 편하게 리더십에 대한 통념을 받아들인 잘못된 결과다. 잘못된 생각과 결정은 잘못된 행동으로 이어진다. 특히 조직에서 중요한 역할을 하는 사람이라면 그 조직을 망칠 수도 있다. 드러커가 강하게 비판한 것은 카리스마적인 리더, 비범한 리더에 대한 사람들의 기대였다. 이런 기대는 추종자를 끌어당기는 매력이나 독특한 능력으로 리더십을 생각하는 관점과 같은데 리더십에 대한 견해 중에서 가장 오래된 견해이기도 하다.

왜 드러커는 이 견해를 비판했을까?

이 견해의 문제는 리더십을 개인의 특이한 자질로 파악했다는 점이다. 즉 원래부터 리더의 자격을 가졌으니 리더가 되는 게 당연하다는 개념인데 드러커는 개인의 특출한 자질과 리더십은 무관한 것이라고 했다.

그렇다면 진정한 리더십이란 어떤 것인가? 드러커가 바라보는 리더십은 리더십의 바깥에 있다. 드러커는 리더십을 이를 필요로 하는 조직, 성과를 달성하는 리더의 역할을 통해 파악하려고 했다. 드러커는 진정한 리더십이란 조직이 목표를 달성하는 과정에서 경영자가 리더로서 책임과 일의 수행을 위한 고된 노력을 할 때 발휘되며 바람직한 결과와 성과를 통해서만 정의할 수 있다고 했다. 이런 그의 통찰은 기존의 리더십에 대한 인식을 뒤집었다. 리더십을 리더의 상황과 현장, 추종자를 통해 바라봤기 때문이었다. 그의 리더십은 위대한 영웅이 전개하는 놀라운 자질과 업적에 대한 얘기보다는 재미가 없다. 그러나 지루함과 재미없음이 사실 리더십에 관한 얘기라는 것을 알게 될 것이다.

▌ 리더십의 본질

리더십을 생각할 때 카리스마가 있는 리더를 떠올리는 것은 자연스럽다. 위대한 대상에 자신을 연관 지으려는 인간의 본성과 자신이 겪는 어려움을 누군가가 해결해주기를 바라는 심리와도 부합한다. 그러나 리더십을 개인의 특별한 자질과 능력으로 파악하는 것은 잘못된 것을 넘어서 위험하다.

드러커가 예로 들었던 히틀러, 스탈린, 모택동의 경우를 살펴보자. 이들은 강력한 카리스마를 가지기는 했으나 리더라고 부르기는 어렵다. 이들은 오만하게도 자신이 특별한 자질을 갖췄고 자신의 생각은 절대적이며 사람을 지배하는 것이 당연하다고 믿었다. 이들은 그 누구보다 강력한 카리스마를 가진 지도자였으나 이들을 리더라고 부를 수 있을까? 또는 올바른 리더십을 드러내주는 위인들인가? 절대 아니다. 이들은 인류와 세계에 역사상 유례가 없는 고통과 절망을 끼친 흉악범이다. 많은 사람의 생명을 가져갔고, 공동체를 파괴했으며 고향을 떠나게 했다. 누가 이런 사람을 리더라고 하겠는가?

카리스마는 리더십과 무관하다. 위대한 자질, 혹은 카리스마는 분명하게 일부 사람들이 갖춘 특징이다. 그러나 카리스마 자체가 리더십은 아니며 오히려 드러커의 지적처럼 카리스마는 리더의 책임을 망치고 조직과 사회에 해를 끼치기도 한다. 사람들의 관심과 애정, 존경을 끌어내는 카리스마나 특별한 자질 없이도 자신이 몸담은 조직의 목표를 달성하고 구성원들의 위대한 성공을 이끈 리더십의 증거를 역사에서 찾을 수 있다. 링컨, 아이젠하워, 마틴 루터 킹, 간디, 마더 테레사, 세종대왕, 이순신, 넬슨 만델라 등과 같은 위인은 모두 그 시대의 과제에 도전했고 위대한 성과를 달성했으며 일생을 바친 리더다.

다시 말하지만, 리더십은 자질과는 무관하다. 그리고 올바른 리더십은 리더십의 의미와 목적 그리고 리더십이 만드는 결과를 통해 발견해야 한다. 리더는 조직을 위한 존재이다. 이 본질은 변하지 않는다. 리더십은 오직 리더를 필요로 하는 조직과의 관련성에서만 의미를 찾을 수 있다. 드러커는 리더십의 본질은 리더가 가진 자질이 아니라 '책임과 일'에서 나오는 것이라고 이 점을 명확하게 표현했다.

언제나 조직이 리더보다 먼저여야 한다. 리더십은 리더가 책임을 수행하는 것, 바로 리더가 속한 조직의 목표달성을 위해 제대로 일을 하는 것이다. 드러커는 "관리는 일을 올바르게 하는 것이고 리더십은 올바른 일을 하는 것이다."라는 말로 이 점을 강조했다. 일과 책임을 통해 자신의 역할을 생각하는 경영자의 행동강령이 몇 가지 있다.

첫째, 조직의 사명과 목표가 무엇인지를 생각하고 이것을 명확하게 한다. 이 말은 사명은 리더십이 기여해야 하는 목표이며 리더십은 목표달성을 위한 수단이라는 뜻이다. 이 말은 리더는 자신이 원하는 것이 아니라 조직이 원하는 것에 온전히 헌신하라는 뜻이기도 하다. 리더십은 경영자가 조직이 요구하는 책임이 무엇인가를 진지하게 생각하고 자신에게 부여된 책임을 받아들이는 용기를 발휘하는 것이다. 이순신 장군이 백의종군하면서도 전장을 떠나지 않았던 것은 나라에 대한 충성, 백성에 대한 사랑 등 많은 이유가 있었겠지만 조국의 운명이 풍전등화인 상황에서 무장으로서 조국을 구하기 위해 싸워야 한다는 자신의 책임을 기필코 완수한다는 용기가 있었기 때문일 것이다.

둘째, 해야 하는 일들의 우선순위가 무엇인가를 결정한다. 구체적인 결정과 행동을 통해 책임을 구현하는 것이 진정한 책임이다. 리더의 가장 중요한 책임은 조직의 생존과 목적달성이다. 이를 위해 리더는 우선순위를 정하고 그에 따라 행동해야 한다. 리더가 우선순위를 잘못 파악하고 결정을 내리면 조직의 생존과 목표달성은 위험해진다. 자원을 낭비하게 되고 역량을 훼손시키기 때문이다. 리더는 자신의 결정과 행동으로 인해 조직이 위험에 처할 수 있다는 민감성을 바탕으로 우선순위를 결정한다. 물론, 우선순위에 대한 결정에서 나온 결과에 대해 자신에게 온전한 책임이 있다는 것을 바탕으로 한다. 미국의 제33대 대통령인 해리 트루먼(1884~1972)은 1945년 임기를 시작하면서 내정보다는 효과적인 외교관계의 구축을 첫 번째 과제로 삼았다. 그런데 그의 외교우선정책은 전직 대통령들은 큰 관심을 두지 않았던 부분으로 대중적인 인기를 얻기 힘든 과제였다. 그런데도 그는 일본에 원자폭탄 투하를 결정하고 마샬 플랜을 시작했으며 유엔군의 한국전쟁 파견 등 자유진영국가의 동맹을 공고히 하는 데 매진했다. 그 결과 미국은 세계의 지도국가로서 전성기를 맞았고 트루먼은 국민의 인정을 받았다.

이런 우선순위에 따른 결정은 때로는 리더의 용기를 요구한다. 히말라야의 에베레스트 산은 해발 8848m로 지구에서 가장 높은 산으로, 모든 등반가들이 정상정복을 꿈꾸는 열망의 산이다. 미국 최초의 여성 에베레스트 등반대의 리더이자 세계 7대륙 최고봉과 북극점과 남극점을 탐험한 앨리슨 레빈Alison Levine은 2002년 생애 최초의 에베레스트 도전에서 정상을 100m도 남겨놓지 않은 지점에서 기상악화와 폭풍으로 인해 등반을 포기하고 철수했다. 더 이상의 도전은 자신과 팀원의 생명을 위협하는 일이라고 판단했기 때문이다. 앨리슨은 뛰어난 등반가들이 정상 문턱에서 동일한 결정을 했다는 사실을 얘기하며 이것은 올바른 결정이었다고 말했다. "생명이 위협받는 상황에서는 반드시 안전을 우선시해야 한다. 이 상황에서 리더라면 리더의 모든 행동이 나에게뿐만 아니라 주변 사람들에게 어떠한 영향을 미칠지도 생각해봐야 한다. 그것에 얼마나 많은 피와 땀, 눈물을 쏟았든 관계없이 말이다."[35] 정상을 앞에 두고 포기한다는 것은 대단한 용기를 바탕으로 한다.

비즈니스의 세계는 앨리슨이 맞닥뜨린 상황만큼 목숨이 왔다 갔다 하지는 않지만 경영자의 결정이 기업의 운명을 좌우하게 되는 경우가 적지 않다. 이런 상황에서 경영자는 무엇이 자신이 아니라 기업을 위해, 기업 구성원 모두를 위해 올바른 결정인가를 판별하고 가장 먼저 해야 하는 행동을 선택할 수 있는 용기를 발휘해야 한다.

셋째, 사명과 목표를 달성하기 위해 바람직한 행동의 기준이 무엇인가를 제시한다. 리더의 역할 중 하나는 그의 결정과 행동을 다른 구성원이 따르도록 만드는 것이다. 추종자가 없는 리더는 존재할 수 없다. 그런데 추종이란 리더가 누리는 인기가 아니다. 이는 구성원이 올바른 방향으로 행동하도록 만드는 리더가 가진 책임이다. 리더에게 큰 권한이 있는 것도 이 행동의 지휘라는 책임 때문이다. 따라서 리더는 구성원이 해야 할 행동에 대한 명확한 기준을 제시해야 한다. 그 기준은 일관되고 구성원의 공감대를 이끌어내는 것이어야 한다. 명확성, 일관성, 공감대 이 세 가지는 리더가 제시하는 행동기준의 핵심요소다. 리더는 구성원들이 자신을 따르며 행동하도록 만들어야 한다. 그러나 구성원들은 단지 "나를 따르라!"라는 리더의 말을 그대로 믿고 행동하지 않는다. 구성원들은 리더가 바라보는 방향을 동일하게 볼 수 있어야 하며 리더가 원하는 미래에 대해 강력한 공감대를 가질 수 있어야 한다. 리더의 목표, 리더의 꿈이 중요한 게 아니라 추종자들이 이해하는 목표와 꿈이 중요한 것이다. 구성원이 리더가 보는 방향과 같은 쪽을 보게 만들고 리더가 그리는 미래에 공감하도록 해야 한다. 기원전 4세기 페르시아에 왕위계승을 둘러싼 형제간의 전쟁이 있었다. 이때 동생인 키루스Cyrus the Younger가 지휘하는 군대에 크세노폰Xenophon이라는 그리스 용병이 있었는데 그는 자기가 속한 군대가 대패하여 페르시아 군에게 포위당하는 위기 속에서 행동하는 리더십의 모범을 보였다. 그의 부대가 목숨을 구걸하자는 쪽과 끝까지 싸워서 명예롭게 죽자는 쪽으로 분열되었을 때 크세노폰은 무조건 항복이나 무리한 싸움보다는 새로운 기회를 탐색하고 살아남는 것이 옳다고 모두를 설득한 후, 명확한 행동계획을 제시했다. 그는 곧바로 새 지도자를 뽑아 부대가 후퇴할 수 있게 했고 자신은 후방부대의 지휘관으로서 페르시아 왕과 협상에 나섰다. 결국 그의 부대는 후퇴에 성공했고 모두 고향으로 돌아갈 수 있었다. 이런 일을 했을 때 크세노폰은 지휘관도 아니었고 또 그리스 용병의 대다수를 차지하는 스파르타인이 아니라 아테네인이었다.[36] 추종자들이 제대로 행동하도록 만드는 것은 목표에 대한 인식과 실행에 대한 책임감을 확고히 함으로써 최종적으로 실현된다. 이때 리더는 목표를 위해 헌신하는 모습을 보여야 한다. 드러커는 이를 "리더의 첫 번째 과업은 나팔수 역할이다." 라고 표현했다.

"리더십은 한 사람의 비전을 더 높은 시계로 끌어올리는 것이고 한 사람의 성과를 더 높은 수준으로 끌어올리는 것이며 일반적인 한계를 넘어선 인격을 형성시키는 것이다."라고 덧붙였다.[37]

리더십은 책임이다

목표에 대한 리더의 철저한 헌신은 존경과 찬사를 얻기 위함이 아니다. 올바른 리더는 자신이 조직을 위해 '해야 할 일'을 찾고 그 일에 헌신하는 사람이다. 리더는 '책임을 지는 사람'이기 때문이다. 이를 아는 리더는 다음과 같이 생각한다.

첫째, 특권 대신 책임을 중시한다. 리더십을 권한이 아니라 책임으로 파악하는 리더는 일이 잘못되었을 때 절대 다른 사람을 책망하지 않는다. 리더는 구성원이 잘못한 일을 바로잡으며 그 결과는 자신이 책임진다고 여긴다. 이를 위해 리더는 자신을 보호하려고 애쓰지 않는다. 자신이 가진 특권이 없기 때문이고 자신이 책임짐으로써 일이 제대로 수행되는 것에 관심을 쏟기 때문이다. 리더에게는 누가 잘못했는가보다는 무엇이 잘못되었는가가 더 중요한 문제다. 리더십을 책임이라는 렌즈를 통해서 보면 드러커가 최고경영진이 받는 엄청난 보상을 왜 비판했는지 이해할 수 있다. 드러커는 미국 기업에서 최고경영자들이 받는 지나친 보상 — 구성원들이 받는 평균보상액 대비 수백 배가 넘는 — 에 대해 '이는 지나친 것을 넘어서 도덕적으로 타락한 것'이라고 비판했다. 물론 드러커는 주주가치의 극대화만을 좇는 기업의 행태와 보상 격차에 따른 신뢰의 파괴와 공동체 의식의 훼손을 함께 지적한 것이지만 무엇보다 리더십은 책임이라는 관점에서 이는 문제 삼아 마땅하다. 리더가 받아야 하는 보상은 그 책임의 수행에 따른 것인데 그 어떤 리더라 해도 직원들보다 수백 배가 넘는 책임을 지기란 불가능하다. 또 성과를 보상의 기준으로 정한다 해도 수백 배의 차이를 정당화할 만큼 성과를 냈는지에 대한 합리적인 근거를 찾기가 어렵다.

둘째, 책임을 다하는 리더는 우수한 직원들을 두려워하지 않는다. 리더십을 책임이라고 보는 리더는 항상 자신이 마지막 책임을 지는 존재라는 사실을 받아들인다. 그리고 함께 일하는 직원의 성공을 자신의 성공으로 여기며 그의 실패를 자신의 실패로 받아들인다. 성공이란 곧 조직의 목표가 달성되어 가는 것이며 자신의 책임이 완수되는 것이라고 믿기 때문이다. 따라서 그에게는 우수한 직원을 질투하거나 견제하려는 동기가 없다. 이런 리더의 관심은 우수한 직원들을 발굴하고 보유하며 이들이 성과를 달성하도록 돕고, 더욱 우수한 능력을 갖도록 양성하는 일이다.

그런데 기업의 현장에서 과연 이런 리더십이 있는가에 대한 반론을 제기하는 사람이 있다. 부하직원의 성공을 시기하거나 방해하고 우수한 부하직원을 멀리 두려는 경영자가 있다는 것이다. 또한 인간이 가진 이기적인 본성, 혹은 자기보호에 대한 본성을 들어 이기적으로 행동하는 경영자의 행태를 없애기란 어렵다고 주장한다. 사실 자신의 영광만을 위해 다른 직원들을 희생하는 경영자가 있다. 여기서 질문을 해보자. 왜 이기적인 경영자가 존재할까? 답은 이기적인 리더(이런 표현이 가능하다고 간주하고)를 허용하는 건강하지 못한 조직이 있기 때문이다. 이는 조직이 요구하는 올바른 리더와 리더십에 대한 이해가 부족하고 진정한 리더를 만들지 못하는 조직의 취약성이 원인이다. 이를 막기 위해서는 조직 안에서 이기심이 올바르게 견제되고 바른 방향으로 가도록 제대로 된 조직문화와 가치를 구축해야 한다. 공동의 목표달성이 결국 모든 구성원에게 이롭다는 것과 자신의 이익만을 취하는 행동은 조직의 장애가 된다는 것, 그리고 그로 인한 성과달성의 실패는 개인의 경력과 삶에 치명적인 문제가 됨을 모든 구성원이 공감하는 조직을 만들어야 한다. 올바른 리더가 모범을 보일 때 이런 조직문화가 튼튼하게 뿌리를 내린다. 2001년에 망한 미국의 엔론은 서로를 경쟁자로 보는 치열한 전쟁터와 같은 조직이었다.

이제 리더십이란 자질이 아니라 책임과 공헌에 있다는 드러커의 말을 이해했으리라 생각한다. 그렇다면 이런 리더십은 어떻게 조직의 현실에서, 경영의 현장에서 행동으로 드러나는 것일까? 실천의 문제로 들어가 보자. 실천의 문제는 경영자가 리더로서 행동하는 힘이자 추종자들이 리더를 인정하는 힘, 즉 리더십의 원천을 갖추려는 노력에 달려 있다. 자신의 일을 통해서 리더십의 원천을 배양하고 강화하는 노력은 좋은 리더십을 뿌리내리게 한다.

02

리더십의 원천

　구체적인 상황과 과업이 있는 현장에서 "리더는 어떻게 목표를 달성하게 되는가? 리더는 어떻게 리더로서 효과적으로 일하는가?" 이 질문을 통해 올바른 리더십이 어떻게 발휘되는가를 알 수 있고 조직 안에서 구체적인 리더십 행동을 파악할 수 있다.

　리더십이 리더와 추종자의 관계에서 나온다는 관점에서 리더십 행동은 추종자로 하여금 리더를 따르게 하는 행위를 말한다. 이것이 곧 리더십의 원천이다.

　먼저 뛰어난 리더들과 그들이 이룩한 성취를 통해 리더십의 원천을 찾을 수 있을지 생각해보자. 성공적인 리더에 대한 이야기는 마르지 않는 인기품목이다. 그렇지만 이런 이야기들은 경영자들에게 특별한 도움이 되지 않는다. 아무리 많은 사례를 탐독한다고 해도, 일부 사례들이 성공의 공식을 제시한다고 해도 사례를 통해 경영자가 실천 가능한 교훈을 얻기란 대단히 어렵기 때문이다. 사례의 주인공인 리더가 처한 상황과 맥락이 다르고 그들이 선택한 전략과 행동경로가 다른데 오늘날의 경영자에게 그 어떤 실천적인 교훈을 제시할 수 있겠는가 말이다.

드러커의 통찰은 효과적이면서 실용적이다. 드러커는 위대한 리더의 결정과 행동을 규정했던 원칙과 원리가 어떤 것인가를 근본적으로 파악하려고 노력했다. 드러커는 수많은 리더와 지도자들 혹은 조직에 해를 끼친 지도자들을 만났고 또한 조직의 성장과 고난, 멸망에 대한 실증적 분석을 수행해왔다. 따라서 드러커가 리더십에 대해 말하는 내용은 그의 풍부한 경험과 관찰이 바탕에 있다. 드러커의 리더십론은 실존했던 위대한 지도자의 삶과 행동을 자신의 통찰력으로 해석한 것이다.

드러커는 리더십을 추종자의 관점에서 생각하고 리더에 대해 '추종하는 사람이 있는 자'라고 정의하면서 이를 유일한 정의라고도 말했다. 조직의 성공은 조직에 있는 구성원의 헌신에 달려 있다. 그리고 구성원의 헌신은 리더에 대한 전적인 추종 - 리더가 말하는 비전을 공감하고 리더의 말에 따르며, 최선의 공헌을 하려는 것 - 에서 나온다. 따라서 추종자가 없거나 일부만 있는 리더는 리더가 아니다. 모두의 추종을 끌어내는 것이야말로 리더십의 본질이다. 리더가 있기 때문에 추종자가 있는 것이 아니라 추종자가 있기 때문에 리더가 있다. 리더십은 리더-추종자 관계를 가능하게 한다. 그렇다면 추종을 가능하게 하는 힘, 리더십의 원천은 무엇일까?

명령과 통제는 절대 아니다. 이들은 복종을 가능하게 하는 것이지 추종을 가능하게 하는 것이 절대 아니다. 추종은 자발적인 것이기 때문이다. 카리스마나 뛰어난 능력도 아니다. 이들은 모두 일시적인 영향만을 미친다. 어느 정도까지는 리더를 따르게 만들지만 리더를 완전하게 믿고 리더를 따라서 행동하게 만드는 지속성을 제공할 수는 없다. 더욱이 카리스마는 리더를 부패하게 만든다. 위대한 조직과 리더가 만들어온 조직의 역사를 분석한 드러커는 '진정성과 신뢰'야말로 구성원의 추종을 만드는 리더십의 원천이라고 했다. 여기서 진정성은 도덕적 기준을 의미하는 것이 아니라 리더가 말한 대로 행동하는 것, 자신이 세운 기준을 어떤 타협도 없이 지키는 것으로 언행일치와 정직성을 의미한다. 진정성을 갖춘 리더에게 구성원은 자발적 신뢰로 응답하며 그렇게 신뢰받는 리더십은 목표를 향한 협력과 헌신을 가능케 한다. 신뢰받는 리더의 행동과 구성원의 관계의 키워드를 정리하면 다음과 같다.

- 언행일치
  - 리더는 말과 행동이 같아야 한다. 스스로 말한 것을 행동을 통해 보여준다.
- 행동지향
  - 구성원은 리더가 말하는 조직의 목표와 가치가 단순한 선언이 아니라 실천을 위한 명령이라는 것을 잘 알고 있다.
- 인격
  - 진정성은 무엇보다도 리더의 인격을 통해서 드러난다. 리더의 언

행과 결정, 행동에서 인격을 드러내지 못한다면 그는 절대로 그 인격을 소유할 수 없다.
- 동기
  - 리더에 대한 구성원의 신뢰는 자발적 헌신을 위한 동기부여에 큰 영향을 미친다.
- 호감 무관
  - 리더의 독특한 성격과 행동방식에 대해서 구성원이 호불호를 따지는 것은 리더에 대한 신뢰와는 전혀 관계가 없다.

진정성은 상당 부분이 개인의 인격과 인격과 통합된 어떤 것이다. 따라서 후천적으로 계발할 수 없다. 그래서 리더십을 개인이 가진 자질로 봐서는 안 된다고 비판했던 드러커도 진정성만큼은 리더가 갖춘 인격적 요소이며 리더십의 핵심인 신뢰를 만드는 요소로 인정했다. 진정성을 바탕으로 하는 신뢰의 리더십은 그 어떤 리더십(명령과 통제를 통해 군림하는 지시적 리더십, 가부장적 온정주의를 통해 구성원을 보살피는 제왕적 리더십, 뛰어난 비전과 혁신을 통해 조직을 이끄는 변혁적 리더십 등) 보다도 조직의 생존과 성장에 강력한 영향력을 미친다. 신뢰는 인간이 가진 깊은 정신이고 가장 오래 지속되고 강력한 영향력을 미치기 때문이다. 신뢰는 리더의 말과 행동에 대해 구성원이 자연스럽게 부여하는 정당한 권위를 통해 자신이 가치 있는 일을 위해 헌신하고 있다는 윤리적 의식을 통해 조직의 사명과 목표를 향한 도전과 응집을 촉발하는 강력한 힘을 낼 수 있게 만든다. 반면 신뢰받지 못하는 리더십은 조직에 치명적인 피해를 준다. 드러커는 신뢰를 파괴하는 리더의 행동을 강하게 비판했다. 미국 대기업의 일부 경영자들이 과도한 보상을 받는 것(조직보다 자신의 이익을 우선하는 행동), 직원우대의 가치를 내세우면서 구조조정이라는 명분을 내세워 직원을 해고하는 이중장부 관행(인간존중의 가치를 파괴하는 것)은 조직의 생명과도 같은 신뢰를 파괴하는 행위라고 비판했다. 신뢰는 리더십의 또 다른 이름이다. 리더십을 가능하게 하고 리더를 존재하게 만든다.

경영자는 리더가 되기를 꿈꿔야 한다. 리더로서 행동해야 하고, 조직의 비전을 향한 헌신과 행동을 만들어야 할 책임을 수행해야 하기 때문이다. 물론 진정한 리더가 되는 일이 쉽지는 않다. 리더십의 원천은 자발적 추종을 만드는 힘으로 구성원의 마음을 움직여야 하기 때문이다. 진정성과 신뢰는 이 추종을 만드는 원천이다. 따라서 경영자는 리더가 되려 하지 말고 먼저 자신이 무엇을 드러내고 있는가를 성찰할수 있어야 한다. 자신의 결정과 행동은 언제나 믿을 만한지, 자신의 결정과 행동은 사람들의 신뢰를 얻고 있는지를 생각해야 한다.

03

지식사회와 리더십

리더십이라는 주제는 기업뿐만 아니라 비영리조직과 공공조직에서도 매우 중요한 사안으로 다루고 있다. 그만큼 현대사회에서 올바른 리더십이 사회의 발전을 위해 필요하다고 많은 사람들이 생각한다는 뜻이다. 현대사회의 조직은 과거의 산업사회를 대표하던 조직과는 달리 지식근로자들로 이루어진 지식중심조직이다. 지식사회와 지식조직에서 리더십은 어떤 모습을 갖춰야 할까?

지식사회와 지식근로자의 도래를 최초로 예견한 드러커가 그 질문에 대해 성찰한 것은 고마운 일이다. 그는 리더십을 분석하면서 기업 환경의 변화가 조직 내 권력과 리더십의 패턴을 어떻게 바꾸고 있는가에 대해서도 살펴보았다. 그는 먼저 지식사회, 지식조직에서는 과거와 같은 리더십의 원천은 더는 존재할 수 없다고 판단했다. 즉 무한한 권력이란 더 이상 가능하지 않으며 권위의 원천이 될 수 없다는 것이다.

즉 경영자가 권력을 가지고 구성원과 작업을 통제하면서 일방적인 명령을 통해 리더십을 행사하던 시대는 이미 사라졌다는 것이다. 드러커는 이런 시대의 변화를 "우리는 지식근로자가 조직에 공헌하고 성과를 거두도록 관리할 방법을 알지 못한다. 지식근로자는 상당히 다른 방식으로 관리해야 한다는 사실만 알 뿐이다."라는 말로 표현했다.

현대조직에서 핵심자원은 지식이고 이 지식의 소유자는 근로자다. 지식근로자가 떠나면 지식도 같이 이동한다. 조직은 더 이상 명령과 통제로 지식근로자의 작업과정을 관리할 수 없다. 지식근로자는 스스로 자신의 성과를 통제하기 때문이다. 이제 소수의 경영자가 아닌 지식근로자에게 권력의 소유권이 넘어갔다. 자신의 일에 대한 통제력을 가진 것이다. 따라서 조직과 경영자는 다음과 같이 새로운 리더십에 대한 어려운 문제를 풀어야 한다.

- 지식근로자가 조직의 목표를 위해 자발적으로 기여하고 최선을 다하리라는 것을 어떻게 보장할 수 있을까? 지식근로자가 조직을 위해 어떻게 충성을 다하도록 만들 것인가?
- 구성원의 헌신과 충성은 리더십의 최종 과제인데 (이전과 같은) 권력이 없어진 새로운 환경에서 경영자는 어떻게 리더십을 확보할 것인가?

이런 문제들은 분명하게 리더십에 대한 도전이다. 과연 리더십이 의존해야 하는 새로운 원천, 힘의 기반은 어떤 것이어야 할까?

▌파트너십은 리더십의 새로운 원천이다

  드러커는 리더십의 새로운 원천으로 파트너십에 주목했다. 드러커는 지식근로자가 중심이 되는 조직에서는 개인이 자율적으로 참여하고 일하면서 공동의 가치를 공유하는 게 중요하다고 강조했는데 이를 가능케 하는 것이 파트너십이다. 비록 드러커가 파트너십이라는 말을 직접 쓰지는 않았어도 "의사결정 과정에 참여하는 구성원은 대부분 고위 경영자에게만 결정권이 있거나 그들만의 결정만이 중요하다고 생각한다. 이는 위험천만한 실수다."라는 말로 파트너십의 정신과 가치를 지지했다고 생각한다.

  리더십 분야의 대가인 워렌 베니스Warren Bennis도 "리더십은 가치를 창출하는 진정한 자기표현이다. 리더십은 위계에 따른 것이 아니라 조직의 모든 곳에 있는 것이다. 리더들은 사람들에게 무엇이 중요한가를 깨닫도록 한다."는 말로 드러커의 말에 동의했다.

  현대조직에서는 한 사람의 리더가 모든 것을 다 할 수 없으며 구성원 각자가 전문성을 발휘하면서 조직의 목표를 달성하기 위해 자발적으로 참여할 때 비범한 성과를 달성할 수 있다. 이때 동등하게 자발적으로 참여하는 관계가 파트너십의 핵심이다. 탁월한 미래학자이면서 MIT미디어랩의 설립자인 미국의 니콜라스 네그로폰테Nicholas Negroponte는 "기존의 최고 통치권자나 지도자들은 21세기에는 힘없는 군주와도 같을 것이다."라고 했고 리더십의 대가인 데이빗 히넌David A. Heenan과 워렌 배니스는 "성공한 사람의 뒤에는 항상 한 무리의 협력자가 있게 마련이다."는 말로 새로운 시대의 리더십을 표현했다. 경영자와 지식근로자는 새로운 시각으로 리더십을 바라보고 리더십의 새 이름인 파트너십의 의미를 이해하고 행동해야 한다. 드러커의 발언을 기초로 진정한 파트너십을 형성하는 몇 가지 중요한 원칙과 요소가 있다.

첫째, 윤리적 확신을 공유한다. 사람은 그들이 하고 있는 일이 윤리적으로 옳다고 확신할 때 가장 열성적으로 그 일을 할 수 있다. 이때 윤리적 확신은 모든 사람들에게 적용되는 도덕적 행동수칙을 의미하지 않는다. 그것은 조직에서 자신이 수행하는 일이 다른 사람이나 사회에 해를 끼치지 않고 도움을 주고 있다는 최소한의 믿음을 뜻한다. 또 동료, 상사, 부하직원이 올바른 일을 성실히 수행한다는 믿음도 포함한다. 물론 인간은 윤리적 확신이 없어도 열성적으로 일할 수 있지만 그런 열성은 조직의 성과, 목표, 지속성을 만들지 못한다. 윤리적 확신이 없거나 약한 관계는 파트너십의 원천인 신뢰를 구축하지 못하기 때문이다. 리더는 구성원들과 윤리적 확신을 공유해야 한다.

둘째, 깊은 차원에서 추구하는 가치를 공유한다. 드러커도 어려움을 토로했듯이 지식근로자가 조직의 목표를 위해 최선을 다하도록 만드는 만능장치는 없다. 인간의 동기에 대한 연구를 통해 리더가 근로자의 동기에 영향을 미칠 수 있는 다양한 수단과 도구가 제시되고 있지만 크게 신뢰할 만한 것은 없다. 그러나 자아를 가진 인간으로서 자신이 중요한 존재임을 확인받으려는 욕구만큼은 인간이 가진 최고 수준의 욕구로 받아들여지고 있다. 문제는 그 욕구를 무엇으로 실현하느냐인데 삶의 의미를 주는 가치야말로 이 욕구를 해결할 수 있는 원천이다. 리더는 자신과 함께 일하는 지식근로자가 깊은 내면에서 어떤 가치를 추구하는지 알아야 하며 가능하다면 보다 의미 있고 중요한 가치를 추구할 수 있도록 도와야 한다. 가치를 서로 이해하는 관계는 파트너십을 튼튼하게 만든다.

셋째, 공유와 참여를 리더십 도구로 삼는다. 경영자는 공유와 참여를 통해 리더십을 발휘한다. 이 두 가지는 지식사회와 지식기반 조직의 소통방식이자 일하는 방식이다. 명령과 통제라는 도구는 사망했다. 지식근로자는 더 이상 지시 받는 근로자가 아니며, 감독을 통해서는 지식근로자의 성과를 통제할 수 없다. 지식근로자는 자율적 존재로 스스로가 자신의 성과에 대해 책임을 진다. 지식조직의 리더십은 공유와 참여를 통해 발휘된다. 즉 조직이 도달하고자 하는 비전, 존재이유, 조직성과의 공유와 조직의 목표수립과 정책의 결정과정, 일을 수행하는 과정에 참여함으로써 리더와 지식근로자는 파트너로 행동한다.

이처럼 지식사회의 리더십은 리드Lead가 아니라 협력Partnering이 돼야 한다. 어떤 다른 설명 없이 말 그대로 이 요구를 받아들여야만 파트너십을 통한 리더십에 다가갈 수 있다.

04

리더십 행동과 리더의 결심

    드러커가 리더십에 대해서 말한 내용은 매우 적다. 그러나 드러커는 리더십의 핵심에 대해서는 명확하게 말했다. 일, 책임, 공헌이 바로 리더십의 본질이고, 진정성은 리더십을 올바로 세우는 원천이라고 강조했다. 드러커는 눈에 보이는 리더상을 제시하지 않았다. 그리고 강단의 학자들이 좋아하는 용어의 엄격한 정의나 모델화를 싫어했다. 그것은 생각을 틀에 가두기 때문이다. 또한 여러 리더십 모델이 포함하는 자질이나 능력 같은 리더십 요소가 지나치게 강조되면 리더만이 수행하는 책임을 경시하게 만들 수 있다. 다만 갈 길이 바쁘고 마음이 급한 경영자나 구체적인 행동수칙을 듣고자 하는 경영자에게는 드러커의 조언이 다소 부족하다 느껴질 수 있다. 드러커는 어떤 능력을 기르고 어떻게 행동하라고 상세하게 말해주지는 않기 때문이다. 드러커는 리더십의 가장 중요한 본질을 이해하고 나서야 올바른 리더의 행동이 가능하다고 생각했으리라 본다. 필자는 리더십 행동의 핵심은 그가 말한 일과 책임, 공헌을 항상 분명히 하고 이 원칙을 어떤 상황에도 지키려는 노력이라고 생각한다. 경영자는 이 점을 분명히 이해해야 자신이 믿는 리더십 행동지침을 세울 수 있다.

리더십은 리더로 머무는 것

리더십 행동은 언제나 올바른 자리를 지키고 리더로서의 한결같은 행동을 보이는 것이다. 리더의 자리는 엄청난 보상, 사람들의 환호와는 거리가 멀다. 그 자리는 조직이 부여한 책임이 무겁게 누르고, 예상치 못한 상황이 닥치고, 부족한 자원으로 고민하고, 함께 하면서도 종종 길을 잃어버리는 직원을 살펴야 하는 자리다. 리더는 그 자리에서 일하고 공헌하기 위해 항상 땀 흘리고 노력해야 한다. 리더로서 지위가 아니라 책임을 진다는 것을 명확히 하고 나서야 리더십 행동지침을 튼튼히 세울 수 있다. 행동지침을 세우고 실천하는 것은 각자의 몫이다. "이것이 리더십이다."라는 완성된 요리를 제공하지 않았던 드러커는 경영자 스스로의 성찰을 통해 획득한 진정한 자신의 신념을 따라야 한다고 생각했으리라. 경영자는 스스로 행동지침을 세우고 실천해야 한다. 행동지침을 세울 때는 드러커의 조언과 경영자 자신의 믿음을 활용하기를 권한다. 리더십은 리더 자신이 되기 바라는 사람에 대한 소망이기 때문이다. 삶이 그런 것처럼 리더십은 언제나 결과가 아니라 과정이라는 점을 깊이 생각해야 한다.

▌ 리더십 행동지침

필자는 드러커가 말한 리더십 사상을 행동지침으로 만들고 싶다는 생각을 오랫동안 해왔다. 리더로 일했던 시간은 길지 않았지만 리더의 자리는 편안함과는 거리가 멀다는 사실을 깨달았기 때문이다. 항구가 아니라 폭풍이 몰아치며 번개와 천둥도 치는 대양, 그 대양에서 흔들리면서 목적지로 항해하는 배가 리더의 자리이다. 역경과 도전은 리더가 함께해야 할 친구다. 그래서 모든 상황에 적용할 수는 없지만 드러커 사상을 토대로 행동의 방향과 기준을 담은 행동지침을 원했다. 몇 가지 행동지침을 다음과 같이 제시하고자 한다. 이 지침을 이대로 하라는 의미보다는 드러커의 리더십 철학을 행동으로 실천하기 위한 자신만의 철학을 세운다는 의미로 참조했으면 한다.

리더십에 관한 여덟 가지 법칙

드러커를 닮기 위해 노력하면서 그에게 경영사상을 직접 배웠던 윌리엄 코엔William A. Cohen도 필자와 같은 고민을 했다. 그는 드러커의 정신을 바탕으로 만든 리더십 행동법칙을 제안했다. 법칙에 관한 설명에 있는 인용문은 드러커가 그의 법칙을 듣고 했던 말이다.

- 정직을 최우선으로 여겨라.
  - "이것을 첫 번째 규칙으로 열거한 자네의 판단은 지당하네. 리더는 평판이 좋고 인기도 많고 유능해야 하지. 그런 것도 모두 좋지만

정직성이 부족하다면 리더로서 부적합하네."
- 직원들을 제대로 파악하라.
- 자신의 기대치를 공표하라.
- 확고한 신념을 보여라.
  - "신념은 가치 있는 임무에서 비롯되어 더욱 강한 신념으로 진화하지."
- 긍정적인 결과를 기대하라.
- 부하직원을 소중히 여겨라.
- 자신보다 의무를 먼저 생각하라.
  - "모든 리더십의 기본이 되어야 할 사항이네. 리더는 자신의 이익을 위해서가 아니라 고객과 노동자들의 이익을 위해서 행동해야 한다네. 이는 오늘날 미국 경영진의 최대 약점이기도 하지."
- 가장 먼저 앞장서라.

코헨의 리더십 모델에서 정직에 대한 강조와 자신보다 의무를 먼저 생각하는 것은 공헌과 책임을 강조하는 드러커의 생각과 같다. 그리고 직원을 이해하고 배려하는 것은 인간이 저마다의 강점을 가진 존재라는 드러커의 인간관과 일맥상통한다.

리더십을 계발하는 효과적인 방법이 있다면 내가 생각하는 리더는 어떤 리더인지를 생각해보고 그것에 맞춰 자신을 다스리고 행동하는 것이다. 때로 사람은 자신의 생각과는 다르게 행동하기도 하지만 진정으로 자신이 바라는 리더상은 시간과 상황의 압박을 이겨내는 온전한 힘을 주기 때문이다. 탁월한 리더십 사상가인 존 맥스웰John Maxwell이 생각하는 훌륭한 리더는 다음과 같다.[38] 타인이 리더인가 아닌가를 판단할 때의 기준으로 제시한 것이지만 자신에 대해 자문해도 좋은 기준이다.

리더의 12가지 자질

- 영향력
  - 다른 사람들에게 영향을 주는가?
- 역량
  - 성장하고 발전할 잠재력이 있는가?
- 태도
  - 스스로 성장하고 발전하고 싶어 하는가?
- 화학작용
  - 우리는 서로 좋아하는가?
- 열정
  - 스스로 동기를 부여하는가?
- 성품
  - 겸손한가?
- 가치관
  - 그들과 나의 가치관이 충돌하지 않고 양립하는가?
- 팀워크
  - 다른 사람들과 협동을 잘하는가?

- 가치부여
  - 내게 가치를 더해주는가?
- 창의성
  - 불가능에서 가능을 찾을 수 있는가?
- 선택범위
  - 내 선택범위를 넓히는 데 도움이 되는가?
- 10퍼센트
  - 우리 팀에서 상위 10퍼센트에 포함되는가?

맥스웰의 리더상은 포괄적이지만 현실적이다. 태도와 성품 같은 리더의 자질과 함께 직원과의 관계, 리더가 수행하는 역할에 초점을 맞추고 있다. 여기에는 오랜 기간 목사로서 교회에 봉사하고 리더십 교육기관을 세워 많은 사람들에게 리더십을 훈련시킨 그의 경험이 녹아 있다.

당신은 어떤 리더가 되고 싶은가? 리더로서 일하고 싶다면 바로 지금 결정해야 한다. 리더십은 꿈도 아니고 의도도 아니며 리더로서 항상 행동한다는 서약이기 때문이다. 드러커는 자신의 희망이 아니라 자신이 공헌해야 할 것에서 출발하라고 조언한다. 그리고 집중해야 할 책임을 분명하게 인식하고 매일 노력하며 일을 수행하라고 했다. 드러커 사상을 바탕으로 자기에게 맞는 행동지침을 세워 꾸준히 실천하기 바란다.

지금까지 드러커가 바라보는 리더십의 의미와 리더십의 원천을 살펴보면서 그의 통찰을 이해했으리라 생각한다. 리더십은 특별한 자질이 아니라 책임이고 공헌이다. 책임과 공헌은 조직의 목적을 달성하는 것이다. 따라서 조직보다 자신을 앞세우는 사람은 결코 리더가 아니다. 또한 리더십은 구성원들을 자발적으로 추종하게 만드는 리더의 진정성이기도 하다. 드러커가 리더십을 형성하는 유일한 인격적 요소로서 인정한 진정성은 결코 타협할 수 없는 리더의 생명이다. 요약하면, 드러커의 리더십 사상은 "리더가 되려고 하지 말고 리더로 행동하라."라는 이 한 줄의 문장에 담겨 있다고 생각한다.

드러커가 말하는 리더십은 화려하지 않다. 드러커가 생각하는 리더십의 핵심은 성실한 인격을 원천으로 자신에게 부여된 책임을 받아들이고 타협하지 않고(올바른 타협은 일부 있을 수 있다) 책임을 수행하는 꾸준한 헌신이다. 이러한 리더십은 가르칠 수도 배울 수도 없다. 특정한 자질, 특별한 성격, 특정한 행동으로 리더십을 드러낼 수가 없기 때문이다. 리더십은 오직 행동을 통해서 드러나며 자발적으로 리더를 따르는 추종자가 그에게 갖는 신뢰를 통해서 힘을 발휘할 수 있다. 진정한 리더십은 조직의 사명과 비전을 제시하는 것, 말한 대로 행동하는 것, 조직의 성과를 달성하기 위해 헌신하는 경영자의 의식적 노력을 통해 드러난다. 따라서 경영자는 먼저 리더가 되겠다는 결심을 해야 한다. 이 결심이 섰을 때 리더의 일을 지속할 수 있다. 드러커가 우리에게 가르쳐준 리더십은 단순하고 명쾌하다. 하지만 그 무게는 상당하다. 경영자는 리더로서 다음과 같은 행동을 해야 한다.

- 조직의 사명과 목표에 대해 책임지려는 행동
- 타고난 자질이 아니라 성실한 실천을 통해 구성원이 조직과 목표를 신뢰하게 만드는 행동
- 구성원을 한 사람의 인간으로 이해하고 스스로 공헌할 수 있도록 존중하는 행동
- 자신이 한 일이든 아니든 모든 책임을 지는 행동
- 권위가 아니라 신뢰, 지위가 아니라 파트너십, 명령이 아니라 공유된 비전을 통해서 구성원에게 동기를 부여하는 행동

드러커가 말했던 '일과 책임', '진정성과 신뢰', '파트너십'을 핵심으로 하는 리더십이야말로 현대조직에서는 더 올바르며 실질적인 의미를 갖는다. 올바른 리더십은 가치와 참여를 핵심요소로, 추종자의 자발적인 신뢰를 동력으로, 모든 구성원의 노력을 최고의 기회에 발휘되도록 이끄는 것이다. 오늘날 조직의 역할, 리더십의 중대한 역할을 생각할 때 "경영자로서 나의 리더십은 어떤 것인가?"와 "나의 리더십은 무엇을 힘의 원천으로 삼는가?"를 자문하는 것은 모든 경영자에게 매우 절실한 과제이다.

- 우리 조직에는 구성원이 신뢰하며 자발적으로 최선을 다할 수 있도록 계기를 마련하는 리더와 리더십이 있는가? 만일 있다면 얼마

나 강력한가?

- 나는 경영자로서 무엇에 의지해서 구성원을 이끄는가? 직위에 따른 권위인가? 명령과 지시인가? 자발적 추종인가?
- 만일 우리 조직에서 리더십을 가진 리더들이 사라진다면 조직은 어떻게 될까? 지속할 수 있는 힘과 역량을 유지할 수 있을 것인가?

■ Action Point

- 자신이 존경하는 리더를 생각해보자. 그에게는 자신이 따르고 싶은 행동과 업적이 있을 것이다. 자신이 지금보다 나은 리더가 되기 위해 무엇을 배워야 하는지 생각하고 실천한다.
- 자신이 관리하는 직원들이 열정을 가지고 조직에 헌신하도록 만들기 위해서 무엇을 해야 하는지 생각해보자. 직원마다 개성과 과제와 역량이 다르다는 점을 상기하고 각자에게 맞는 접근방법을 선택해야 한다.
- 좋은 리더가 되는 데 장애가 되는 좋지 않은 습관이 있는지 생각해보자. 이것은 의사소통의 장애일 수도 있고 직원들의 동기를 훼손시키는 것일 수도 있으며 행동의 일관성을 방해하는 어떤 것일 수도 있다. 만약 있다면 즉시 개선의 노력을 시작한다.

리더십은 매우 뜨거운 주제다. 예나 지금이나 좋은 리더에 대한 요구는 끊임이 없다. 그만큼 사회와 조직이 풀어야 할 문제와 어려움이 끊이지 않았다는 뜻이기도 하다. 이런 요구에 부응해서 다양한 리더십론과 주장들이 나오고 있다. 그런데 가치에 대한 판단, 윤리적 덕목에 대한 고려 없이(리더도 인간이다. 인간으로서 가치와 덕목을 빼놓을 수는 없다) 단지 목표달성을 위한 수단이나 방법으로서 리더십을 접근하는 논리들이 많다. "현명하게 사람들을 지배하라. 남이 갖지 못한 능력으로 성취하라"라는 허망한 이야기다. 드러커의 리더십은 공헌과 책임이 본질이다. 따라서 다른 사람에 대한 지배 혹은 지도가 아니라 자신을 진지하게 들여다보는 것에서 시작된다. 무엇에 공헌할 것인가는 오롯이 자신의 선택이기 때문이다. 자기를 경영할 수 있어야만 올바른 리더십을 갖출 수 있다. 그래서 리더십을 자기경영이라고 한다. 드러커는 "모든 지식근로자는 CEO가 돼야 한다."라고 말했는데 이 말은 자기경영의 책임을 강조한 말이기도 하다. 이를 위해서는 자신의 가치, 일하는 방식, 강점 등의 자기이해가 필요하다고 조언했다. 따라서 행동으로서의 리더십, 책임으로서의 리더십과 더불어 내면을 성찰하는 리더십에 대해서도 깊은 이해가 필요하다.

밥 뷰퍼드Bob Buford의 열 가지 원칙

밥 뷰퍼드는 미국 교회의 부흥을 이끈 새들백 교회를 건립하여 기독교에 새로운 활력을 불어넣었고 비영리조직을 중심으로 하는 사회부문의 혁신을 이끈 지도자다. 그는 드러커와 수십 년을 교류하면서 조직의 역할과 책임, 올바른 리더십에 대해 깊은 교류를 나눴다. 다음의 열 가지 원칙은 그가 드러커 사상과 자신의 철학을 결합한 것으로 삶의 의미를 찾는 조언이다. 여기에서 인용문은 해당 원칙에 대한 드러커의 말이다.

- 자신이 누구인지 발견하라.
  - "사람들은 언제나 성공으로 가는 길에 있으며 실패할 경우 그들이 한 것을 재배치하는 경향이 있다. 그러나 나는 성공했을 때 재배치해야 한다고 생각한다. 성공했을 때가 당신에게 여유가 생기기 때문이다."
- 완전한 효율성과 만족을 위해 자신의 위치를 변화시켜라.
- 자신의 존재의 근원을 발견하라.
  - "성취와 기본적인 삶의 질문에 답하는 능력에는 상관관계가 있다. 나는 성공한 사람은 강한 믿음이 있다고 생각한다. 종교적 믿음과 헌신, 그리고 공동체에서의 성공에는 깊은 관계가 있다."
- 당신의 삶을 종반전으로 만들어라. 오직 가치 있는 목표는 삶의 평범함에서 벗어나 삶을 의미 있는 것으로 만드는 것이다.
- 계획은 소용없다.
  - "과도한 계획은 기회를 보는 눈을 멀게 할 수 있다. 기회는 찾아오지만 단 한 번이다. 당신은 준비하고 있어야 한다."
- 자신의 가치를 알라.
  - "직업을 존중하지 않는다면 당신은 일을 잘해내지 못할 것이고 그

로 인해 실패할 것이다."

- 잘 마치는 것이 당신에게 어떤 의미인지 정의하라.
  - "나의 성공에 대한 정의는 오래전에 바뀌었다. 나는 컨설팅하고 글
    쓰는 일을 좋아한다. 그것을 하고 있을 때 시간 가는 줄 모른다. 하
    지만 중요한 것은 일을 잘 마치는 것과 내가 어떤 사람으로 기억
    되고 싶은지를 생각하는 것이다. 몇 가지 다른 삶에서 차이를 만드
    는 것은 가치 있는 목표다. 몇몇 사람들에게 그들이 하고 싶은 것
    을 하게 고무한 것이 내가 기억되고 싶은 모습이다."
- 심는 것과 수확하는 것의 차이점을 알라.
- 좋은 의도만으로는 충분치 않다.
  - "(비영리단체는) 성과에 대해 묻지 않는다. 그들은 처음에 그들이 원
    했던 성과를 얻지 못한다. 그들은 좋은 의미와 최고의 의도를 갖고
    있으나 격언에 따르면 좋은 의도만으로는 지옥으로 가는 길을 열
    뿐이다."
- 배우지 않고 성장하지 않는 것의 단점을 인식하라.
  - "나는 40대 중반 혹은 그 이후에 성공한 사람이 점점 많아지는 것
    을 보았다. 그들은 매우 성공했다. 그들은 자신의 일과 경력 면에
    서 매우 훌륭했다. 그러나 내 경험에 따르면 그들은 종국에는 세
    그룹으로 나뉜다. 첫 번째는 은퇴할 것이다. 그들은 대개 장수하지
    않는다. 두 번째는 해온 일을 계속하지만 열망을 잃고 살아 있음을
    덜 느낀다. 세 번째는 해온 일을 계속하면서 공헌할 방법을 찾는
    다. 그들은 받은 것이 많다고 느낄 것이고 돌려줄 기회를 찾는다.
    그들은 돈을 쓰는 것으로 만족하지 않는다. 그들은 참여하기 원하

고 사람들을 더 긍정적인 방식으로 돕기 원한다. 그들은 마무리를 잘한다."

이 원칙은 뷰퍼드가 인생의 후반에 들어선 사람들을 생각하고 정리했지만 삶의 주인으로서 의미를 찾고 싶은 모든 사람과 리더에게 교훈이 되리라 생각한다. 자신의 삶의 주인이 되고 또 리더로서 삶의 의미를 발견하는 것은 중요한 일이다. 드러커는 가치와 강점이 일치하는 삶이야말로 가장 의미 있는 삶이라고 생각했고 자신이 마땅히 속해야 할 곳을 찾아 공헌할 것을 조언했다. 이러한 삶은 자기 자신이 누구인지에 관한 발견에서 시작된다. 삶은 배우고 경험하며 공헌하는 여정이다. 끊임없이 자기에 대해 질문하고 새로운 것을 배우고 훈련하며 자신이 속한 곳에서 최선을 다하는 삶이야말로 리더의 삶이 될 수 있는 것이다.

제레미 헌터와 제이스콧 쉐러의 자기관리 습관(자신이 주의하는 것을 관리함으로써 리더가 된다)

리더가 자기관리를 제대로 하지 못하면 함께 일하는 사람들과 조직에 부정적 영향을 미친다. 감정을 자제하지 못하는 경영자들이 조직에 미치는 피해를 생각해보라. 경영자는 자기관리를 할 수 있어야 한다. 주의력과 집중력, 체계적인 폐기를 통해 자기관리를 효과적으로 할 수 있다.[39]

자기관리의 토대는 주의력이다. 주의를 기울이는 대상이 자신을 대변하기 때문이다. 주의력은 인간의 행동, 사고, 감정과 함께 외부세계를 인식하는 능력을 향상시킨다. 자기인식, 자제, 자기 변혁, 인간관계 향상을 위한 첫 번째 단계는 주의력을 지배하는 것이다. 의식적으로 주의를 기울이면 그동안 인식하지 못했던 것이 보인다. 그것은 경영자의 결정에 도움을 준다. 부하직원의 부진한 성과에 대해 항상 분노를 참지 못하는 경영자가 있다. 이런 경영자는 자신의 감정을 주의하고 있지 않다. 스스로가 감정의 상태를 인식한다면 그런 일은 막을 수 있다. 그리고 집중력은 업무를 완수하는 원동력이며 생산성을 위한 엔진이며 인간관계의 가교이다(인간관계의 깊이는 주의력의 깊이에 비례한다). 멀티태스킹은 집중을 방해하므로 우선순위에 따라 한 번에 한 가지 일에 집중하는 습관을 들여야 한다. 부하직원의 보고를 받는 경영자가 동시에 이메일을 보고 전화 통화를 한다면 경영자는 무엇에 집중하고 있는 것인가? 이런 행동은 동료나 부하직원에게 부정적인 영향을 미친다. 또한 내면에 주의를 기울이면 내적 경고등을 볼 수 있고 효과적인 것과 그렇지 않은 것을 분간할 수 있다. 즉 원치 않는 감정이나 행동을 인식할 수 있으며 체계적으로 이를 조절하여 폐기할 수 있다. 상황에 대한 일차적으로 반응하는 감정이나 현상유지를 원하는 사고를 인식할 수 있으며 이에 따라 감정과 생각의 통제도 가능하게 된다.

리더십은 책임이라는 드러커의 말은 행동에 주의를 기울이라는 말과도 같다. 경영자가 주의하고 집중하는 것은 그대로 경영자가 누구인가를 말해준다. 그가 어떤 사람인지는 주위의 상사, 동료, 부하직원이 잘 알고 있다. 리더가 상징하는 것이 얼마나 고귀한지, 따를 만한지를 추종자들은 읽어낸다. 그렇다면 리더는 자신이 무엇을 보고 있는가를 인식할 수 있어야 한다. 또한 자신이 보고 있는 것이 진정으로 자신이 원하는 것인지, 조직이 원하는 것인지를 판별해야 한다. 탁월한 리더는 성취, 발전, 성장, 인간성의 실현, 보편적 가치에 주의한다는 공통점이 있다.

다시 경영현장으로

마인드 리셋과 자기경영

누가 경영자인지에 대한 정의는 오직 한 개인이 수행하는 기능과
그가 기여해야 할 공헌에 따라 규정될 수 있다.
그가 특별히 기여해야 할 하나의 공헌은 다른 사람들에게 비전을 제공하고,
업무수행 능력을 제공하는 것이다. 궁극적으로 경영자를 정의하는 기준은
그가 제시하는 비전과 그가 부담하는 도덕적 책임에 있다.

-피터 드러커

01

마인드 리셋, 나는 경영자인가?

드러커 사상은 생각이 명료하고 본질을 깊이 있게 다루면서도 실천을 위한 원칙을 제시한다. 그래서 드러커의 사상을 오늘날 경영의 도전과 위기를 해결하는 사고의 틀이자 출발점으로 삼아야 한다고 생각한다. 드러커 경영사상은 올바른 경영, 의미 있는 경영을 하고 싶은 경영자의 튼튼한 토대가 될 것이다. 그렇다면 드러커 사상을 경영에 어떻게 접목할 수 있을까? 경영에 대한 경영자들의 철저한 재인식이 출발점이라고 생각한다. 자신이 신봉하는 경영관을 리셋하고 경영의 전체상에 대해 질문해야 한다. 오늘날의 도전은 방법과 방식의 문제로 결코 해결할 수 없다. 좀 더 효과적이고 좀 더 효율적으로 무엇을 한다고 해서 주주, 투자자, 고객, 구성원, 지역사회 모두로부터 신뢰받는 조직을 건설하고, 경영자 자신이 확신하는 경영의 가치를 새롭게 할 수 있겠는가? 경영자들의 마인드가 바뀌어야 한다. "경영이란 무엇인가?"

라는 질문으로 시작해야 한다. 자신의 경영관을 돌아보는 것, 경영의 본질을 철저히 인식하는 것, 경영자의 역할과 과업의 근본을 따져보는 것이다. 이처럼 경영의 전체를 제대로 볼 수 있어야만 경영자가 진정으로 해야 할 일이 무엇인지 알 수 있다. 경영자로서 올바른 마인드를 갖기 위해 자신을 리셋해야 한다.

▌경영자로서 책임을 받아들인다

경영자로 일한다는 것은 조직, 상사와 동료와 부하직원, 그리고 사회에 대한 책임의 서약이다. 경영은 특권이 아니다. 권력의 행사가 아니라 책임을 지는 행동이다. 책임은 사회를 포괄한다. 왜냐하면 경영자의 결정과 행동은 언제나 인간과 사회에 영향을 미치게 되며, 경영자는 자신으로 인한 영향이 사회에 바람직하도록 만들 책임이 있다. 경영자가 경영자로서 일하는 것은 일, 책임, 공헌을 통해서이다. 경영자는 조직 외부를 위한 조직의 목적과 사명을 생각하고, 목적과 사명을 달성하는 일의 수행을 자신의 책임으로 받아들인다. 이 책임을 수행함으로써 그는 조직에 공헌하고 사회에 공헌하게 된다. 2008년의 글로벌 금융위기는 많은 사람에게 큰 고통을 주었다. 어째서 이런 위기가 생겼고 위기를 만든 주범은 누구인가? 경제, 경영, 사회 등 다양한 분야의 전문가들이 나름의 분석결과를 내놓았지만 무엇보다도 경영자에게 가장 큰 책임이 있다.

드러커는 이런 위기가 발생하기 오래전에 다음과 같은 말로 경고했다. "오늘날까지 30여 년 동안 금융산업 분야의 유일한 혁신은 파생금융상품의 개발뿐이었다. 그러나 그것은 고객서비스를 위한 것이 아니다. 금융기관이 투기를 하면서 이익은 높이고 위험은 줄이기 위한 것이다. 이는 분명 위험관리의 기본에 위배되며 아무리 잔꾀를 부려도 뜻대로 될 리가 없다. 그들은 몬테카를로나 라스베이거스에서 큰돈을 벌 수 있다고 사람을 유혹하는 도박꾼들에 비해 더 나을 것이 없다." 드러커의 이 말에서 우리는 지난 금융위기를 촉발하고 확산한 주범이 관련분야의 경영자들이라는 것을 알 수 있다. 여러 전문가들은 위기의 원인으로 골드만삭스를 비롯한 거대 금융기관들이 관여한 비우량 주택담보채권, 이를 기초자산으로 만든 복잡한 파생상품들, 이 상품들이 유통되는 거대한 국제금융구조를 지적한다. 실물경제를 넘어서는 금융경제, 즉 재화의 생산과 소비와는 무관한 가상의 경제가 위기를 만든 핵심원인이라는 것이다. 그러나 이러한 주장은 본질을 가린 주장이다. 이러한 요소와 상황을 만들어내고 확산시키고 더 이상 손을 쓸 수 없도록 몰고 간 그 누군가 – 곧 경영자 – 의 결정과 행동이 진정한 원인이다. 경영자의 결정과 행동은 그대로 사회에 영향을 준다. 경영자는 자신의 결정과 행동이 미칠 영향력을 철저히 의식해야 한다. 경영을 한다는 것은 책임을 다한다는 것을 철저하게 인식해야 하며 조직과 사회에 바람직한 결과, 곧 경영의 성과를 높이기 위해 최선의 노력을 다해야 하는 것이다.

기업이 왜 사회에 해를 미치는 행동을 하는가에 대해 경제학자들은 외부효과로 설명한다. 즉 기업이 치러야 하는 비용을 기업이 아닌 다른 주체가 지불할 수 있다면 기업은 이렇게 되도록 행동한다는 것이다. 그래서 기업은 오염물질을 배출하고 근로자의 몫을 줄이고 안전을 무시하며 공공 자원을 남용한다. 필자는 이런 설명에 동의하지 않는다. 핵심은 의식이고 의지다. 경영자들의 무책임 즉 자신이 추구하는 목적을 위해서라면 다른 사람이나 조직에게 해를 끼칠 수 있다는 의식이야말로 진정한 원인이다.

▎올바른 경영마인드를 가져야 한다

드러커는 부분에 초점을 맞춘 기능적 접근법이나 대상을 고립적으로 파악하는 분석적 접근법을 배제한다. 그는 상호 연관된 요소를 통합적으로 파악한다. 기업과 경영을 바라보는 그의 관점을 살펴보자. 기업은 기업가가 혁신을 실현하고 사회를 위해 공헌하고 일하는 사람들이 지위와 기능을 통해 보람을 얻는 역동적인 실체다. 이처럼 드러커는 기업의 모든 차원을 통합적으로 파악하고 경영의 체계를 세웠다. 경영은 이러한 기업의 목적을 실현하는 가장 중요한 기관Organ이다. 나아가 경영의 가치가 경제적 가치를 넘어선다는 전망도 덧붙였다. 고객, 주주, 종업원, 사회를 모두 아우르는 실질적인 성과를 통해 인간과 사회에 기여하는 것이 경영의 가치이고 경영자는 이러한 가치를 실천하는 사람이다.

경영을 인간과 사회를 위한 기관으로 파악하는 이러한 전망은 경영자의 신념이 되어야 한다. 이 전망은 사회 속에서 활동하는 실제의 기업을 왜곡 없이 들여다 본 것이다. 기업이 경제적 목적만 추구하는 실체라는 견해가 사실은 기업의 본질을 왜곡한다. 기업을 구성하는 요소를 생각해보라. 기업은 사회에 가치 있는 무엇을 제공한다는 목적, 활동을 실행하는 구성원, 기업이 생산한 상품을 소비하는 고객, 기업에 필요한 자원을 제공하는 공급처와 지역사회 등 다양한 주체들이 모여 만들어진다. 주주가치나 이윤 등 경제적 목적만이 유일한 가치라는 믿음은 경제적 목적 말고는 그 어떤 목적도 부정하는 경제인(호모 이코노미쿠스)의 헛된 믿음일 뿐이다. 병든 사회와 건강한 조직, 건강한 사회와 병든 조직은 양립할 수 없다.

경영에 대한 신념은 진실로 중요하다. 경영은 경영자의 신념을 바탕으로 한 결정과 행동을 통해서 이루어지는 실천행위이기 때문이다. 또한 신념은 경영자들에게 경영에 대한 전망을 제공해주기 때문이고 이를 통해 경영을 지속하는 힘을 제공해주기 때문이다. 경영자들은 일상적으로 마주하는 경영의 현장에서 수시로 성공하고 실패한다. 하지만 이들은 일시적 성공에 흥분하거나 실패에 좌절할 수는 없다. 경영자의 역할은 지속적으로 성과를 창출하는 것이기 때문이다. 따라서 경영자에게는 일시적 결과에 휘둘리지 않는 일관성과 지속성을 제공하는 전망이 필요하다.

따라서 경영자에게는 자신의 결정과 행동이 올바르고 효과적인 것이라는 확신을 가질 수 있는 경영에 대한 신념체계가 필요하다. 드러커 역시 경영자는 보편적인 개념과 일반원리, 적절한 시스템과 방법론이 필요하다고 말했다.[40] 여기서 보편적인 개념과 일반원리가 가장 중요하며 이는 곧 경영마인드를 말한다. 경영자는 자신의 판단과 결정이 경영에 대한 자신의 신념체계에 맞는지를 성찰하고 만일 그렇지 않다면 바꾸는 - 확고한 경영마인드를 가꿔 나가려는 - 노력을 해야 한다. 드러커는 책임지는 경영자로서, 목표를 달성하는 경영자로서 흔들림 없는 경영마인드를 갖추라고 조언한다.

- 기업이 달성하고자 하는 목표에 대한 포괄적인 비전을 갖는 것
  - 우리 기업이 진정으로 달성하려는 비전이 있는가? 그것은 무엇인가?
  - 우리 기업의 비전에 비춰볼 때 우리 기업은 중요한가?
  - 모든 직원은 비전을 이해하고 공감하는가?
  - 고객과 사회는 우리의 비전을 어떻게 이해하고 있는가?
    · 스티븐 코비의 말을 빌리자면 모든 사물은 두 번 창조된다. 모든 사물에는 정신적(첫 번째) 창조가 있고, 물질적(두 번째) 창조가 뒤따른다. 비전은 가장 중요한 인간의 창조물이다.
- 기업이 미치는 사회적, 경제적 영향력을 인식하는 것
  - 우리 기업의 제품과 서비스는 고객의 생활을 풍요롭게 하고 있는가?
  - 우리 조직이 사회에 미치는 긍정적, 부정적 영향은 무엇인가?
  - 사회의 요구는 무엇이고 우리는 이 요구에 어떻게 대응하고 있는가?
- 함께 일하는 인간에 대한 겸손한 이해
  - 우리 기업의 직원이 이곳에서 일하는 이유는 무엇인가?
  - 직원의 삶의 목표와 가치는 무엇인가?
  - 직원들은 보람과 행복을 느끼고 추구하고 있는가?
  - 우리 조직은 구성원 간의 긍정적 관계를 형성하고 촉진하고 있는가?

경영자의 경영마인드는 가장 깊은 신념으로서 구체적인 것이고 생생한 것이다. 혁신적인 사회적 기업을 운영하는 어느 경영자는 다음과 같이 고백했다. "기업의 목적이 무엇이냐는 질문은 우리 인간 공동체의 목적을 묻는 질문의 부분집합입니다. 기업이 하는 일과 하지 않는 일, 할 수 있는 일과 할 수 없는 일을 잘 이해할수록 경영자, 이사, 투자자, 소비자, 정부 지도자로서 우리는 이 일이 정말로 기업이 해야 할 일이라고 생각하는지 우리가 기업에 기대하는 바가 지나치게 적은지 혹은 많은지 스스로 질문할 수 있습니다."[41]

경영자로서 책임감과 경영마인드를 갖추었다면 경영자로서 최소한 올바른 결정을 할 수 있는 자격이 갖추어진 것이다. 다음은 드러커의 말처럼 자원에 새로운 가치를 더하고 평범한 사람들을 비범하게 만드는 조직을 운영하며 현대사회를 움직이는 조직을 통해 사회를 풍요롭게 만드는 경영의 실천이다.

02

자기를 경영하는 경영자

—

> "CEO들은 자신들만이 해야 할 일을 갖고 있다. 그 일은 오직 CEO들만이 할 수 있는 일이고, 또한 CEO가 반드시 해야 할 일이다. (중략) 모든 지식근로자들은 자신이 CEO인 것처럼 생각하고 행동해야 한다."
>
> —피터 드러커

경영자로서 마인드를 리셋한 후에는 경영의 현장에서 경영을 실천해야 한다. 경영의 실천은 곧 목표를 달성하고 결과를 만드는 결정과 행동이다. 결정하고 행동하는 일이 경영자의 삶이다. 경영자는 환경의 요구를 관찰하고, 조직의 목적을 생각하고, 경영에 영향을 받는 모든 사람들(고객, 종업원, 주주, 채권자, 지역사회 주민, 사회단체, 정부 공무원 등)의 이해관계를 고려하면서 최선의 결정을 내리고 행동한다. 그리고 결과를 보고 다음 결정을 하고 행동한다. 이것이 경영자의 삶이다. 이 삶에서 성취와 좌절, 혁신과 퇴보, 협력과 갈등이 반복된다. 그러면서도 경영자는 목표에 대한 책임을 끝까지 감당한다. 경영자는 쉽게 지치고 좌초

할 수 있다. 40대 초반을 겨우 넘긴 많은 경영자들이 탈진하거나 자신을 잃어버리는 현상은 이에 대한 분명한 징후다. 그래서 경영자는 먼저 자신을 경영해야 한다. 곧 자기경영에 대한 책임을 말한다. 이 말은 자신의 삶의 목적과 조직의 목적을 일치시키고 조직에 공헌하면서 성장하는 주도적인 삶을 펼쳐나가는 것을 뜻한다. 이럴 때만 경영자는 자신의 삶과 조직에서의 삶을 조화롭게 할 수 있다. 드러커는 경영자에게 목표를 달성하는 사람이 되고 스스로 경력을 관리하기 위해서 자신에 대한 지식을 갖추라고 권했다. 자기를 모르는 사람이 다른 사람과 조직을 경영할 수는 없기 때문이다. 그렇다면 자신에 대한 지식이란 무엇인가? 자신이 누구인가에 관한 이해, 인식, 지식이 모두 해당되지만 드러커가 중요하다고 지적한 몇 가지가 있다. 드러커는 사명감과 열정을 주는 자신만의 가치, 탁월한 성과를 발휘하는 능력과 성격, 결과에 긍정적인 영향을 미치는 선호하는 환경에 대한 지식이라고 답했다.

▌자신에 관한 지식을 얻는 질문

자신을 알기 위해서는 다음 질문을 스스로에게 던져야 한다.

첫째, 나는 무엇을 추구하는가? 사람마다 추구하는 가치는 다르다. 그것은 자신의 경험과 생각을 통해 만들어지기 때문이다. 가치를 발견하는 과정은 오직 자신에게 달려 있고 지속적인 질문과 반성을 통해 가치를 발견해야 한다. 드러커는 인간은 실존적으로 현재적 삶과 정신적인 삶을 통합해야 한다고 믿었는데 이 말은 현재적 가치(사회 속의 개인으로서 추구하는 가치)와 정신적 가치(인간으로서 추구하는 가치)가 모두 필요하다는 뜻이다. 경영자는 자신을 드러내는 내면의 가치를 발견해야 한다.

이와 관련해서 드러커는 다음과 같이 말했다. "때때로 한 사람의 가치와 그 사람의 강점 사이에 충돌이 일어난다. 한 사람이 잘하는 것 – 심지어 매우 잘하는 것조차 – 은 그 사람의 가치체계와 맞지 않을 수 있다. (중략) 나 또한 수년 전에, 나 자신이 잘하고 성공적으로 하고 있는 것과 가치 사이에서 한 쪽을 결정해야 했다. 나는 1930년대 중반 런던에서 젊은 증권인수업자로 일하고 있었다. 그 일은 명백히 나의 강점과 일치했다. 그런데도 나는 내가 자산관리 영업인으로 살아야 한다고 생각하지 않았다. 내가 깨달은 것은 나의 가치가 사람에 있다는 점이었다. 그 당시 나는 돈이 없었고 깊은 불황기라 일자리도 없었으며 전망도 없었지만 일을 그만뒀다. 그리고 그건 옳은 행동이었다."[42]

둘째, 나는 무엇을 잘할 수 있는가? 왜 잘하는가? 사람은 저마다의 강점이 있다. 어떤 기여를 하려면 반드시 자신의 강점을 활용할 수 있어야 한다. 자신의 강점을 명확하게 아는 것은 자아실현과 함께 조직과 사회에 기여하기 위한 첫 번째 과제이다. 드러커는 "더 잘하고 더 지혜로워지고 다르게 행동한다는 인간의 의지는 중요하다. 그것은 인간이 더욱 훌륭하고 강하고 목표를 달성하는 효과적인 존재가 되기 위해서 성취되어야 한다."라고 말했다.[43] 강점은 탁월한 성취를 위해 노력하는 존재가 되도록 돕는 가장 효과적인 자산이다.

셋째, 나는 어떻게 일하는가? 나는 어떻게 배우는가? 사람마다 일하고 배우는 방식이 다르다. 읽는 사람, 듣는 사람, 말하는 사람, 쓰는 사람, 행동하는 사람이 있는 것처럼 결과를 산출하는 방식, 지식을 흡수하거나 교훈을 깨닫는 방식이 다르다. 예를 들어 음악가, 컨설턴트는 주로 듣는 사람이고 작가는 쓰는 사람에 가까우며 교수는 말하는 사람에 가깝다(단, 모두가 그렇지는 않다. 베토벤은 엄청난 양의 악보를 쓰는 사람이었다고 전해진다). 따라서 남의 방식을 따르지 않고 자신이 일하고 배우는 방식을 알아야 한다. 그러면 그 방식으로 효과적으로 일하고 배우고 더 큰 성과를 올릴 수 있다. 드러커는 자신만의 방식에 따라서 행동하는 것이 좋은 성과를 내는 핵심요인이라고 말했다.

넷째, 나는 어떤 상황에서 일을 잘하는가? 어떠한 경우에 창조적인 몰입을 지속하는가? 사람의 개성에는 환경에 대한 선호도가 있다. 어떤 환경에서 몰입이 잘 되는지에 대한 기호라고 할 수 있다. 어떤 사람은 혼자 일하기를 좋아하고 어떤 사람은 여럿이 모여야 일이 잘 되는 사람도 있다. 역할도 마찬가지로 의사결정자로 무거운 책임감을 이겨내며 남을 이끌어가는 사람도 있지만 조언자로 더 많은 기여를 하는 사람도 있다. 자신이 선호하는 상황을 알면 자신의 강점을 잘 발휘하고 더 깊이 몰입하며 더 큰 성과를 달성할 수 있다.

다섯째, 나는 어디에 속하는가? 나는 무엇으로 기억되고 싶은가? 이 질문은 자신의 가치와 강점, 일하고 배우는 방식을 이해하고 나서 최종적으로 자신을 최적으로 실현할 수 있는 삶의 영역을 찾기 위한 질문이다. 어떤 분야에서 일을 할지, 어떤 조직에서 경력을 쌓을지, 어떤 목표를 지표로 삼을지를 묻는 것이다. 답은 저마다 다를 것이고 인생의 시기에 따라 다를 것이다. 중요한 건 이 질문이 자신과 조직 모두를 위한 의미 있는 방향과 목표를 제시한다는 것이다.

슈페터는 20세기 최고 경영학자 중 한 명이다. 그는 스물다섯 살에 자신은 최고의 기수, 가장 훌륭한 애인, 훌륭한 경제학자로 기억되고 싶다고 말했다. 그리고 그는 죽기 직전까지 같은 질문을 반복해서 받았다. 슈페터가 죽기 5년 전에 드러커와 함께 그를 만난 드러커의 아버지도 똑같은 질문을 던졌다. 슈페터는 더 이상 기수와 여자 얘기를 하지 않았다. 그는 자신이 인플레이션 위험을 조기에 경고한 사람으로 기억되길 바란다고 말했다. 그것이 그가 기억되길 바라는 것이었고 그렇게 기억되기에 가치 있는 것이었다. 비록 스물다섯 때의 대답은 그의 어린 나이를 감안하더라도 매우 어리석은 답이었지만 그 질문이 그를 변화시켰다.[44]

드러커는 슈페터와 나눈 대화를 떠올리며 그의 이 말을 잊을 수 없다고 말했다. "아돌프(드러커의 아버지), 당신도 알고 있듯이 나는 책과 이론으로 기억되는 것은 충분치 않다는 것을 아는 나이가 되었습니다. 다른 사람들의 인생을 변화시키지 않으면 변화를 만들 수 없습니다." 드러커는 그 대화에서 세 가지를 배웠다. 첫째, 우리는 스스로에게 어떤 사람으로 기억되고 싶은지 질문해야 한다. 둘째, 나이 들수록 대답은 바뀌어야 한다. 우리가 성숙해지고 세상이 변하면서 대답도 함께 바뀌어야 한다. 마지막으로, 기억돼야 할 가치가 있는 것은 사람들의 삶을 변화시킨다.[45]

자기를 발견하는 질문의 답을 진지하게 찾아보라. 자기에 대한 지식을 통해 새롭게, 그렇지만 원래의 자기 자신을 발견할 수 있을 것이다. 드러커는 자신의 삶을 통해서 자기에 관한 지식이 얼마나 중요하고 위대한 것인가를 보여준다. 그가 걸어온 인생의 경로와 그가 선택한 일을 돌이켜 보면 그의 성취와 유산은 결국 그가 자신에 관한 지식에 따라 살아온 결과였다고 말하기에 충분하다. 경영자는 자신을 먼저 알아야 한다. 그리고 나서야 자신을 관리하는 행동을 통해 다른 사람들과 조직을 위해 공헌할 수 있다. 드러커는 자기에 관한 지식을 통한 삶을 분명하게 조언한다. "당신 자신을 바꾸려고 애쓰지 마라. 당신을 바꿔서 성공할 가능성은 없을 것이다. 그렇지만 당신이 성과를 만들어내는 방식을 개선하기 위해 열심히 노력하라. 그리고 당신이 성과를 낼 수 없더라도 보잘것없는 일은 아예 하지 마라."

요약하면 자신에 대한 지식이란 인간으로서 무엇인가를 창조하고 실현할 수 있는 '자신의 개성'에 대한 지식이다. 이러한 자기지식이 올바른 삶의 영역과 결합할 때 의미 있는 결과나 탁월한 성과를 달성할 가능성이 높아진다.

경영자가 제대로 일하려면 과업 이전에 자신에 대한 지식을 갖고 있어야 한다. 이를 통해 자신이 할 수 있는 일을 알고 자신의 강점에 맞는 과업과 방식을 선택해서 효과적으로 일할 수 있다. 이를 위한 몇 가지 조언이 있다.

첫째, 자신의 강점을 활용한다. 내가 잘할 수 있는 일이 무엇인지 먼저 묻는다. 그리고 자신의 강점을 바탕으로 성과를 달성하는 것에 초점을 맞춘다. 모든 일을 잘하려 하기보다는 자신이 잘할 수 있는 일에 최선을 다한다. 지적 오만을 극복하고 자신이 할 수 있는 최대한의 기여에 초점을 맞춘다.

둘째, 상사와 동료의 강점을 활용한다. 강점을 바탕으로 일하는 경영자는 상사와 동료의 강점도 잘 활용한다. 그는 상사나 동료가 못하는 것에 대해서는 고민하지 않고, 그들이 자신의 강점으로 목표를 달성할 수 있도록 돕는다. 그들이 잘하는 것을 어떻게 하면 더 잘할 수 있게 도와줄 수 있을 것이며 동료의 성과를 어떻게 하면 자신의 성과에 활용할 수 있을 것인가를 묻는다. 서로의 강점을 이해하고 돕는 것은 조직에서 올바른 인간관계를 만드는 책임이라고 생각해야 한다. 평범한 사람들을 비범하게 만들기 때문이다. 자기가 만든 애플에서 쫓겨났던 스티브 잡스가 다시 돌아와서 오늘날의 애플제국을 만들 수 있었던 이유는 자신이 모든 것을 할 수 없다는 자각이었다는 것은 공공연한 비밀이다.

셋째, 탁월한 성과에 도전한다. 강점에 초점을 맞추는 것은 평범한 성과를 뛰어넘기 위한 것이다. 경영자는 강점을 바탕으로 탁월한 성과에 도전한다. 강점이 진정한 강점으로서 의미가 있고 더욱 발전하기 위해서는 탁월한 성과가 뒷받침돼야 한다. 강점은 어려운 도전을 통해 더욱 단련되고 향상된다.

넷째, 기회에 초점을 맞춘다. 강점과 기회의 결합은 탁월한 성과를 달성하는 가장 올바른 길이다. 문제에 초점을 맞추는 노력은 기껏해야 문제 이전의 상황을 만들 뿐이다. 결국은 성과가 없는 것이며 강점을 낭비한 것이다. 강점을 바탕으로 일을 하면서 기회에 초점을 맞춰야 한다. 경영자는 강점을 발휘할 수 있는 분야에서 큰 성과를 낼 수 있는 기회를 찾는다.

자기에 관한 지식을 통해 의미와 가능성이 합쳐진다. 내면의 가치가 지향하는 삶의 영역을 발견하고 공헌할 분야를 선택하며 성과를 달성하는 자신의 방식을 찾아라.

▌집중을 통해 결과를 만든다

자기에 관한 지식을 통해 경영자는 자신이 최대로 공헌할 수 있는 무엇을 발견한다. 그 다음은 시간과 땀을 들여 결과를 만들어내기 위해 일하는 것이다. 올바른 결과를 만드는 것이 효과성이다. 드러커는 효과성을 달성하는 요소는 지식도 아니며 기술도 아니라 습관에 가까운 것이라고 파악했다. 효과성은 올바른 결과를 산출하기 위한 작업방식을 지속적으로 실행할 수 있는 태도이자 헌신이기 때문이다.

드러커는 가장 중요한 습관으로 우선순위가 높은 일에 집중하라고 조언했다. 목표달성에 한 가지 비밀이 있다면 그것은 집중이라고 말하면서 자신에게 부여된 목표를 달성하는 데 진정으로 도움이 되는 소수의 일만을 집중해서 수행하라고 말했다. 자기계발 분야의 대가인 스티븐 코비Steven Coby 박사도 "소중한 일을 먼저 하라."는 원칙을 강조했다. 그런데 의외로 사람들이 일하는 모습을 보면 집중하지 못하는 경우를 흔히 볼 수 있다. 집중의 효과가 얼마나 큰지 또 분산의 대가가 얼마나 치명적인지에 대한 자각이 부족하기 때문이다. 집중과 우선순위에 의한 일처리 원칙은 사실 인간의 능력과 현실에 들어맞는 자연스러운 것이다. 그 누구도 한 번에 여러 가지 일을 할 수는 없다. 물론 여러 기술을 활용하면 가능하다는 사람들이 있지만 많은 전문가들은 멀티태스킹이 오히려 일처리에 심각한 방해가 된다고 했다. 주의력의 한계 때문이다. 그리고 막상 목표달성에 도움이 되는 일은 그리 많지 않고 제대로 하기에도 시간이 부족하다. 굳이 파레토의 법칙을 들지 않더라도 소수의 핵심과제가 최대의 성과를 만들어내는 것은 명백하다. 집중은 차별화를 만들 수 있는 부분에 한정된 자원을 전적으로 투입하는 것이기 때문이다. 따라서 우선순위에 따라서 일에 집중해야 한다. 더불어 집중을 방해하는 장애요인을 분별하고 이에 대응해야 한다.

경영자는 현실을 지배하는 원칙은 분산이고 단절이라는 것을 제대로 이해해야 한다. 현실 속에는 경영자의 노력과 자원을 분산시키고 시간을 뺏고 상황을 복잡하게 만드는 일이 많다. 그 대표적인 것으로는 과업의 복잡성, 일의 난이도와 같은 물리적인 요인들, 다른 사람들에 의한 시간 뺏기와 방해가 있다. 의식적으로 이에 대처하지 않으면 집중은 어려워진다. 하지만 이러한 장애요인은 어느 정도 없앨 수 있다. 진짜로 심각한 요인은 일을 하는 사람에게 있다. 잘못된 생각과 습관이 그것이다. 다음의 몇 가지가 대표적이다.

- 일을 할 시간이 충분하다고 생각한다.
  - 시간이 많다고 생각하면 집중도가 낮아지고 우선순위에 철저하지 못하게 된다. 시간에 대한 소유감각은 집중을 방해한다. 대부분의 사람들이 세금신고를 늦게 하거나 마감일이 닥쳐져야 서둘러 일하는데 시간을 왜곡해서 생각하기 때문에 이런 일이 발생된다. 아직

다가오지 않은 미래는 과거나 현재보다 멀게 느껴지기 때문이다.

- 모든 일에 충분한 시간이란 없다. 또한 시간은 저축이 불가능한 유일한 자원이다.

• 우선순위를 정했지만 지금 하는 일을 포기하지 못한다.

- 관성적 일처리, 잘못된 습관 탓에 우선순위를 무시하는 경우다. 현재 하고 있는 일에 대한 냉정한 평가 없이 해오던 대로 수행하는 경우를 말한다. 현재의 일도 과거에 필요했고 또 중요한 일이었다는 생각에서 벗어나지 못한다.

- 드러커는 가장 중요한 일을 하고, 그 다음에 중요한 일을 다시 정해서 할 것을 권했다.

• 과업을 수행할 때의 긴장과 어려움을 피하려고 한다.

- 실패에 대한 두려움 회피

- 결과의 불확실성이 주는 긴장과 인간관계에서 오는 부담감이 큰 일이 있다. 예를 들어 상당한 투자가 필요한 신상품개발, 해외시장을 개척하기 위한 마케팅 프로젝트, 새로운 기술을 적용하는 생산공정 재편, 능력이 부족한 직원에 대한 인사조치 등 실행에 상당한 시간을 필요로 하거나, 결과에 따른 위험이 높거나, 인간관계에 따른 부담감이 큰 일들이 있다. 수행할 책임을 가진 사람에게는 많은 긴장감을 주게 마련이다. 착수를 미루거나 착수하더라도 지나치게 조심스럽게 일을 하려는 경향이 나타난다.

- 모든 일에는 적절한 때가 있다. 우선순위는 적절한 시점에 해야 할 일을 하는 책임의 수용이다.

이처럼 사람의 사고와 태도, 행동 속에는 분산과 혼돈에 빠지기 쉬운 다양한 요인들이 잠재되어 있다. 그래서 집중을 위해서는 상당한 생각과 행동의 변화가 필요하고 고정관념과 습관으로 고착된 자신을 의식적으로 변화시키려는 노력이 따라야 한다. 드러커는 제대로 집중하려면 용기가 필요하다고 말했다. 감정과 태도를 의미하는 '용기'라는 말을 사용한 것은 명백한 이유가 있다. 그것은 자신이 하고 싶은 일이 아니라 해야 할 일을 찾는 용기, 목표에 맞지 않는 모든 일을 폐기하는 용기, 현재 잘하고 있지만 앞으로 필요성이 사라질 일이라는 것을 알았을 때 지금 하는 일을 당장 그만두는 용기를 말한 것이다. 즉 폐기할 수 있는 용기와 헌신할 수 있는 용기를 모두 일컫는다. 집중과 용기, 집중과 폐기에 대한 드러커의 조언은 경영자에 대한 직설적인 충고이다. 조직의 목표 보다는 자신의 자아, 어려운 일 보다는 눈앞의 결과에 주목하는 경영자, 항상 바쁘게 일하지만 의미 있는 성과달성에 실패하는 관리자에게 보내는 충고인 것이다. 집중은 용기를 필요로 하고 용기는 책임과 역할에 비추어 폐기해야 할 것을 마땅히 폐기하고 마땅히 해야 할 것에 전적으로 몰입하는 행동으로 드러나야 한다.

집중을 실천하기 위한 행동원칙은 세 가지가 있다. 과감하게 받아들이고 실천하기 바란다.

첫째, 언제나 중요도가 가장 높은 일만을 수행한다. 중요도에 따라 우선순위를 명확히 정하고 항상 가장 중요한 일에 집중한다. 우선순위가 낮은 다음 일에는 미련을 두지 않는다. 중요도는 조직의 사명, 목표, 핵심가치를 근거로 판단한다. 과거를 벗어나 미래를 붙잡아라. 문제보다는 기회에 집중하라. 유행에 편승하기 보다는 자신의 방향을 선택하라. 쉽고 안전한 것보다는 의미 있고 가치가 높은 것을 선택하라.

둘째, 더 이상 생산적이지 않은 과거와 단절한다. 어느 조직이나 조직을 성장시켜온 사업, 혹은 제품. 효과적인 정책, 업무처리 방식이 있다. 각자에게는 자신을 오늘날의 자리에 있도록 만든 성공경험이나 기억이 있다. 과거의 성공에 대해 경영자가 애착을 갖는 것은 합당하다. 그러나 과거는 종종 미래를 향한 전진에 방해가 된다. 과거의 일을 고집하는 것은 현재의 자원을 낭비하는 가장 쉬운 일임을 명심해야 한다. 드러커는 "만약 우리가 지금까지 이 일을 해오지 않았다면, 그래도 지금 다시 시작할 것인가?"를 스스로 물어보라고 말했는데 GE의 잭 웰치도 이 조언을 따랐다.

셋째, 가장 중요한 일이 무엇인지 끊임없이 묻는다. 어떤 일을 계속할 가치가 있는지 정기적으로 물어야 한다. 이는 일을 수행하는 목적과 달성할 목표를 상기시키고 외부환경의 시각에서 자신을 돌아보게 한다. 경영자의 희망과는 무관하게 환경은 변화하고 고객의 요구는 달라지기 때문이다.

자기경영에 대한 드러커의 조언을 종합하면 지식과 기술보다 습관이 더욱 중요하다는 점을 깨닫게 한다. 알고 있는 것, 할 수 있는 것이 아니라 "어떻게 하는가?"가 진정으로 중요하다. 또 습관은 용기를 필요로 한다는 것을 결코 잊지 말아야 한다. 경영자의 소중한 희망(이루고 싶은 성취), 인간관계(갈등 없는 조화가 주는 평온), 안정과 위험회피(실패에 대한 두려움 회피)를 극복하는 힘을 알려주기 때문이다. 목표달성에 도움이 되지 않는 모든 관행을 극복하고 자신과 조직을 일치시키려고 노력하며 우선순위에 따라 일하려는 용기와 철저한 집중을 실천하는 습관만이 경영자의 노력을 책임으로, 성과로 이어지게 한다.

▌ 거울 속의 나를 보라

드러커를 통해 경영자로서 올바른 마인드로 리셋했기를 바란다. 그리고 경영자로서의 삶을 자기경영으로 시작한다는 것을 이해했기를 바란다.

'거울 속의 나'에게 다음 질문을 해보라. 스스로를 경영한다는 책임감을 받아들이는 것, 자기경영을 위한 원칙을 실천한다는 태도를 갖는 것, 집중과 우선순위에 따라 필요한 일을 수행하는 습관을 실천하기 바란다.

- 나는 무엇에 공헌해야 하는가? 조직의 사명을 달성하기 위해서 내가 기여해야 하는 목표는 어떤 것이 되어야 하는가?
- 나의 강점은 무엇이고, 내가 가치를 부여하고 열정을 가지는 것은 어떤 것인가?
- 내가 성공하기 위해서 집중해야 할 일은 무엇인가? 그리고 하지 말아야 할 일은 무엇인가?
- 지금 내가 알고 있는 것을 이전에도 알았더라면, 지금 이 일을 계속 하겠는가?

• 나는 내가 어떠한 사람으로 기억되기를 바라는가?

이제 드러커 경영수업의 마무리에 이르렀다. 필자는 독자에게 이런 질문을 하고 싶다. 드러커라면 모든 경영자들과 예비 경영자들에게 이런 질문을 하리라 생각한다.

• 당신은 어떤 일에 공헌하고 싶은가?
• 경영자로서 보람과 성취를 무엇으로 평가 받고 싶은가?
• 당신은 어떠한 삶을 살고 싶은가?
• 당신은 왜 경영을 하는가?
• 그리고 당신은 어떤 사람으로 기억되기를 바라는가?

드러커는 『비영리단체의 경영』에서 다음과 같이 글을 마무리했다. 필자의 마음도 그와 같기에 인용한다. 여러분이 경영자로 일하고 있거나 일하게 된다면 앞으로 경영의 의미와 가치를 만끽하는 빛나는 경험을 쌓기를 바란다. 드러커는 비록 경영자의 일이란 지루하고 재미없는 일이라고 얘기했지만.

자기계발은 철학도 아니고 선한 의도도 아닙니다. 자기갱신은 따뜻한 빛이 아닙니다. 이 둘은 모두 행동입니다. 당신은 거물이 될 수 있을 것입니다. 그렇죠. 그렇지만 다른 무엇보다도 당신은 목표를 달성하고 공헌하는 사람이 돼야 합니다. 그래서 나는 다음 질문을 당신 자신에게 물어보기를 권하면서 글을 맺고자 합니다.

"이 책을 읽고 당신은 내일 무엇을 할 것입니까? 그리고 무엇을 하지 않을 것입니까?"[46]

과학적 발견과 성취에는 많은 사람들의 공헌이 담겨 있지만 극적인 전환과 이를 통한 창조는 위대한 사람들의 몫이었다. 세계를 바라보는 사고도 이와 같다. 필자는 드러커가 경영에 대한 인식과 사고에서 전환과 창조의 역할을 했다고 생각한다. 그는 자신이 배운 것과 경험한 것을 통합하여 그의 뛰어난 사고로 '경영의 세계'를 그렸다.

드러커는 경영, 조직, 사회, 그리고 인간을 함께 바라보는 전체상을 통해 따로 떨어져 있던 경영의 형상을 만들어줬다. 그리고 그것은 경영자의 헌신을 통해 비로소 이루어진다는 것을 깨닫게 해줬다. 경영의 실제란 가치와 목적이 있으며, 경영자의 행동으로 이루어진 역동적인 것이다. 이로써 수많은 조직과 경영자에게 깨달음과 지혜를 준다. 경영자는 조직을 조직답게, 사회를 의미 있게 만드는 아주 중요한 존재다. 여러분이 경영자라면 이 말을 진심으로 받아들였으면 좋겠다. 경영은 아름다운 것이다. 이제 현장으로 가자.

- 차분한 곳에서 잠시 시간을 내어 '자신에 대한 지식'을 정리해본다. 나의 가치는 무엇이며 어떻게 일하며 나의 강점은 무엇인가를 정리해보라. 지금까지 성공을 달성해온 기억을 상기하는 것도 도움이 된다.
- 자신에 관한 지식을 바탕으로 "내가 있어야 할 곳은 어디인가?"를 질문해보라. 현재 일하는 조직일 수도 있고 아닐 수도 있으며 또는 잘 모를 수도 있다. 그러나 진정한 성취를 원한다면 자신이 있어야

하는 곳에 대한 판단은 반드시 필요하다.

• 자기 재창조를 위해 드러커의 조언을 실천하는 구체적인 행동계획을 세운다. 드러커는 그의 삶 전체를 통해 끊임없이 자신을 갱신하는 삶의 궤적이 가능하다는 것을 알려주었다.

  - 강점과 가치가 일치하는 분야를 찾는 것
  - 주기적으로 삶에 대해 피드백 하는 것
  - 평생학습을 위한 자신만의 방식을 찾는 것

나와 피터 드러커

그리스의 가장 위대한 조각가인 피디아스Phidias는
2400여 년이 지나도 건재한 파르테논 신전의 지붕 위 조각상을 만들었다.
그는 너무 높은 곳에 있어서 사람들이 뒤를 보지 못한다는 지적에 대해
신은 그것을 볼 수 있다고 말했다고 전해진다.
나는 새로운 책을 구상하고 있는데 그것이 나의 이전 저작보다도
더 좋고, 더 중요하고, 탁월함에 더 가까워지기를 바란다.

-피터 드러커

▌피터 드러커의 의미

　많은 경영자들의 서가에 가장 많이 꽂혀 있는 책의 저자인 피터 드러커, 2005년 11월 세계가 경영학의 아버지로 불렀던 한 학자의 죽음을 전 세계의 리더와 경영자, 그리고 39권에 이르는 그의 저작을 애독하는 많은 사람들이 애도했다. 피터 드러커는 큰 숲과 같은 인물이었다.

　나에게 피터 드러커는 어떤 의미일까? 경영학을 전공하고 경영현장에서 25년 이상을 지내면서 많은 경영자와 리더, 경영학의 대가를 만났다. 그들의 경영사상과 행동으로부터 소중한 아이디어와 통찰을 얻었던 나에게, 사실 그중의 한 사람인 드러커는 어떤 의미를 가지고 있는 것일까? 그들도 드러커를 통해서 자신의 삶과 조직을 변화시켰다고 고백한다. 그들의 고백이 나에게는 진실하게 와 닿는다.

"내가 젊은 경영자였을 때는 소위 경영의 대가들과 컨설턴트에게 매우 회의적이었다. 그러나 드러커를 만나자마자 나의 의심은 사라졌다. 드러커가 했던 말은 진정으로 나의 가슴에 들렸다."

– 앤디 그로브Andy Grove/Intel 전 CEO

"피터 드러커는 나에게 경영뿐만 아니라 삶도 가르쳐주었다. 그 자신을 본보기로 해서 드러커는 자신이 하는 일을 사랑하는 것과 열정을 다른 사람들에게 전달하는 것이 중요함을 보여주었다. 피터 드러커는 단지 그가 저술한 책을 통해서만이 아니라 그가 누구인지를 보여줌으로써 가르침을 전한 사람이었다."

– 마샬 골드스미스Marshall Goldsmith/경영자 코치, 리더십 전문가

"드러커는 현명하고, 유쾌하고, 통찰력 있는 겸손한 교사로서 자신의 거실에서 많은 사람들과 만나서 질문을 하고는, 자신이 이미 훌쩍 건너간 그곳으로 사람들이 따라올 때까지 인내심을 갖고 기다려주었다. 드러커는 자신이 항상 했던 말, 즉 보이는데도 그 의미를 모르고 있는 새로운 현실을 우리가 알 수 있게 도와준 사람이었다."

– 앨런 G. 리플리Alan G. Lafley/P&G 전 CEO

이들의 고백으로 알 수 있듯이 드러커는 경영사상가와 경영의 실천을 지도하는 멘토로 우리에게 많은 가르침을 남긴 중요한 인물이다.

나에게 그는 경영의 본질을 가르쳐준 스승이었다. 기업이 현대사회의 핵심적인 조직으로 등장한 이래 누구나 경영자가 될 수 있고 경영을 할 수 있다는 생각에 대해 경영은 결코 간단하지 않으며 부분적인 지식과 기능만으로 수행되는 것이 아님을 알게 해주었다. 오히려 경영이란 현재와 미래의 복잡한 현실을 다루고 자원과 사람을 상대하는 것으로 비전과 목표에 대한 경영자의 치열한 성찰과 체계적인 실천이 필요한 일임을 알았다. 그래서 경영자가 된다는 것은 조직에서 일정기간 일을 하고 높은 직위로 승진한다고 해서 자동적으로 이루어지는 것도 아니고 학교에서 획득한 학위와 전문기술로서 완결되는 것도 아니라는 것을 알고 있다. 경영자는 기업과 사회, 조직과 개인, 현재와 미래에 대해 성찰하고 행동하면서 올바른 경영원리를 실천하는 사람이며 한편으로 인간으로서의 가치와 역량을 발전시켜 나가면서 책임지는 사람이라는 것을 받아들이고 있다. 나아가 경영자로 일한다는 것은 선택되는 것이 아니라 경영자로서의 삶을 선택하는 것으로서 주체적인 자각을 요구하는 것임을 이제는 명확하게 인식하고 있다. 경영에 대한 근원적인 통찰을 제시해준 드러커는 어떻게 해서 이런 성찰을 이뤄낸 것일까?

▍피터 드러커 사상의 뿌리

고대 그리스인들이 사용했던 언어는 삶과 세계에 대한 성찰을 담고 있어서 때때로 번뜩이는 영감을 준다. 필자가 특히 좋아하는 말은 텔로스Telos라는 단어인데 목적이나 의도라는 뜻이다. 필자의 블로그 이름도 '목적을 찾아서Search for Telos'이다. 내가 이 말에 꽂힌 것은 이유가 있다. 이 말에는 인간이 쉽게 가지는 목적이나 기대사항보다는(생활의 편리함 혹은 이기적인 욕구충족 등) 어떤 보편적이고 신적인 가치를 가진 목적이라는 의미가 있다. 현대사회의 병폐 중에서 가장 심각한 것은 '불신'이라고 생각하는 사람으로서 특히 지도자의 말과 행동을 믿는다는 것이 비합리적인 것으로 여겨지는 사회 속에서 텔로스를 찾고 싶기 때문이다. 보편적으로 올바른 목적이 분명하게 있으며 이것을 사람들이 받아들일 때만 신뢰를 회복할 수 있고, 결국에는 모든 사람들을 위한 변화가 가능할 것이라는 믿음이 바탕에 있다.

드러커의 생각과 주장을 감히 정리하자면 경영의 목적, 경영자가 경영을 하는 목적, 기업이 존재하고 활동하는 목적에 대한 것이라고 말하고 싶다. 내 생각에는 경영을 효율적으로 하는 수단과 도구는 드러커의 관심 사안이 아니었다. 그의 관심은 기업이 경영을 통해 얻는 결과, 경영자가 경영을 통해서 산출하려는 성과, 사회가 기대하는 공헌에 있었다. 그리고 그의 가슴에는 뿌리 깊은 휴머니즘이 있었다. 드러커는 인간이 정상적인 삶을 실현하는 것, 곧 인간이 마땅히 누려야 할 자부심과 품위가 유지되는 사회 – 정상적으로 기능하는 사회 – 에 대한 신념이 있었다. 이 신념은 그에게 사람들이 그 안에서 삶을 살아가는 조직이 제대로 운영되기 위한 방법, 곧 경영에 대해 평생의 연구를 할 수 있게 만든 원동력이 되었다.

"내가 경영학을 공부한 것은 비즈니스에 대한 관심 때문이 아니라, 사회, 공동체, 그리고 조직에 대한 관심 때문이었다."

– 피터 드러커

드러커가 지금까지도 인류의 삶을 규정하는 세 가지 이념 – 자본주의, 전체주의, 공산주의 – 이 서로 경쟁하는 인류사의 전환기에 유년기와 청년기를 보내고 두 차례의 세계대전을 경험하면서 그의 정신 속에 휴머니즘이 뿌리내리게 되었다고 짐작한다. 드러커의 사상을 생각하는 접점은 바로 휴머니즘에 바탕을 두면서 인간과 사회와 경영을 함께 보는데 있다. 물론 드러커를 통해서 경영현장에서 활용할 수 있는 수단과 방법을 풍부하게 얻을 수 있고 그 역시 경영자는 신기술과 경영환경의 변화에 대응하며 새로운 경영도구를 사용할 수 있어야 한다고 말하기도 했다. 그렇지만 드러커 사상의 정수는 사회와 기업, 인간과 기업이라는 맥락에서 볼 때 제대로 이해할 수 있다. 그래서 나는 드러커 사상의 전제로 "실패한 사회 속에서 성공하는 기업은 없다. 효과적인 경영도 불가능하다."는 입장을 갖고 있다. 이를 통해 사회 속에서 존재하고 활동하는 기업과 기업에서 책임을 부여받은 경영자를 통해서 반드시 달성해야만 하는 텔로스, 즉 경영의 목적을 올바르게 생각할 수 있다. 드러커의 경영사상은 이를 위한 철저하고 일관된 탐구와 사색, 그리고 분석의 종합체다.

▌ 만인을 위한 현자

나는 처음에는 학문으로 나중에는 직업으로 경영을 접했다. 드러커를 만나고 나에게 경영은 삶의 철학까지는 아니더라도 나를 움직이는 중요한 삶의 주제가 되었다. 나는 한국기업뿐만 아니라 유럽과 미국기업을 접했고 비영리조직도 경험했지만 아직도 경영에 대해서는 모르는 것이 많다. 그렇지만 드러커를 통해 경영이라는 말에 담긴 인간, 사회, 조직의 의미를 분명히 깨달았다. 또 경영의 의미를 발견하고 체험했고 경영을 잘함으로써 사회를 풍요롭게 하는 전문인으로서 삶을 살겠다는 흔들리지 않는 비전을 갖게 되었다. 인간은 혼자만으로는 자신이 생각하는 범위를 넘어서서 생각하지 못한다. 또한 자신의 경험에 대한 해석을 넘어서서 사고하는 것도 불가능하다. 그렇지만 인간의 사고는 도약해왔다. 누군가 새로운 생각을 하고 그 생각이 다른 사람에게 전해져서 사고의 혁신이 이루어진다. 이처럼 새로운 생각을 처음으로 시작한 사람들이 바로 현자다. 그리고 필자와 같이 평범한 사람은 현자들을 통해 새로운 사고, 새로운 경험, 새로운 세계를 갖게 된다.

드러커를 알고 공부한 지 오랜 시간이 지났지만 한 번도 드러커를 만나지는 못했다. 하지만 아쉬움은 없다. 그가 남긴 풍부한 저작과 그를 만난 많은 사람들의 이야기를 통해 드러커를 만날 수 있기 때문이다. 드러커는 경영에 관한 그 어떤 관심과 고민이라도 나눌 수 있는 현자다. 경영에 대한 어떤 주제로도 얼마든지 넓고 깊게 드러커와 대화할 수 있다. 그와의 대화는 지식의 전달을 넘어선다. 경영에 대한 대화는 책임과 성과, 미래와 결과, 지식과 혁신 등 책임지는 사람으로서 성찰해야 하는 주제로 이어지기 때문이고 최종적으로 자신을 발견하고 성장에 대한 책임을 고민하게 만든다. 경영자로, 지식근로자로, 리더로 "어떤 삶을 살겠는가?"라는 질문으로 늘 끝나기 때문이다. 드러커는 모든 배움을 통해서 자신을 발견하고 충실한 삶을 향해 행동할 것을 촉구한다.

드러커는 나를 위한 현자이다. 그럼에도, 드러커는 만인의 현자이다. 바로 이 점이 드러커만의 가릴 수 없는 개성이고, 매력이다. 시간이 지날수록 더욱 빛나는.

▌피터 드러커는 어떤 사람인가

드러커를 한 마디로 설명하기는 어렵다. 그의 삶이 무대로 삼았던 시간과 공간이 워낙 방대하기 때문이다. 그는 20세기와 21세기를 살았고 금융분석가, 교수, 사상가, 저술가, 컨설턴트로 다양한 삶의 영역을 만들었던 인물이다. 또한 경영, 경제, 사회, 법, 기술, 문학, 예술 등 학제를 넘어서는 통찰력을 드러낸 인물이다. 금세기의 마지막 르네상스인이라고 불러도 결코 과장이 아니다. 그는 수십 년 동안 영향력 있는 성과를 지속해서 내놓은 몇 안 되는 경영이론가 중 한 명이었고 모든 학문을 통틀어 세계를 바꿀 만큼 큰 영향을 준 소수의 사상가 중 한 명이었다. 그렇지만 이런 칭송으로 드러커를 규정하는 것은 온당하지 않다. 그의 삶 자체가 한 인간으로서 최선을 다하는 삶의 모범이 되기 때문이다.

드러커는 어떤 사람인가? 먼저, 드러커의 업적을 간단하게 살펴보자.

- 경영학 분야를 포함해서 정치·경제·사회분석, 예술, 소설을 포함한 39권의 저서를 냄.

- 50년이 넘도록 교수, 컨설턴트, 저술가의 삶을 살았음.
- 경영의 개념, 기업의 목적과 목표, 경영자의 역할과 과업, 조직운영의 원칙, 목표관리, 기업가 정신과 혁신, 비영리조직의 경영 등 경영학이 담을 수 있는 거의 모든 주제에 대해 이론적 기초를 세움.
- 제2차 세계대전 직전 독일과 러시아의 조약체결, 민영화, 지식사회로의 전환과 지식근로자의 등장, 연금자본주의 등 미래의 환경 변화에 대한 깊은 통찰과 함께 경영의 과제를 제시
- 정부, 비영리조직 등 수 많은 조직을 위한 컨설팅, 자문, 봉사

이러한 업적과 성취는 한 사람이 달성한 유산으로는 매우 비범한 것임에 틀림없다. 그러나 진정 중요한 것은 업적과 성취를 낳은 그의 삶 자체다. 아울러 짧게 빛나는 천재의 삶이 아니라(화려하고 멋있기는 하지만) 90세가 넘어서도 활동을 계속하면서 오랜 기간 자신의 지혜를 나누어준 그의 삶은 매우 특별하다. 그의 삶을 깊이 있게 들여다보기를 바란다. 드러커가 자신이 진정으로 기여할 수 있는 가치를 위해 평생을 노력하고 살았다는 것을 알 수 있을 것이다. 자기경영에 최선을 다해 살았던 지식근로자가 바로 드러커다. 그의 삶은 자신이 잘하는 일에 헌신하는 인간으로서, 지식을 활용해 가치 있는 기여를 창출하는 지식근로자로서, 자기를 지속적으로 갱신하면서 성장하는 지혜로운 리더의 본보기로서 충분하다.

그의 삶을 드러커가 보는 것, 생각하는 것, 살아온 것으로 나눠서 차례대로 살펴보자.

▌드러커가 보는 것

드러커는 탁월한 관찰자다. 그는 사회 속에서 일어나고 있는 어떤 사건이나 현상을 관찰하고 그것이 사회에 어떤 의미를 주는지 미래에는 어떻게 될 것인지를 전달했다.

- 현대사회는 조직의 사회이다. 사람들의 삶은 조직이 제공하는 것들로 영위된다. 기업, 정부, 학교, 비영리기관 등 다양한 조직으로 이루어진 사회에서 조직은 사회를 위해 가치 있는 것을 제공해야 한다.
- 경영은 조직의 핵심기관이다. 조직이 목표를 달성하도록 하고 조직이 사회를 위해 공헌하도록 하는 핵심장치이다. 현대문명과 사회의 발전은 경영의 공헌이다.
- 조직사회에서 경영자는 필수다. 경영자가 조직을 필요로 하는 것이 아니라 조직이 경영자를 필요로 한다.
- 조직의 목표달성을 위한 경영자의 행동이 경영이다. 조직이 다르더라도 경영의 목적은 같다. 경영은 보편적인 원리와 체계적인 실천원칙을 가지고 있다.
- 현대는 지식사회이며 그 중추세력은 지식근로자다. 이들이 중심인 사회는 자율과 책임에 가치를 둔다. 지식근로자의 목표달성 능력은 사회의 성과를 좌우한다.
- 사회는 비영리기관의 역할과 공헌이 필요하다. 이들은 사람을 변화시키는 것을 목적으로 하기 때문이다. 더 많은 비영리기관이 사

회적 과제를 담당할 것이며 비영리기관은 자신의 사명을 달성하기 위한 효과적인 경영을 필요로 한다.

▌ 드러커가 생각하는 것

드러커는 르네상스 정신을 가진 현대의 마지막 사상가다. 드러커가 살아온(살아야만 했던) 시대의 과제와 정신은 그의 생각을 키운 자양분이었고 이를 통찰력으로 승화시킨 것은 휴머니즘이었다. 드러커는 1909년 오스트리아에서 태어났다. 그리고 유년기와 청년기를 두 차례의 세계대전과 함께 보냈다. 그러나 이 시기는 비엔나 이브닝(매주 월요일 저녁마다 빈에 있던 드러커의 집에서 열린 경제학자, 고급관료, 법률가, 심리학자, 의사, 때로는 음악가가 초대되어 정치와 경제, 사회, 심리, 예술에 관한 주제를 토론하던 모임)에서 학제를 뛰어넘는 호기심을 키우고 교양을 배양했던 시기였다. 또한 자본주의든 공산주의든 유토피아를 약속하는 절대주의가 허망으로 가득 찬 망상이라는 것을 깨닫는 시기였다. 드러커는 이때 인간의 존엄과 가치가 존중받는 사회가 정상이라는 그만의 휴머니즘을 키웠다. 그리고 이를 그의 정신의 바탕에 두고 사회, 조직, 경영에 대해 통찰했다. 드러커에게 휴머니즘과 사회, 조직, 경영은 하나의 전체다.

- 인간의 존엄성을 인정하고 발휘하도록 하는 사회, 인간이 누려야
  마땅한 자부심과 품위를 가지고 살아가는 사회가 정상적인 사회,
  기능하는 사회다. 드러커는 절대주의가 약속하는 유토피아의 망상

을 경계했지만 인간이 노력을 통해 보다 좋은 사회를 만들 수 있다는 희망을 잃지 않았다.

- 조직은 기능하는 사회를 형성하는 핵심기관이다. 조직은 사회를 위해 가치 있는 것을 제공해야 하며 그 안에서 일하는 사람에게 적절한 지위, 역할, 의미 있는 경험을 제공해야 한다. 지위와 역할은 자신이 가치 있는 존재라는 경험을 통해 인간존중을 실현한다.
- 경영은 사람들의 협력을 통해 목표를 달성하는 것이다. 사람들의 강점을 바탕으로 의미 있는 공헌을 하게 함으로써 전체의 목표를 달성하는 것이다.
- 경영은 복잡한 현실을 다루고 현재와 미래에 관여하고 자원과 사람을 활용하는 것으로서 비전과 목표에 대한 경영자의 치열한 성찰과 체계적인 실천을 필요로 한다.
- 실패한 사회 속에서 성공하는 조직은 없고 효과적인 경영도 불가능하다.
- 경영자는 지위와 특권이 아니라 책임을 지는 사람이다. 조직의 목표달성을 돕는 것이 그의 불변의 책임이다.

▌ 드러커가 살아온 것

드러커는 그의 통찰과 경영사상만으로도 위대한 인물이다. 나아가 드러커의 삶은 리더에게 공헌하는 행동과 책임지는 삶을 촉구하는 그의 신념을 순순히 받아들이게 만드는 원천이다. 그는 자신을 본보기로 해서 자신이 하는 일을 사랑하는 것과 열정을 다른 사람에게 전달하는 것의 중요성을 보여줬기 때문이다.

- 드러커가 태어나고 자란 시대에 오스트리아 상류계급의 자녀들이 선택하는 길은 주로 정부관료, 법률가, 의사였다. 그렇지만 드러커는 고등학교를 졸업하고 자신의 선택으로 함부르크에 있는 섬유회사의 수습사원으로 사회에 첫발을 내딛었다. 그 후 기자, 증권분석가, 통신원을 거쳐 교수와 저술가, 컨설턴트로 일했다. 그의 말에 따르면 모든 일이 자신이 가장 잘할 수 있는 것을 선택한 결과였으며 경제발전을 통한 인간의 행복과 조직을 조직답게 하는 경영에 대한 신념이 선택의 바탕에 있었다.
- 20세기 초의 지식인들이 선택한 학문의 여정과 드러커를 비교해 보면 드러커의 여정은 독특하다. 그런데 드러커가 경영학을 연구한 것은 20세기와 21세기를 사는 사람들이 분명히 생각해야 했던 것들이다. 조직사회의 문제, 조직을 운영하는 경영의 문제, 조직이 사회에 미치는 영향에 대한 문제는 기존 학문체계 – 철학, 법학, 경제학, 사회학 등 – 로는 풀기 어려운 것이었다. 사실 기존 학문의 대가들에게는 관심 밖이었다. 비트겐슈타인Ludwig Wittgenstein, 프로이트, 슘페터, 멩거Carl Menger 등 당시 세계 지성사를 빛내던 오스트리아의 천재들도 기존 학문의 경계를 넓혔지만, 드러커는 유럽 정신사의 풍부한 자양분을 바탕으로 삼으면서도, 스스로 새로운 영토를 만들었다.
- 평생 39권의 저서를 저술한다. 이들 중 3분의 2는 그가 65세를 넘

었을 때 출간한 것이다. 그리고 90세까지 강의를 했다. 자신의 선택에 대한 책임, 평생학습, 완벽함에 대한 열정이 드러난 것이다. 첫 책은 정치를 분석한 것이었고(『경제인의 종말, 1939』) 뒤이어 사회경제(『산업인의 미래, 1942』)로 확장되고 이윽고 경영으로 이어진다. 예술을 다룬 한 권의 책과 두 권의 소설도 있다. 정치, 사회, 경제, 문화는 그에게는 하나의 세계였다. 드러커의 추종자(드러커 자신은 매우 싫어하는 말임에 틀림없다)들은 한 사람이 이렇게까지 관심의 지평을 넓힐 수 있다는 것과 함께 오랜 기간 그것을 지속할 수 있었다는 것에 감동한다.

• 기업, 정부기관, 대학, 교회, 의료기관 등의 다양한 조직의 리더들에게 경영, 리더십, 책임지는 삶에 대한 지혜를 나눠준다. 조직은 고객과 사회에 대한 책임이 있다는 것, 경영은 특권이 아니라 책임이라는 것, 경영자는 조직에 대한 비전을 가져야 한다는 것, 인생에서 자신을 갱신하는 삶의 가치를 알려준다. 그로부터 경영에 대한 비전과 영감을 얻고 경영자의 삶에 대한 의미를 깨달은 리더는 수없이 많다. 드러커는 비록 조직에서 관리자나 경영자로 일하지는 않았지만(드러커는 대학에서 교수가 아닌 보직을 맡은 적이 있는데 매우 힘이 들었고 자신은 교수가 아닌 다른 직위에는 형편없다는 것을 알았다고 고백하기도 했다) 결코 가볍지 않게 사람들에게 영향을 미쳤다. 그가 가진 영향력은 직위나 권위가 아니라 공감과 감화에서 나오기 때문에 오랜 생명력을 가지고 있다.

▌드러커의 자기경영 정신

드러커는 관찰하고, 통찰하고, 가르치고, 저술하고, 조언하는 삶을 통해 전 세계에 그의 사상을 전했다. 그 사상을 압축하면 개인으로서 항상 성장하고 비전을 위해 살라는 것과 조직의 경영자로서 조직의 목표달성에 대한 책임을 완수하라는 것이다. 이것이 자기경영에 대한 책임이다. 그는 인간의 삶과 사회를 위한 조직의 중요성, 효과적인 경영의 중요성을 평생을 통해 강조했다. 경영은 경영자를 통해서 이루어진다. 따라서 경영자의 비전, 윤리적 가치, 목표달성 능력은 경영의 성과, 조직의 성과를 좌우한다. 경영자의 결정과 행동으로 인해 조직은 만들어지고, 성장하고, 없어진다. 경영자는 자신이 누구인지, 무엇을 추구하는지, 무엇을 하는지를 인식하고 책임을 져야 한다. 곧 자기를 경영할 수 있어야 한다. 드러커는 자신이 더는 다른 사람들을 관리하는 법을 가르치지 않으며, 자신을 경영하는 법을 가르치고 있다고 1998년에 있던 어느 인터뷰에서 말했다.

자기경영은 조직의 경영자에만 해당하는 것이 아니다. 자신의 성과에 책임을 지는 모든 사람, 즉 지식근로자에게도 해당한다. 드러커는 '지식근로자들은 각자가 모두 CEO'라는 말로 지식근로자의 경영자적 인식과 경영자적 책임을 강조했다. 자기경영은 책임에서 출발한다. 드러커는 자신이 무엇에 공헌해야 하는지를 물어보라고 했다. 자신의 가치를 인식하고 사회나 조직이 자신에게 요구하는 책임을 출발점으로 할 때 자기경영이 시작된다. 책임이란 원래 무거운 것이다. 그러나 책임은 자존감을 통해 새로운 차원으로 사람을 고양시킨다. 자신이 할 수 있는 공헌에 대해 온전하게 책임을 지려는 사람은 자기 일의 목적과 비전을 갖게 되고 이를 통해 자신의 한계를 극복하려고 노력하면서 해방의 경험을 하게 된다. 세계적인 조직을 이끌었던 리더들이 "드러커는 자신을 해방시켰다."라고 고백했다는 것을 생각해보라. 드러커는 리더에게 먼저 자기를 경영하라고 말한다. 자기를 경영하지 못하면 결코 조직에 대한 책임을 맡아서는 안 된다고도 말했다. 그리고 스스로를 경영하는 책임을 받아들이는 것, 자기경영을 위한 원칙과 태도를 갖는 것, 우선순위에 따라 필요한 일에 집중하는 용기를 가질 것을 조언했다. 스스로를 책임지는 리더로 성장하기 위해 다음의 질문을 해보자.

- 나는 무엇에 공헌해야 하는가?
- 조직의 사명을 달성하기 위해서 내가 기여해야 할 목표는 무엇인가?
- 나의 강점은 무엇인가?
- 내가 가치를 부여하고 열정을 갖는 것은 무엇인가?
- 내가 성공하기 위해서 집중해야 할 일은 무엇인가? 그리고 하지 말아야 할 일은 무엇인가?
- 지금 내가 알고 있는 것을 이전에 알았더라면, 지금도 이 일을 하겠는가?
- 나는 내가 어떤 사람으로 기억되기를 바라는가?

드러커의 생애

미국 드러커 재단 웹사이트에 게재된 드러커의 생애를 번역하여 정리한 글이다.

http://www.drucker.institute/about-peter-f-drucker/

01

드러커 삶의 이정표와 저작들

▌초기시대

피터 드러커는 오스트리아 비엔나에서 1909년 11월 19일에 태어났다. 그는 뛰어난 지적 영양분을 제공하는 가문에서 성장했다. 부친인 아돌프와 모친인 캐롤라인은 경제학자, 정치학자, 음악가, 작가, 그리고 과학자들이 참여하는 살롱모임을 주기적으로 열었다. 그 모임에는 조제프 슘페터가 있었는데 그는 드러커에게 상당한 영향을 미쳤다. 드러커는 "그 모임은 실제로 나를 가르쳤지요."라고 말했다.

▌1920년대

드러커는 함부르크 대학에서 해사법을 공부하기 위해 오스트리아
를 떠나 독일로 갔는데 나중에는 프랑크푸르트 대학을 다니면서 주간
에는 일을 하고 야간에는 법을 공부했다. 그는 프랑크푸르트에서 가
장 큰 일간지였던 「프랑크푸르트 제너럴 안자이거Frankfurter General-
Anzeiger」지에서 외교와 경제를 담당하는 선임 편집자로 일했다.

▌1930년대

드러커는 프랑크푸르트 대학에서 국제법으로 박사학위를 받았다
(1932). 3년 후에는 영국으로 건너갔는데 독일의 저명한 철학자인 프
리드리히 율리우스 슈탈Friedrich Julius Stahl에 관한 에세이와 「독일에서
의 유대인 문제The Jewish Question in Germany」라는 두 개의 에세이가 나
치에 의해서 판금되고 소각된 뒤의 일이다. 드러커는 영국에 있으면
서 캠브리지 대학의 저명한 경제학자인 케인즈John Maynard Keynes의 강
의를 듣기도 했는데 "나는 케인즈와 강의실에 있던 모든 명석한 학생
들이 상품의 행동에 대해 관심을 가지는 것에 반해 나는 인간의 행동
에 관심을 가지고 있었다는 사실을 갑자기 깨달았지요."라고 말했다.
1934년에 드러커는 도리스Doris Schmitz와 결혼했고 그들은 1937년에
미국으로 이주했다. 드러커는 「파이낸셜타임즈」를 포함해서 여러 개의
영국 신문을 위해서 통신원으로 일했다. 드러커는 마침내 뉴욕에 있는

사라로렌스 대학Sarah Lawrence College에서 경제학 강사로서 가르치는 일을 시작했다.

The End of Economic Man

영문으로 표기된 것은 해당 년대에 출간된 드러커의 저서 목록이다.

▎1940년대

드러커는 미국 GM사의 초청으로 GM을 내부에서 관찰하고 그 결과를 모아 기념비적인 저작인 『기업의 개념』을 1946년에 발간했다. GM과의 작업을 통해 드러커는 당시 전설적인 최고경영자였던 알프레드 슬로안을 만나게 되었는데 드러커에게 슬로안은 여러 가지 이유로 '목표를 달성하는 경영자'의 모델이 되었다. "최고경영자는 전적으로 인내심을 갖고 사람들이 어떻게 일을 하는지에 대해서는 무신경해야 한다. 그가 그 사람을 좋아하든 싫어하든 말할 것도 없다."라고 말했다고 한다. "가장 중요한 기준은 성과와 품성이 되어야 한다." 드러커는 베닝톤 대학Bennington College에서 철학과 정치학 교수가 되었다.

The Future of Industrial Man
Concept of the Corporation

1950년대

  1950년에 드러커는 뉴욕 대학New York University의 경영학 교수로 부임했고 이곳에서 21년 동안 일했다. 또한 그는 여러 기업들을 위한 컨설팅을 시작했는데 그중에는 시어스, 로벅, IBM이 있다. 1954년『경영의 실제』를 저술했는데 이 책은 조직을 운영하는 기술과 과학을 통합된 지식의 체계로 조직한 최초의 저작으로 널리 인정받았다. 당시에는 사업을 운영하는 부분적인 측면 – 재무나 인사관리 등 – 만을 다루는 책만 있었고 모든 영역을 함께 다루는 책은 없었다. "내가 발견한 것이라고는 머리나 근육조직은 고사하고 팔꿈치 같은 신체의 관절부위를 언급하는 인간해부에 관한 책이었다."라고 드러커는 회상했다. 드러커는『경영의 실제』를 저술하기 시작하면서 "나는 학문의 기초를 만들고 있다는 사실을 예민하게 의식했다."라고 말했다. 1959년에 드러커는 '지식근로자'라는 말을 최초로 사용했는데 두뇌가 근력을 대체하는 새로운 경제가 오고 있음을 알렸다.

  The New Society
  The Practice of Management
  America's Next Twenty Years
  The Landmarks of Tomorrow

▌1960년대

드러커는 뉴욕 대학에 있으면서 최고의 영예인 총장 표창을 수여했다. 드러커는 1966년 『효과적인 경영자The Effective Executive』를 발간했다. 42년 뒤에 아랍권 독자들에게 독서 선택권을 확장시키는 목적을 가진 Kalima 프로젝트에서는 이 책을 케인즈의 『고용, 이자와 화폐에 관한 일반이론The General Theory of Employment, Interest and Money by John Maynard Keynes』, 비질Virgil의 『아이네이스The Aeneid by Virgil』, 아인슈타인의 『상대성 이론의 의미The Meaning of Relativity by Albert Einstein』와 함께 최초 100권의 번역 대상으로 선택했다. 드러커는 1968년 『단절의 시대The Age of Discontinuity』를 저술했는데 인터넷 문화처럼 가려져 있지만 엄청난 영향을 미치는 변화가 싹트고 있는 현상을 지적했다. "저렴하고 믿을 만하며, 빠르고, 보편적으로 사용 가능한 정보가 가져다줄 영향은 전기가 준 영향만큼 거대할 것이다. 지금으로부터 수년이 지나면 젊은이들은 현재 타자기나 전화를 사용하는 것처럼 일상적인 도구로 정보를 사용하게 될 것이다."

Managing for Results

The Effective Executive

The Age of Discontinuity

1970년대

1973년 드러커는 그의 최고 저작인『매니지먼트: 과업, 책임, 실무 Management: Tasks, Responsibilities, Practices』를 출간했는데 이 책은 수 세대를 넘어서 기업 경영자, 비영리기관의 관리자, 정부 지도자를 위한 경영지침서가 되었다. 어떤 사람들은 이 책을 의사들이 사용하는 의탁상용 참고서의 관리자 버전으로 소중하게 아꼈다. 1971년에 드러커는 클레어몬트 대학원Claremont Graduate School의 마리 랭킨the Marie Rankin Clarke사회과학과 경영학 교수가 되었다. 그는 「월스트리트저널」 월간 칼럼니스트로서 20년 동안 이어지는 기고작업을 같은 해에 시작했다.

Technology, Management and Society

The New Markets and Other Essays

Men, Ideas and Politics

Drucker on Management

Management: Tasks, Responsibilities, Practices

The Unseen Revolution

People and Performance: The Best of Peter Drucker on
  Management

Adventures of a Bystander

1980년대

클레어몬트 경영대학원은 1987년에 피터드러커 경영학센터The Peter
F. Drucker Management Center로 이름을 변경했다. 드러커는 정열적으로
가르치고 컨설팅을 계속하면서 10년 동안에 8개의 저작을 발간했다.
1989년에 드러커는 5개의 오디오 시리즈로 만든 『비영리기관과 드러
커The Nonprofit Drucker』를 제작했다. 이 시리즈는 사회분야의 경영에 대
한 통찰을 담은 것이다.

Managing in Turbulent Times

Toward the Next Economics and Other Essays

The Changing World of the Executive

The Last of All Possible Worlds (fiction)

The Temptation to Do Good (fiction)

Innovation and Entrepreneurship

Frontiers of Management

The New Realities

1990년대

1990년에는 비영리기관 경영을 위한 피터드러커 재단(The Peter F.
Drucker Foundation for Nonprofit Management, 현재는 프랜시스헤셀바인 리더십센터

the Frances Hesselbein Leadership Institute)이 설립되었다. 드러커는 하버드 대학에서 명예로운 Godkin의 강좌를 했다. 드러커 센터는 1997년에는 피터드러커 경영대학원The Peter F. Drucker Graduate School of Management 이 되었고 1998년에 드러커 아카이브(드러커가 쓴 친필 원고, 서신 등을 모아 놓은 것)가 만들어졌다. 87세가 된 드러커를 「포브스」는 '현재까지도 가 장 젊은 마인드'라는 표제로 커버스토리를 발간했다.

Managing the Nonprofit Organization: Principles and Practices

Managing for the Future

The Ecological Vision

Post-Capitalist Society

Managing in a Time of Great Change

Drucker on Asia: A Dialogue between Peter Drucker and Isao Nakauchi

Peter Drucker on the Profession of Management

Management Challenges for the 21st Century

▌ 2000년대

드러커는 2002년 봄에 마지막 강의를 했다. 이때 그의 나이는 93세 였다(비록 그는 향후 몇 년 동안에는 주기적으로 강의를 계속하려고 했지만). 그 해 여름에 드러커는 미국시민에게 수여하는 최고의 영예인 대통령 자유 메달The Presidential Medal of Freedom을 받았다. 부시George W. Bush 전 대통령은 드러커를 '세계에서 가장 탁월한 경영사상의 개척자'라고 칭했다. 2004년에 드러커 경영대학원은 피터드러커 마사토시이토 경영대학원The Peter F. Drucker and Masatoshi Ito Graduate School of Management으로 명칭을 변경했다. 그의 인생 말년에 가장 중요한 기여가 무엇이라고 생각하는가에 대한 질문에 대해 드러커는 이렇게 말했다. "거의 60여 년 전에 일찍부터 경영은 조직들이 모인 사회에서 조직의 기본적인 기관이고 기능이 되었다는 사실을 깨달은 것과 경영이란 사업관리가 아니라 현대사회의 모든 조직을 위한 통치기관이라는 점을 인식했다는 것. 그리고 경영학을 자체의 내용을 가진 학문으로서 연구할 수 있는 체계를 세웠다는 것. 경영학을 사람과 권한, 가치, 구조와 구성요소 특히 책임에 초점을 둔 것, 그럼으로써 경영학을 진정한 인문학으로 바라볼 수 있게 된 것이다."

96세 생일을 8일 남겨놓은 2005년 11월 11일에 드러커는 생을 마감했다. 2006년 드러커 아카이브는 드러커 인스티튜트가 되었다. 이 기관의 사명은 '사회를 향상시키기 위해서 조직을 향상시키는 것 Strengthening Organizations to Strengthen Society'이다.

The Essential Drucker

Managing in the Next Society

A Functioning Society

The Daily Drucker, with Joseph A. Maciariello

The Five Most Important Questions (posthumously released)

드러커 저서 목록

다음 목록은 미국 드러커 재단이 정리해서 게재한 자료를 기본 내용으로 현재까지의(2016. 8. 1) 국내 번역본을 조사해서 정리한 것이다. 드러커 재단은 드러커 사상의 확산을 통해 사회에 기여하는 것을 목적으로 하는 비영리단체다. 드러커 사상을 깊이 있게 체험하기 위해서는 원서를 읽어보는 것이 가장 좋지만 드러커 사상의 확산에 헌신했던 고 이재규 박사를 비롯해서 훌륭한 번역가의 작품이 많이 출판되어 있다.

드러커 전체 저서들을 개관하고 싶은 독자라면 이재규의 『한 권으로 읽는 피터 드러커 명저 39권, 21세기북스, 2009』을 참조하시기 바란다.

저서목록 출처:

http://www.druckerinstitute.com/peter-druckers-life-and-legacy/books-by-drucker/

- 2010. 10. 1현재, 홈페이지 개편으로 없어짐

  새 홈페이지: http://www.drucker.institute

Peter Drucker's 39 Books

1.   The End of Economic Man (1939)
     경제인의 종말
     이재규 역, 한국경제신문, 2008

2.   The Future of Industrial Man (1942)
     피터 드러커의 산업사회의 미래
     안종희 역, 21세기북스, 2013

3.   Concept of the Corporation (1946)
     기업의 개념
     정은지 역, 21세기북스, 2012

4.   The New Society (1950)
     피터 드러커의 New Society
     박준희 역, 현대경제연구원, 2007

5. The Practice of Management (1954)
   ─ 경영의 실제
   이재규 역, 한국경제신문, 2006

6. America's Next Twenty Years (1957)

7. Landmarks of Tomorrow (1957)

8. Managing for Results (1964)
   피터 드러커, 창조하는 경영자
   이재규 역, 청림출판, 2008

9. The Effective Executive (1966)
   피터 드러커의 자기경영노트
   이재규 역, 한국경제신문, 2003

10. The Age of Discontinuity (1968)
    단절의 시대
    이재규 역, 한국경제신문, 2003

11. Technology, Management and Society (1970)
    일과 기술의 경영
    안세민 역, 청림출판, 2015

12. The New Markets and Other Essays (1971)

13. Men, Ideas and Politics (1971)
    인간과 시스템의 경영
    안세민 역, 청림출판, 2015

14. Drucker on Management (1971)

15. Management: Tasks, Responsibilities, Practices (1973)
    피터 드러커의 매니지먼트

조성숙, 이건, 박선영 역, 이재규 감수, 21세기북스, 2008

16. The Unseen Revolution (1976; reissued in 1996 under the title The Pension Fund Revolution)

17. People and Performance: The Best of Peter Drucker on Management (1977)

18. Adventures of a Bystander (1978)

    방관자의 시대

    이상두, 최혁순 역, 범우사, 1979(절판)

    피터 드러커 자서전

    이동현 역, 한국경제신문, 2005

19. Managing in Turbulent Times (1980)

    혼란기의 경영: 시대를 뛰어넘은 위기경영의 지혜

    박종훈, 이왈수 역, 한국경제신문, 2013

20. Toward the Next Economics and Other Essays (1981)

    새로운 경제 사회의 경영 – 피터 드러커 라이브러리04

    안세민 역, 청림출판, 2014

21. The Changing World of the Executive (1982)

22. The Last of All Possible Worlds (1982)

23. The Temptation to Do Good (1984)

24. Innovation and Entrepreneurship (1985)

    기업가 정신: 미래사회를 이끌어 가는

    이재규 역, 한국경제신문, 2004

25. Frontiers of Management (1986)

    프런티어의 조건

이재규, 이덕로 역, 청림출판, 2011

26. The New Realities: in Government and Politics, in Economics and Business, in Society and World View (1989)

27. Managing the Nonprofit Organization: Principles and Practices (1990)

비영리단체의 경영

현영하 역, 한국경제신문, 1995

28. Managing for the Future (1992)

29. The Ecological Vision (1993)

30. Post-Capitalist Society (1993)

자본주의 이후의 사회

이재규 역, 한국경제신문, 2002

31. Managing in a Time of Great Change (1995)

대변화 시대의 경영 – 피터 드러커 라이브러리

이재규 역, 청림출판, 2013

미래의 결단(절판)

이재규 역, 한국경제신문, 1995

32. Drucker on Asia: A Dialogue between Peter Drucker and Isao Nakauchi (1997)

33. Peter Drucker on the Profession of Management (1998)

자본주의 이후 사회의 지식경영자

이재규 역, 한국경제신문, 2000

34. Management Challenges for the 21st Century (1999)

21세기 지식경영

이재규 역, 한국경제신문, 2002

35. The Essential Drucker (2001)

4부작으로 나눠서 번역 출판되었음

프로페셔널의 조건, 2012

변화 리더의 조건, 2014

이노베이터의 조건, 2013

피터 드러커 미래경영, 2013

이재규 역, 청림출판

36. Managing in the Next Society (2002)

넥스트 소사이어티

이재규 역, 한국경제신문, 2002

37. A Functioning Society

경영의 지배

이재규 역, 청림출판, 2003

38. The Daily Drucker (2004, with Joseph A. Maciariello)

피터 드러커 경영바이블

피터 드러커 소사이어티 역, 청림출판, 2006

39. The Five Most Important Questions (2008; posthumously released)

피터 드러커의 다섯 가지 경영원칙

이한 역, 아시아코치센터, 2010

피터 드러커의 다섯 가지 경영원칙 자가 평가 워크북

윤영애 역, 아시아코치센터, 2011

02

드러커의 다른 저작들

▌학술논문

1. The Justification of International Law and the Will of the
   State (1932)
2. Friedrich Julius Stahl Conservative Political Theory &
   Historical Development (1933)
3. The Jewish Question in Germany (1936)

▌기고문

1. Power and Democracy in America (1961)

2. Preparing Tomorrow's Business Leaders Today (1969)

3. The Rise of NEC (1991)

4. Song of the Brush: Japanese Painting from the Sanso Collection (1979)

   붓의 노래: 일본화로 본 일본

   이재규 역, 21세기북스, 2011

▌기타

1. An Introductory View of Management (1977)

2. Management Cases (1977; revised Edition, 2009)

   피터 드러커 리더의 도전: 혁신 기업을 만드는 경영의 기술

   김홍식 역, 한국경제신문, 2014

3. The Effective Executive In Action (2006, with Joseph A. Maciariello)

4. Classic Drucker (2006; content virtually identical to Peter Drucker on the Profession of Management)

   클래식 드러커

   이재규 역, 한국경제신문, 2007

5. Management: Revised (2008, posthumously released, with Joseph A. Maciariello)

6. The Drucker Lectures: Essential Lessons on Management, Society and Economy (2010, Edited by Rick Wartzman)

   드러커 강의: 시대를 뛰어넘는 위대한 통찰

   이재규 역, 랜덤하우스코리아, 2011

1. Peter F. Drucker, 『The Practice of Management, Harper & Row, 1954』, preface. 9.

2. 이러한 설명은 『경영의 실제』 서문에 명확하게 기술되어 있다.

3. Peter F. Drucker, 정은지 역, 『기업의 개념Concept of the Corporation, John Day, 21세기북스, 2012』

4. Effectiveness는 대체로 '효과성'으로 번역되지만, 『경영의 실제』를 번역한 이재규 박사가 목표달성 능력으로 번역했다. 경영자의 역할이 조직의 목표달성에 직접적으로 연관된다는 의미를 강조한 것으로 이 말을 사용한다.

5. Peter F. Drucker, 이재규 역, 『경영의 실제, 한국경제신문, 2006』, p. 196

6. Peter F. Drucker & Joseph A. Maciariello 『The Daily Drucker, HarperCollins, 2004』

7. 피터 드러커 저, 이재규 역, 『경영의 실제, 한국경제신문, 2006』, p 242

8. Peter F. Drucker, 「They're Not Employees, They're People, HBR, 2002」

9. 에이드리언 울드리지, 서지원 역, 『경영의 대가들, 더난콘텐츠그룹, 2012』, 참조

요약

10. 안셀림 그린, 요헨차이즈, 윤선아 역,『수도원에서 배우는 경영의 지혜, 분도출판 사, 2015』, p. 31, p. 112

11. 이영희,「사회기술체계론과 볼보의 실험, 과학기술정책연구원, 1992」참조 요약

12. Peter F. Drucker, 이재규 역,『경영의 실제, 한국경제신문, 2006』, p. 514

13. Dale Carnegie, 최염순 역,『카네기 인간관계론, 카네기 연구소, 1995』

14. Peter F. Drucker,『The Effective Executive, HarperCollins, 1966, 1967』, p. 100, p. 102

15. http://sports.news.naver.com/kfootball/news/read.nhn?oid=380&aid= 0000000563, 이영미 칼럼, 2014.07.14 요약 발췌

16. Peter F. Drucker,『The Effective Executive, HarperCollins, 1967』, preface. 드러커는 이 책 전체를 통해서 목표달성 능력을 습득하기 위한 의식적 훈련, 습 관의 중요성을 강조한다.

17. Peter F. Drucker,『The Effective Executive, HarperCollins, 1967, preface』 p. 21~22

18. John E. Flaherty, 송경모 역,『피터 드러커 현대경영의 정신, 송경모 역, 예지, 2002』, 원저는『Peter Drucker: Shaping the Managerial Mind, Jossey, 1999』

19. 안셀림 그린, 요헨차이즈, 윤선아 역,『수도원에서 배우는 경영의 지혜, 분도출판 사, 2015』, p. 253~256

20. John E. Flaherty, 송경모 역,『피터 드러커 현대경영의 정신, 예지, 2002』, p. 113

21. John E. Flaherty, 송경모 역,『피터 드러커 현대경영의 정신, 예지, 2002』, p. 340

22. John E. Flaherty, 송경모 역,『피터 드러커 현대경영의 정신, 예지, 2002』, p. 343

23. John E. Flaherty, 송경모 역,『피터 드러커 현대경영의 정신, 예지, 2002』, p. 348

24.『경영의 실제』11장: Management by Objectives and Self-Control

25.『경영의 실제』11장: Management by Objectives and Self-Control

26. 차병석 저,『성공신화: 야나이 다다시, 김영사, 2015』

27.『경영의 실제』11장: Management by Objectives and Self-Control

28. 장승규 저,『존경받는 기업 발렌베리가의 신화, 새로운 제안. 2006』, 요약 발췌

29. Peter F. Drucker ,『Managing the Non-profit organization: Principles and Practices, HarperCollins, 1990』, p.145-146

30. 『Adventures of a Bystander, Harper Collins, 1978』는 드러커가 일생을 통해 만난 사람들에 대한 이야기를 통해 자신의 삶을 말하는 독특한 형태의 자서전이다. 가치와 강점을 통해 삶을 실현하는 사람들의 이야기가 풍부하게 담겨 있다.

31. Peter F. Drucker,『Managing the Non-profit organization』

32. John E. Flaherty, 송경모 역,『피터 드러커, 현대경영의 정신, 예지, 2002』, p. 351

33. John E. Flaherty, 송경모 역,『피터 드러커, 현대경영의 정신, 예지, 2002』, p. 385

34. HRM-Human Resource Management, HRD: Human Resource Development.

35. Alison Levine, 장정인 역,『내가 정상에서 본 것을 당신도 볼 수 있다면(On the Edge), 처음북스, 2014』 p. 302

36. Steve Forbes and John Prevas저, 하윤숙 역,『권력자들(POWER AMBITION GLORY, 2009), 에코의 서재, 2011』, 크세노폰이야기 요약

37. Hermann Simon, 김영민 역,『경영통찰력, 행간, 2010』, 원서는『Für Manager by Hermann Simon, 2000』

38. John C. Maxwell, 김정혜 역,『인생의 중요한 순간에 다시 물어야 할 것Good Leaders ask Great questions, 비즈니스북스, 2015』, p. 69

39. 크레이그 L. 피어스 , 조셉 A. 마시아리엘로, 히데키 야마와키, 이미숙, 권오열 역, 장영철 감수,『피터 드러커의 위대한 통찰The Drucker Difference, 한스미디어, 2009』, Ch. 11

40. Peter F. Drucker, 이재규 역,『경영의 실제, 한국경제신문, 2006』, p. 548

41. 존 엘킹턴, 파멜라 하티건 저, 강성구 역,『비이성적인 사람들의 힘, 에이지21, 2008』, p. 254

42. Peter F. Drucker, 이재규 역,『21세기 지식경영Manage ment Challenges for the 21stCentury, 한국경제신문, 1999』, p. 178

43. Peter F. Drucker,『The Practice of Management, Harper & Row, 1954』, p. 151

44. Peter F. Drucker, 『Managing the Nonprofit Organization: Principles and Practices, HarperCollins, 1990』, p. 202

   Joseph A. Maciariello, 신민석 역, 『당신은 어떤 리더입니까, 한국경제신문, 2015』, p. 486

45. Peter F. Drucker, 『Management (revised). Transaction Publishers, 2008』, p. 511

   Joseph A. Maciariello, 신민석 역, 『당신은 어떤 리더입니까, 한국경제신문, 2015』, p. 487

46. Peter F. Drucker, 『Managing the Nonprofit Organization: Principles and Practices, HarperCollins, 1990』, p. 224

Peter F. Drucker, 이재규 역,『경영의 실제, 한국경제신문, 2006』

John E. Flaherty, 송경모 역,『피터 드러커 현대경영의 정신, 송경모 역, 예지, 2002』

Peter F. Drucker, 정은지 역,『기업의 개념Concept of the Corporation, John Day, 1946, 21세기북스, 2012』

Peter F. Drucker, 이재규 역,『21세기 지식경영 Management Challenges for the 21st Century, 한국경제신문, 1999』

이재규,『무엇이 당신을 만드는가, 위즈덤하우스, 2010』

Peter F. Drucker, 이재규 역,『창조하는 경영자, 청림출판, 2008』

Peter F. Drucker, 이동현 역,『피터 드러커 자서전, 한국경제신문, 1994』

Joseph A. Maciariello, 신민석 역,『당신은 어떤 리더입니까, 한국경제신문, 2015』

Joseph A. Maciariello and Karen E. Linkletter, 조성숙 역,『CEO가 잃어버린 단어, 비즈니스맵, 2013』

에이드리언 울드리지, 서지원 역,『경영의 대가들, 더난콘텐츠그룹, 2012』

안셀림 그린, 요헨차이즈, 윤선아 역,『수도원에서 배우는 경영의 지혜, 분도출판사, 2015』

Hermann Simon, 김영민 역,『경영통찰력Fur Manager by Hermann Simon, 행간, 2010』

John C. Maxwell, 김정혜 역,『인생의 중요한 순간에 다시 물어야 할 것Good Leaders ask Great questions, 비즈니스북스, 2015』

크레이그 L. 피어스 , 조셉 A. 마시아리엘로, 히데키 야마와키, 이미숙, 권오열 역, 장영철 감수,『피터 드러커의 위대한 통찰The Drucker Difference, 한스미디어, 2009』

Peter F. Drucker, 조성숙, 이건, 박선영 역, 이재규 감수,『피터 드러커의 매니지먼트 Management Task, Responsibilities, Practices, 21세기북스, 2008』

Peter F. Drucker,『The Practice of Management, Harper & Row, 1954』

Peter F. Drucker & Joseph A. Maciariello,『The Daily Drucker, HarperCollins, 2004』

Peter F. Drucker,「They're Not Employees, They're People, HBR, 2002」

Peter F. Drucker,『The Effective Executive』, HarperCollins, 1966, 1967

Peter F. Drucker,『Managing the Non-profit organization: Principles and Practices, HarperCollins, 1990』

Alan, M. Kantrow,「Why Read Drucker, November 2009, Harvard Business Review」

KI신서 6720

피터 드러커 경영수업

1판 1쇄 인쇄 2016년 11월 1일
1판 2쇄 발행 2021년 1월 18일

지은이 문정엽
펴낸이 김영곤
영업팀 한충희 김한성 이광호 오서영
제작팀 이영민 권경민

펴낸곳 (주)북이십일 21세기북스
출판등록 2000년 5월 6일 제406-2003-061호
주소 (10881) 경기도 파주시 회동길 201(문발동)
대표전화 031-955-2100 **팩스** 031-955-2151 **이메일** book21@book21.co.kr

(주)북이십일 경계를 허무는 콘텐츠 리더

21세기북스 채널에서 도서 정보와 다양한 영상자료, 이벤트를 만나세요!
페이스북 facebook.com/jiinpill21   포스트 post.naver.com/21c_editors
인스타그램 instagram.com/jiinpill21   홈페이지 www.book21.com
유튜브 www.youtube.com/book21pub
서울대 가지 않아도 들을 수 있는 명강의! 〈서가명강〉
네이버 오디오클립, 팟빵, 팟캐스트에서 '서가명강'을 검색해보세요!

ⓒ 문정엽, 2016
ISBN 978-89-509-6720-8 03320